入其國，其教可知也。……其爲人也溫柔敦厚而不愚，則深於《詩》者也；疏通知遠而不誣，則深於《書》者也；廣博易良而不奢，則深於《樂》者也；絜靜精微而不賊，則深於《易》者也；恭儉莊敬而不煩，則深於《禮》者也；屬辭比事而不亂，則深於《春秋》者也。

——《禮記·經解》

國家社會科學基金重大項目"先秦名學文獻整理及其思想流別研究"
(項目編號:18ZDA243)研究成果

經典與解釋　古今叢編
HERMES
中國社會科學院外國文學研究所
古典學研究室　編
主編　劉小楓　賀方嬰

公孫龍子集解

陳　柱　著
何　楊　校注

中國社會科學出版社

圖書在版編目(CIP)數據

公孫龍子集解 / 陳柱著；何楊校注. - - 北京：中國社會科學出版社，2024.6
（經典與解釋. 古今叢編）
ISBN 978-7-5227-3572-6

Ⅰ.①公… Ⅱ.①陳… ②何… Ⅲ.①《公孫龍子》—研究 Ⅳ.①B225.45

中國國家版本館 CIP 數據核字(2024)第 099819 號

出 版 人	趙劍英
項目統籌	朱華彬
責任編輯	孫 萍
責任校對	涂世斌
責任印製	李寡寡

出　　版	中國社會科學出版社
社　　址	北京鼓樓西大街甲 158 號
郵　　編	100720
網　　址	http://www.csspw.cn
發 行 部	010-84083685
門 市 部	010-84029450
經　　銷	新華書店及其他書店

印刷裝訂	北京君昇印刷有限公司
版　　次	2024 年 6 月第 1 版
印　　次	2024 年 6 月第 1 次印刷

開　　本	880×1230　1/32
印　　張	8.375
字　　數	203 千字
定　　價	66.00 元

凡購買中國社會科學出版社圖書，如有質量問題請與本社營銷中心聯繫調換
電話：010-84083683
版權所有　侵權必究

出版說明

　　1953 年 2 月，新中國成立第一個國家級文學研究所，涵蓋中國文學學科和外國文學學科。1955 年 6 月，中國科學院設立哲學社會科學學部等四個學部，文學研究所遂隸屬於中國科學院哲學社會科學學部，其外國文學學科下設四個組，即蘇聯文學組、東歐文學組、東方文學組和西方文學組。

　　1957 年 7 月，在"古爲今用、洋爲中用"的文化方針引領下，文學研究所創辦《文藝理論譯叢》輯刊，"旨在有計劃、有重點地介紹外國的美學及文藝理論的古典著作"，1959 年年初停刊，共出版 6 輯。同年，文學研究所制訂"外國古典文學名著叢書"和"外國古典文藝理論叢書"編譯計劃。1961 年，《文藝理論譯叢》復刊，更名爲《古典文藝理論譯叢》，同時創辦《現代文藝理論譯叢》，歷史地刻寫了文學研究所外文組古今並重的學術格局，"爲新中國文藝理論界提供了豐富而難得的參考資源，成爲公認的不可缺少的資料庫"。

　　1964 年 9 月，爲加強對外研究，經毛澤東同志批示，中國科學院哲學社會科學學部以文學研究所下轄的四個外國文學組，加上中國作協《世界文學》編輯部，另行成立外國文學研究所。自晚清以來，我國學界譯介西方文明古今典籍的學術生力終於有了建制歸屬。

時世艱難，國際形勢的變化很快中斷了外國文學研究所的新生熱情。《古典文藝理論譯叢》在1965年停辦（共出版11輯），"外國古典文藝理論叢書"選題39種，僅出12種。

1977年，中國科學院哲學社會科學學部獨立組成中國社會科學院。值此改革開放之機，外國文學研究所迅速恢復"外國古典文學名著叢書"和"外國古典文藝理論叢書"編譯計劃，"分別刪去兩種叢書中的'古典'二字"。顯然，譯介西方現當代學術文籍乃我國新時期發展所亟需。1979年，外國文學研究所推出大型"外國文學研究資料叢書"，開創了經典與解釋並舉的編譯格局（至1993年的15年間，出版近70種），儘管因人力所限無法繼續秉持古今並重的編譯方針。

1958年出版的《文藝理論譯叢》（第四期）曾譯介過十九世紀法國著名批評家聖·佩韋（1804—1869，又譯"聖勃夫"）的文章《什麼是古典作家》，其中對古今作家之別有清晰界定。classique 這個語詞引申爲"經典作家"的含義時，起初僅僅指古希臘的荷馬、肅劇詩人和柏拉圖等。大約公元二世紀時，羅馬人也確認了自己的古典作家——西塞羅和維吉爾。但自但丁（1265-1321）、喬叟（1340—1400）、馬基雅維利（1469—1527）、拉伯雷（1494—1553）、蒙田（1533—1592）、塞萬提斯（1547-1616）、莎士比亞（1564—1616）以來，拉丁歐洲也有了自己的古典作家，他們與新興王國或者説領土性民族國家的形成有關。1694年，法蘭西學院的第一部詞典把classique界説爲"具有權威的古代作家"，而十九世紀的聖·佩韋則認爲，這種界定過於"拘束"，現在是時候"擴大它的精神含義"了。因爲自"拿破侖帝國時代"——如今稱爲"大西洋革命時代"——以來，只要作品

"新鮮"或"多少有些冒險性"就能夠成爲 classique。由此看來，在今天的中國學人面前，實際上有兩個品質不同的西方古典文明傳統，以及自啓蒙運動以來形成的現代歐洲文明傳統。

從 1959 年的"外國古典文學名著叢書"和"外國古典文藝理論叢書"編譯計劃，到 1979 年的"外國文學研究資料叢書"編譯計劃，記錄了前輩學人致力於整全地認識和譯介西方文學傳統所付出的歷史艱辛，儘管因時代所限，對兩個西方古典文明的基礎文本及研究文獻的編譯剛剛開始就中斷了。2002 年，古典文明研究工作坊創設"經典與解釋"系列叢書和專題輯刊，意在承接數代前輩學人建設新中國學術的堅韌心志，繼續積累可資參考的學術文獻。

2023 年 12 月，在"兩個結合"的學術方針激勵下，外國文學研究所正式設立古典學研究室。值此之際，我們開設"經典與解釋·古今叢編"，志在賡續三大編譯計劃的宏願，進一步型塑古今並重和經典與解釋並舉的編譯格局，同時向普及性整理中國文史典籍方面拓展，爲我國的古典學建設盡綿薄之力。

中國社會科學院外國文學研究所
古典學研究室謹識
2024 年 5 月

目　録

校注前言 …………………………………… 1

自序 ………………………………………… 1

例略 ………………………………………… 1

卷首

事略 ………………………………………… 1
考證 ………………………………………… 11
學平上 ……………………………………… 18
學平下 ……………………………………… 28
書考 ………………………………………… 38

卷一

跡府第一譚本傳略第一、跡府第二、論釋第三　伍本入序錄
…………………………………………… 57

卷二

白馬論第二譚本列論釋第二　伍本列第四 ················ 67

卷三

指物論第三譚本列論釋第一　伍本列第二 ················ 100

卷四

通變論第四譚本列論釋第五　伍本列第三 ················ 128

卷五

堅白論第五譚本列論釋第三　伍本列第五 ················ 180

卷六

名實論第六譚本列論釋第四　伍本列第一 ················ 225

校注前言

《公孫龍子》一書，明代以前少有校注，唐代賈大隱、陳嗣古各有注，然此二注是否存世，早已不明。其後有所謂的宋謝希深注，爲傳世最早注本。然是否謝注，亦存爭議。明清時期，方多校釋者。民國時期，研究和校釋者日益增多，國學巨擘陳柱（1890-1944）於 1936 年撰成的《公孫龍子集解》，便是當時的一部代表作。

《公孫龍子集解》以明《道藏》本爲底本，匯集諸本與諸家校釋（如陳仁錫、傅山、辛從益、嚴可均、錢熙祚、陳澧、俞樾、孫詒讓、章太炎、章士釗、胡適、王琯、金受申、錢基博、譚戒甫、伍非百等），較爲全面地反映了二十世紀三十年代及以前的研究成果。除校釋《公孫龍子》六篇外，該書還廣泛搜集整理公孫龍子其人其書的相關資料（置於卷首，包括《事略》《考證》《學平上》《學平下》和《書考》），對於研究《公孫龍子》頗有裨益。

在陳柱所輯諸家中，有三點值得注意。

其一，對於所謂的謝希深注，陳柱持懷疑態度，改稱"舊注"。該法頗爲可取，因爲目前並無切實證據表明是謝希深注，如明《道藏》本雖載舊注，但並未寫明注者，而有關謝希深的記載（如《宋史》、歐陽修《尚書兵部員外郎知制誥謝公墓志銘》、王安石《兵部員外郎知制誥謝公行狀》等）也未提及謝希深有作此注。此外，陳柱不僅引證舊注，而且作了校勘，這也是歷代校釋中比較少見的做法。

其二，辛從益《公孫龍子注》是除舊注外，目前所見最早的完整注本，然而陳柱之前的研究者多未注意，陳柱則既引辛注，又用作參校本，對此書大加推崇，誠如陳柱在自序中所言：

> 遜清學人，以治經之餘，兼治諸子，爲《公孫龍子》校釋者，有辛從益、陳澧、俞樾、孫詒讓四家，而以辛注爲最早而最善，而世之知者特少，其書亦幾已無傳。

其三，陳柱關注《公孫龍子》研究的最新進展。如錢基博《名家五種校讀記》、譚戒甫《形名發微》、伍非百《公孫龍子發微》都是二十世紀三十年代的新作，尤其是譚戒甫和伍非百在校釋《公孫龍子》時用力甚勤，陳柱在本書《例略》中亦指出"二君於公孫子之學，最爲闡幽抉微"，在集解中對此二本引證尤多。

除了輯錄諸家，陳柱對《公孫龍子》的理解也值得關注，他特別注意《公孫龍子》各篇之間的關聯。比如他在解讀《指物論》時指出：

> 公孫之意，欲破除一切之名。《白馬論》則以白馬非馬起論，以證馬非馬，以破除馬名者也。此篇則以《白馬論》之結論，而推至於一切名者也。

又如他在解讀《名實論》時認爲：

> 世俗以白馬爲馬非正矣，以堅白石三非正矣。進一步言之，則馬亦非馬，石亦非石，而天下竟不能有名矣。公孫龍之學，蓋欲據名實以打倒名實者也。

對於《公孫龍子》的總體理解，陳柱在《諸子概論》（1932）

中曾作一結論，可資參考，今引證如下：

> 馬者，世俗普通之名也，而龍則破之，以見馬非馬。堅白石，亦普通之名也，而龍則破之，以謂同時不能有堅白石。白馬爲馬，此常識也，而龍則破之，以爲白馬非馬。二物之相合爲一，此常識也，而龍則破之，以爲二不能一。總而言之，《白馬》《指物》二論，則離名實之連絡；《通變論》，則離物質之連絡；《堅白論》，則離智識之連絡者也。皆用名學之方法，以樹立其離義者也。故若公孫龍者，謂爲名家之離宗，殆亦無不可也。①

《公孫龍子集解》初由（上海）商務印書館於 1937 年出版，其後未見修訂，其單行本另有臺灣河洛圖書出版社 1980 年影印本。此外，多影印收錄於各種叢書中，如《民國叢書》（第五編）（上海書店 1996 年版），林慶彰主編的《民國時期哲學思想叢書》（第一編）（文听閣圖書有限公司 2010 年版），方勇編纂的《子藏·名家部·公孫龍子卷（附惠子）》（國家圖書館出版社 2016 年版），呂變庭、姜錫東、王曉龍主編的《燕趙優秀傳統科技文化典籍萃編·先秦卷》（國家圖書館出版社 2020 年版）等。

本書校注以 1937 年商務印書館本爲底本，並按照"經典與解釋"叢書體例，將繁體竪排改爲繁體橫排，施加現代標點，對疑難字詞、人名、書名、引文出處等進行注釋。爲適應現代排版和閱讀的需要，版式方面略做了調整。如長段引文一般改爲"獨立引文"格式（大量連續引文除外），用仿宋字，酌情再分段，集解前的《公孫龍子》正文用黑體字並加粗，等等。注釋較短

---

① 陳柱：《諸子概論》，上海：商務印書館，1932 年，第 148 頁。

者采用隨文夾注，並添加圓括號"（）"，字體比正文小一號。對於原書自注，字體比正文小一號；若自注帶圓括號，則將圓括號改爲六角括號〔〕。較長注釋和校記則用當頁脚注。若僅爲筆畫稍有出入之明顯錯誤，如"荀子"誤作"苟子"、"三國志"誤作"二國志"，則徑改。對於原書中的異體字，一般保持原樣；但前後混用的異體字，則統一爲規範字，如"攷"改爲"考"、"註"改爲"注"，等等。舊字形則徑改爲新字形。

關於陳柱所引文獻版本，在卷首《書考》中，對辛從益、陳澧、王琯、金受申、錢基博、譚戒甫、伍非百等人的《公孫龍子》注本有版本說明。其中，伍非百《公孫龍子發微》爲未定稿本，今無法尋得原文，本書整理時主要以陳柱所引爲準，遇有疑惑之處和明顯錯誤，則參照1949年南充西山書院本、1983年中國社會科學出版社整理修訂本以及相關文獻進行校勘，並出校記說明。至於陳柱所引其他文獻，均取原書對校。由於不少文獻存有多個版本，難以確定陳柱所用版本，如果陳柱所引略有差異，但不影響文意，則不作校改；遇有明顯錯誤，則據以校正，並出校記說明。以下列出整理本書時常用的《公孫龍子》版本。

《公孫龍子》，上海涵芬樓1925年影明正統十年（1445）《道藏》本。

《公孫龍子》，上海涵芬樓1937年影明萬曆四年（1576）（明）周子義等輯《子彙》本。

《公孫龍子》，《子部珍本叢刊》第139册，綫裝書局2012年影清嘉慶七年（1802）（清）嚴可均校《道藏》本。

《公孫龍子》，上海鴻文書局清光緒十五年（1889）影清道光二十四年（1844）（清）錢熙祚輯《守山閣叢書》本。

《公孫龍子》，湖北崇文書局清光緒元年（1875）刊《子書百家》本。

《公孫龍子》，浙江人民出版社 2013 年影掃葉山房 1919 年刊《百子全書》本。

（明）陳仁錫：《諸子奇賞》卷 38《公孫龍子》，《子藏·名家部·公孫龍子卷（附惠子）》第 3 册，國家圖書館出版社 2016 年影明天啟六年（1626）刊本。

（清）傅山：《讀公孫龍子》，《霜紅龕集》卷 34《讀子三》，山西人民出版社 1985 年影清宣統三年（1911）山陽丁寶詮刊本。

（清）辛從益：《公孫龍子注》，清咸豐元年（1851）刊《寄思齋藏稿》本。

（清）辛從益：《公孫龍子注》，《叢書集成初編》，中華書局 1991 年影（清）陶福履編《豫章叢書》本。

（清）陳澧：《公孫龍子注》，《續修四庫全書》子部雜家類第 1121 册，上海古籍出版社 2002 年影南京圖書館藏 1925 年微尚齋校刊本。

（清）俞樾：《俞樓雜纂》卷 22《讀公孫龍子》，清光緒九年（1883）刊《春在堂全書》重訂本。

（清）孫詒讓：《札迻》卷 6，《續修四庫全書》子部雜家類第 1164 册，上海古籍出版社 2002 年影華東師範大學圖書館藏清光緒二十年（1894）籀廎刻二十一年（1895）正修本。

王琯：《公孫龍子懸解》，中華書局 1930 年版。

金受申：《公孫龍子釋》，商務印書館 1928 年版。

錢基博：《名家五種校讀記》，廣文書局 1970 年版。

譚戒甫：《形名發微》，國立武漢大學 1932 年講義本。

伍非百：《公孫龍子發微》，《中國古名家言》，南充：西山書院 1949 年版。

伍非百：《公孫龍子發微》，《中國古名家言》，中國社會科學出版社 1983 年版。

  本書之整理得鈕佳威、王鍵煒、曾歡、武夢雲、李爲學、潘林、劉文、涂世斌諸君幫助良多，謹致謝意。整理文獻，難免疏漏，懇請方家不吝指正。

何楊

中山大學邏輯與認知研究所

2023 年 6 月 20 日

自 序

余嘗讀佛藏《百論疏》（隋代釋吉藏所撰佛經注疏），愛其設爲内外之辯，展轉論難，愈轉愈深，謂可以鑿渾沌，開神智。持此以論道，固當玄之又玄；用之以辨學，亦當弗明弗措。求之吾土，則唯有《公孫龍子》最爲近之。昔太史談之譏名家曰："苛察繳繞。"（語出西漢司馬談《論六家要指》）班孟堅亦曰："鈎鈲析亂。"（語出東漢班固《漢書·藝文志》）嗚呼！豈知名家之所以爲名家獨有其絶卓千古之學者，乃端在乎是。《漢志》所列名家之書，如鄧析、尹文、惠施之徒，皆已無書，或爲後人僞托；唯《公孫龍》十四篇，今尚存六篇，其《跡府》一篇，又爲後人記録之傳略，則實存五篇而已。爲之注者，唐有陳嗣古、賈大①隱二家，均已不傳，今唯傳宋謝希深注而已。遜清學人，以治經之餘，兼治諸子，爲《公孫龍子》校釋者，有辛從益、陳澧、俞樾、孫詒讓四家，而以辛注爲最早而最善，而世之知者特少，其書亦幾已無傳。近今注者有王琯、金受申，王書頗可稱善本，其餘章炳麟、章士釗諸氏，各有論述，然皆散見，未易參討。余以暇日，翻籀（zhòu，抽取）此書，略事輯注，凡得若干家，都若干萬言，命曰《公孫龍子集解》。雖比前注較備，而疏謬之處，尚多有之，世有君子，其亦樂於匡正乎。

---

① "大"原作"士"，據本書《書考》改。

例　略

　　《公孫龍子》古注唯存宋謝希深注，然序與注義有矛盾，或出假托，今題曰"舊注"。

　　本書正文遵用《道藏》本，亦間有改正者，注中均明言之。

　　本書爲六篇撰《集解》外，並撰《事略》《考證》《學平上》《學平下》《書考》共五篇爲卷首。

　　本書引用諸家爲《莊子》、《荀子》、《吕氏春秋》、《韓非子》、《列子》、《孔叢子》、司馬遷、劉向、劉歆、楊雄、班固、高誘、司馬彪、郭象、《史記集解》、顔師古、楊倞、《史記索隱》、成玄英、《唐書》、陳振孫、王應麟、謝希深改稱舊注、《新唐書》、宋濂、楊慎、傅山、《四庫全書總目提要》、《簡明書目》（即《四庫全書簡明目錄》）、辛從益、謝鏞、盧文弨、嚴可均、姚際恒、陳澧、俞樾、孫詒讓、章炳麟、劉師培、康有爲、梁啓超、章士釗、胡適、汪兆鏞、丁鼎丞、馬叙倫、陳直、劉咸炘、欒調甫、汪複炎、王琯、金受申、孫碻、吕思勉、顧實。

　　自來《公孫龍子》，或爲三卷，或爲一卷，今《集解》字數較多，分爲六卷。

　　民國十九年（1930）八月三十日，北流陳柱記於上海界路寓齋。

《集解》成後將刊行，散失於"一·二八"之役，近始恢復舊觀，尋得友人錢子泉教授《公孫龍子校讀記》一卷，校訂注文，足補嚴氏（嚴可均）所未備。後又得老友譚戒甫教授《形名發微》十卷。又以李源澄君之介，得伍非百教授《公孫龍子發微》稿本。二君於公孫子之學，最爲闡幽抉微，爰采入吾書，其與鄙說有暗合處，不復刪削。

二十五年（1936）一月十七日，記於交通大學。

凡所集錄專家，各有特見，讀者宜逐家分究，然後合而觀其得失，求其會通。

後二日再記。

· 卷　首 ·

事　略

柱按：司馬遷《史記》不爲公孫龍立傳，其事跡無由而詳。茲略采群籍，録爲事略，以備參考云爾。

公孫龍問於魏牟（魏國公子）曰："龍少學先王之道，長而明仁義之行；合同異，離堅白；然不然，可不可；困百家之知，窮衆口之辯；吾自以爲至達已。今吾聞莊子之言，汒（同"茫"）焉異之，不知論之不及與，知之弗若與？今吾无所開吾喙，敢問其方。"

公子牟隱機（倚靠几案）大息，仰天而笑曰："子獨不聞夫坩（同"坎"）井之鼃（同"蛙"）乎？謂東海之鱉（同"鱉"）曰：'吾樂與！出跳梁（跳躍）乎井幹（hán，井欄）之上，入休乎缺甃（zhòu，井壁）之崖；赴水則接腋持頤（面頰），蹶泥則没足滅跗（fū，脚背）；還虷（hán，井中赤虫）蟹與科斗（蝌蚪），莫吾能若也。且夫擅一壑之水，而跨跱（zhì，盤踞）坩井之樂，此亦至矣。夫子奚不時來入觀乎！'東海之鱉左足未入，而右膝已縶（zhí，絆住）矣，於是逡（qūn）巡而卻，告之海曰：'夫千里之遠，不足以舉其大；千仞之高，不足以極其深。禹之時，十年九潦（同"澇"），而水弗爲加益；湯之時，八年七旱，而崖不爲加損。夫不爲頃久推移，不以多少進退者，此亦東海之大樂也。'於是埳井之鼃聞之，適適然（驚恐貌）驚，規規然（茫然自失貌）自失也。

"且夫知（同"智"）不知是非之竟（同"境"），而猶欲觀於莊子之言，是猶使蚊負山，商蚷（jù，蟲名）馳河也，必不勝任矣。且夫知不知論極妙之言，而自適一時之利者，是非埳井之鼃與？且彼方跐（cǐ，踏）黄泉而登大皇（上天），无南无北，奭（shì，消散）然四解，淪於不測；无東无西，始於玄冥，反於大通。子乃規規然而求之以察，索之以辯，是直用管闚天，用錐指地也，不亦小乎！子往矣！且子獨不聞夫壽陵（燕國地名）餘子（年幼未服役者）之學行於邯鄲與？未得其國能，又失其故行矣，直匍匐而歸耳。今子不去，將忘子之故，失子之業。"公孫龍口呿（qū，張開）而不合，舌舉而不下，乃逸而走。《莊子·秋水篇》

柱按：此條疑《莊子》之寓言耳。

趙惠王謂公孫龍曰："寡人事偃兵（停止戰爭）十餘年矣，而不成，兵不可偃乎？"公孫龍對曰："偃兵之意，兼愛天下之心也。兼愛天下，不可以虛名爲也，必有其實。今藺、離石（兩縣名）入秦，而王縞素布總；（喪國之服），兩"布總"字原作"出總"，據畢[1]校改。東攻齊得城，而王加膳置酒。秦得地而王布總，齊亡地而王加膳，此非兼愛之心也，"此"

---

[1] 畢即畢沅（1730—1797），字纕蘅，一字秋帆，號靈巖山人，清江南鎮洋（今屬江蘇）人。乾隆二十五年（1760）狀元，官至陝西巡撫、河南巡撫、湖廣總督。著有《傳經表》《關中金石記》《靈巖山人詩集》等，校注《山海經》《墨子》《呂氏春秋》等，主持編纂《經訓堂叢書》《續資治通鑒》等。

字原作"所",據畢校改。此偃兵之所以不成也。"今有人於此,無禮慢易而求敬,阿黨不公而求令,煩號數變而求靜,暴戾貪得而求定,雖黃帝猶若困。《呂氏春秋·審應篇》

空雄(地名)之遇,秦、趙相與約,約曰:"自今以來,秦之所欲爲,趙助之;趙之所欲爲,秦助之。"居無幾何,秦興兵攻魏,趙欲救之。秦王不說(同"悦"),使人讓趙王曰:"約曰:'秦之所欲爲,趙助之;趙之所欲爲,秦助之。'今秦欲攻魏,而趙因欲救之,此非約也。"趙王以告平原君,平原君以告公孫龍。公孫龍曰:"亦可以發使而讓秦王曰:'趙欲救之,今秦王獨不助趙,此非約也。'"《呂氏春秋·淫辭篇》

孔穿、[①] 公孫龍相與論於平原君所,深而辯,至於藏三牙。公孫龍言藏之三牙甚辯,孔穿不應,少選(片刻),辭而出。明日,孔穿朝,平原君謂孔穿曰:"昔者公孫龍之言甚辯。"孔穿曰:"然。幾能令藏三牙矣。雖然難,願得有問於君:謂藏三牙甚難而實非也,謂藏兩牙甚易而實是也,不知君將從易而是者乎?將從難而非者乎?"平原君不應。明日,謂公孫龍曰:"公無與孔穿辯。"《呂氏春秋·淫辭篇》

公孫龍説燕昭王以偃兵。昭王曰:"甚善。寡人願與客計之。"公孫龍曰:"竊意大王之弗爲也。"王曰:"何故?"公孫龍曰:"日者大王欲破齊,諸天下之士,其欲破齊者,大王盡養之;知齊之險阻要塞、君臣之際者,大王盡養之;

[①] 孔穿:字子高,孔子六世孫,與公孫龍子辯論"白馬非馬""藏三牙"(或作"臧三耳")等論題。關於"藏"(或"臧")之解釋,或作動物,或作人名,或作藏匿。

雖知而弗欲破者，大王猶若弗養。其卒果破齊以爲功。今大王曰'我甚取偃兵'。諸侯之士在大王之本朝者，盡善用兵者也。臣是以知大王之弗爲也。"王無以應。《吕氏春秋·應言篇》

趙亦有公孫龍，爲堅白異同之辯。《史記·孟荀列傳》

虞卿①欲以信陵君之存邯鄲，爲平原君請封。公孫龍聞之，夜駕見平原君曰："龍聞虞卿欲以信陵君之存邯鄲，爲君請封，有之乎？"平原君曰："然。"龍曰："此甚不可。且王舉君而相趙者，非以君之智能爲趙國無有也。割東武城而封君者，非以君爲有功也，而以國人無勳，乃以君爲親戚故也。君受相印不辭無能，割地不言無功者，亦自以爲親戚故也。今信陵君存邯鄲而請封，是親戚受城而國人計功也。《集解》②徐廣③曰："一本'是親戚受城而以國許人'。"此甚不可。且虞卿操其兩權，事成，操右券以責；事不成，以虛名德君。君必勿聽也。"平原君遂不聽虞卿。平原君以趙孝成王十五年（前251）卒。④子孫代，後竟與趙俱亡。平原君厚待公孫龍。公孫龍善爲堅白之辯，及鄒衍⑤過趙，言至道，乃

---

① 虞卿：戰國時游説之士，任趙國上卿，主張合縱抗秦，著有《虞氏春秋》，今佚。其事跡參見《史記·平原君虞卿列傳》。

② 《集解》即《史記集解》，南朝宋裴駰撰，現存《史記》三家注之一。裴駰，生卒年不詳，字龍駒，河東聞喜（今屬山西）人，官至南中郎參軍。

③ 徐廣（352—425）：字野民，東晉東莞姑幕（今屬山東）人。著有《史記音義》，今佚，裴駰《史記集解》多采其說。

④ 該句原作"平原以趙孝王十五年卒"，據《史記·平原君虞卿列傳》（北京：中華書局，2014年，第2880頁）補"君""成"二字。

⑤ 鄒衍：戰國時齊人，陰陽家代表，主張五德終始說，以五德（金木水火土）相勝解釋朝代變遷。又主張中國（名曰"赤縣神州"）僅爲天下八十一分之一。著有《終始》《大聖》等，今佚。

絀公孫龍。《史記·平原君傳》

齊使鄒衍過趙。平原君見公孫龍及其徒綦（qí）母子之屬，論"白馬非馬"之辯，以問鄒子。鄒子曰："不可。彼天下之辯有五勝三至，而辭正爲下。辯者，別殊類使不相害，序異端使不相亂，抒意通指，明其所謂，使人與知焉，不務相迷也。故勝者不失其所守，不勝者得其所求。若是，故辯可爲也。及至煩文以相假，飾辭以相悖，巧譬以相移，引人聲使不得及其意，如此，害大道。夫繳紛争言而競後息，不能無害君子。"坐皆稱善。《〈史記·平原君傳〉集解》引劉向《别録》①

公孫龍者，平原君之客也，好刑名，以白馬爲非白②馬。或謂子高曰："此人小辨而毁大道，子盍往正諸?"子高曰："大道之悖，天下之交往也，吾何病焉?"或曰："雖然，子爲天下故，往也。"子高適趙，與龍會平原君家，謂之曰："僕居魯，遂聞下風，而高先生之行也，願受業之日久矣。然所不取於先生者，獨不取先生以白馬爲非白馬爾。誠去非白馬之學，則穿請爲弟子。"

公孫龍曰："先生之言悖也。龍之學正以白馬非白馬者也，今使龍去之，則龍無以教矣。今龍無以教，而乃學於龍，不亦悖乎?且夫學於龍者，以智與學不逮也。今教龍去白馬非白馬，是先教也。先教而後師之，不可也。先生之所

---

① 劉向（約前77—前6）：本名更生，字子政，西漢沛（今屬江蘇）人，官至中壘校尉。編撰《别録》《新序》《説苑》《列女傳》等書。《别録》乃諸書叙録之彙編，今佚。

② 此"白"字疑爲衍文，後文五處"非白馬"之"白"字亦是如此。參見傅亞庶《孔叢子校釋》，北京：中華書局，2011年，第280—281、284—290頁。

教龍者，似齊王之問尹文也。齊王曰：'寡人甚好士，而齊國無士。'尹文曰：'今有人於此，事君則忠，事親則孝，交友則信，處鄉則順，有此四行者，可謂士乎？'王曰：'善！是真吾所謂士者也。'尹文曰：'王得此人，肯以爲臣乎？'王曰：'所願不可得也。'尹文曰：'使此人於廣庭大衆之中，見侮而不敢鬭，王將以爲臣乎？'王曰：'夫士也，見侮而不鬭，是辱也，則寡人不以爲臣矣。'尹文曰：'雖見侮而不鬭，是未失所以爲士也。然而王不以爲臣，則鄉所謂士者，乃非士乎？夫王之令：殺人者死，傷人者刑。民有畏王令，故見侮終不敢鬭，是全王之法也。而王不以爲臣，是罰之也。且王以不敢鬭爲辱，必以敢鬭爲榮。是王之所賞、吏之所罰也，上之所是、法之所非也。賞罰是非相與曲謬，雖十黃帝固所不能治也。'齊王無以應。且白馬非白馬者，乃子先君仲尼之所取也。龍聞楚王張繁弱（古良弓名）之弓，載忘歸（古良矢名）之矢，以射蛟兕（sì，獸名）於雲夢（古湖澤名）之圃，反而喪其弓。左右請求之，王曰：'止也。楚人遺弓，楚人得之，又何求乎？'仲尼聞之曰：'楚王仁義而未遂，亦曰"人得之"而已矣，何必楚乎？'若是者，仲尼異楚人於所謂人也。夫是仲尼之異楚人於所謂人，而非龍之異白馬於所謂馬，悖也。先生好儒術而非仲尼之所取也，欲學龍而使龍去所以教，雖百龍之智，固不能當前也。"

子高莫之應，退而告人曰："言非而博，巧而不理，此固吾所不答也。"

異日，平原君會衆賓而延子高。平原君曰："先生，聖人之後也，不遠千里來顧臨之，欲去夫公孫子白馬之學。今是非未分，而先生翻然欲高逝（遠離某地而去），可乎？"子高曰："理之至精者則自明之，豈在穿之退哉！"平原君曰：

"至精之説，可得聞乎？"

答曰："其説皆取之經傳，不敢以意。《春秋》記'六鶂（yì，同"鷁"，水鳥）退飛'，'覩之則六，察之則鶂'。① 鶂猶馬也，六猶白也。覩之則見其白，察之則知其馬，色以名別，内由外顯，謂之'白馬'，名實當矣。若以絲麻，加之女工，爲緇素青黄，色名雖殊，其質故一。是以《詩》有'素絲'（白絲。語見《詩經》之《召南·羔羊》和《鄘風·干旄》），不曰絲素；《禮》有'緇布'（黑布。語見《禮記·雜記上》），不曰布緇。'犧牛''玄武'，此類甚衆。先舉其色，後名其質，萬物之所同，聖賢之所常也。君子之論，貴當物理，不貴繁辭。若尹文之折齊王之所言，與其法錯故也。穿之所説於公孫子，高其志、説其行也。去白馬之説，智行固存，則穿未失其所師者也。稱此云云，没其理矣。是楚王之言'楚人亡弓，楚人得之'，先君夫子探其本意，欲以示廣，其實狹之，故曰'不如亦曰"人得之"而已也'。是則異楚王之所謂楚，非異楚王之所謂人也。以此爲喻，乃相擊切矣。凡言人者，總謂人也，亦猶言馬者，總謂馬也。楚自國也，白自色也。欲廣其人，宜在去楚；欲正名色，不宜去白。誠察此理，則公孫之辨破矣。"

平原君曰："先生之言於理善矣。"因顧謂衆賓曰："公孫子能答此乎？"燕客史由對曰："辭則有焉，理則否矣。"
僞《孔叢子·公孫龍篇》

公孫龍又與子高氾論於平原君所，辨理至於臧三耳。公孫龍言臧之三耳甚辨析，子高弗應，俄而辭出。明日復見，

---

① "六鶂退飛"：語出《春秋》僖公十六年，《春秋公羊傳》僖公十六年釋作"六鷁退飛，記見也。視之則六，察之則鷁"。

平原君曰："疇昔公孫之言信辨也，先生實以爲何如？"答曰："然，幾能臧三耳矣。雖然，實難。僕願得又問於君，今爲臧三耳甚難而實非也，謂臧兩耳甚易而實是也，不知君將從易而是者乎？亦從難而非者乎？"平原君弗能應，明日，謂公孫龍曰："公無復與孔子高辨事也，其人理勝於辭，公辭勝於理，辭勝於理，終必受詘。"僞《孔叢子·公孫龍篇》

柱按：《孔叢子》二條，與《跡府篇》大同小異，蓋僞《孔叢子》者采綴以成篇者也。"臧三耳"，《吕氏春秋·淫辭篇》作"藏①三牙"。謝墉②云："'臧三耳'見《孔叢子》。'耳'，篆文近'牙'，故傳致誤。愚意'臧''牂'古字通用，羊也。此作'藏'，尤誤。"盧文弨③云："作'三耳'是也。龍意兩耳，形也，又有一司聽者以君之，故爲三耳。"

梁君出獵，見白雁群下，彀（gòu，張滿弓）弩欲射之。道有行者，梁君謂行者止，行者不止，白雁群駭。梁君怒，欲射行者，其御公孫龍止之。梁君怒曰："龍不與其君而顧他人！"

公孫龍對曰："昔宋景公時大旱，卜之，必以人祠乃雨。

---

① "藏"原作"臧"，據前文所引《吕氏春秋·淫辭篇》和後文所引謝墉注解改。

② 謝墉（1719—1795）：字昆城，號金圃，又號東墅，清浙江嘉善人，官至吏部左侍郎。著有《安雅堂詩文集》《四書義》《六書正説》等，并校《吕氏春秋》。

③ 盧文弨（chāo）（1717—1796）：字紹弓，一字召弓，號弓父，人稱抱經先生，清浙江餘姚人。官至提督湖南學政，主講江浙各書院二十餘年。著有《抱經堂文集》《群書拾補》《儀禮注疏詳校》《鍾山札記》等，并校《逸周書》《荀子》《吕氏春秋》《春秋繁露》等。

景公下堂頓首曰：'吾所以求雨，爲民也，今①必使吾以人祠乃雨，將自當之。'言未卒而大雨。何也？爲有德於天而惠於民也。君以白雁故而欲射殺人，主君譬人，無異於豺狼也。"

梁君乃與龍上車歸，呼萬歲，曰："樂哉！人獵皆得禽獸，吾獵得善言而歸。"《藝文類聚》六十六引《莊子》。汪兆鏞②云："《困學紀聞》③ 十《莊子逸篇》及《太平御覽》④ 四百五十七引此條，文有增減，《金樓子·雜記》（《金樓子》，南朝梁元帝蕭繹撰，多引舊籍）載'梁君'作'周君'。"（語出汪兆鏞編刻陳澧《公孫龍子注》附錄）

中山公子牟者，魏國之賢公子也，好與賢人游，不恤國事，而悅趙人公孫龍。樂正子輿之徒笑之。公子牟曰："子何笑牟之悅公孫龍也？"子輿曰："公孫龍之爲人也，行無師，學無友，佞給（巧言善辯）而不中，漫衍而無家，好怪而妄言，欲惑人之心，屈人之口，與韓檀⑤等肄（yì，研習）之。"

公子牟變容曰："何子狀公孫龍之過歟？請聞其實。"

---

① "今"原作"承"，據（唐）歐陽詢撰，汪紹楹校《藝文類聚》（上海：上海古籍出版社，1982年，第1172頁）改。《藝文類聚》爲成書於唐高祖武德年間（622—624）的大型類書，共一百卷。

② 汪兆鏞（1861—1939）：字伯序，一字憬吾，號慵叟、清谿漁隱、今吾，廣東番禺人。著有《孔門弟子學行考》《晋會要》《碑傳集三編》《微尚齋詩》等，編刻其師陳澧《公孫龍子注》等。

③ 《困學紀聞》：南宋王應麟（1223—1296）所撰學術筆記。王應麟，字伯厚，號深寧，學者尊稱厚齋先生，宋慶元府（今屬浙江）人。淳祐元年（1241）進士，寶祐四年（1256）中博學宏詞科，官至禮部尚書。著有《玉海》《漢制考》《漢藝文志考證》（陳柱引作《漢書藝文志考證》）等。

④ 《太平御覽》：北宋李昉（925—996）等所編大型類書，於宋太宗太平興國八年（983）完成，共一千卷。

⑤ "韓檀"或作"桓團"，《莊子·天下篇》："桓團、公孫龍辯者之徒，飾人之心，易人之意，能勝人之口，不能服人之心，辯者之囿也。"

子輿曰："吾笑龍之詒（dài，欺騙）孔穿，言'善射者能令後鏃（zú，箭頭）中前括（箭末），發發相及，矢矢相屬（zhǔ，連接），前矢造（到達）準（箭靶）而無絕落，後矢之括猶銜（連接）弦，視之若一焉'。孔穿駭之。龍曰：'此未其妙者。逢（páng）蒙（古之善射者。《孟子·離婁下》："逢蒙學射於羿。"）之弟子①曰鴻超，怒其妻而怖之，引烏號（古良弓名）之弓，綦（地名）衛（箭羽）之箭，射其目。矢來注眸子（眼睛）而眶不睫（眨眼），矢墮地而塵不揚。'是豈智者之言與？"

公子牟曰："智者之言固非愚者之所曉。後鏃中前括，鈞後於前。矢注眸子而眶不睫，盡矢之勢也。子何疑焉？"

樂正子輿曰："子，龍之徒，焉得不飾其闕？吾又言其尤者。龍誑魏王曰：'有意不心，有指不至，有物不盡，有影不移，髮引千鈞，白馬非馬，孤犢未嘗有母。'其負類反倫（違背常理），不可勝言也。"

公子牟曰："子不諭至言而以爲尤也，尤其在子矣。夫無意則心同；無指則皆至；盡物者常有；影不移者，説在改也；髮引千鈞，勢至等也；白馬非馬，形名離也；孤犢未嘗有母，非孤犢也。"

樂正子輿曰："子以公孫龍之鳴皆條（條理）也。設令發於餘竅（肛門），子亦將承之。"公子牟默然良久，告退曰："請待餘日，更謁子論。"僞《列子·仲尼篇》

---

① "子"字原闕，據楊伯峻《列子集釋》（北京：中華書局，1979年，第139頁）補。

考　證

　　《史記·孟子荀卿列傳》：趙亦有公孫龍，爲堅白異同之辯。《索隱》：① 龍即仲尼弟子也。此云趙人，《弟子傳》作衛人，② 鄭玄③云楚人，各不能知其真。又下文云"並孔子同時，或云在其後"，所以知非別人也。

　　仲長統④《尹文子叙》：尹文子，齊宣王時居稷下，與宋鈃（jiān）、彭蒙、田駢同學於公孫龍。

　　王應麟《漢書藝文志考證》引晁氏⑤曰：《志》叙《尹文

---

　　① 《索隱》即《史記索隱》，唐司馬貞撰，現存《史記》三家注之一。司馬貞，生卒年不詳，字子正，唐河內人（今屬河南），官至弘文館學士。
　　② "《弟子傳》作衛人"源於司馬貞《索隱》爲《史記·仲尼弟子列傳》中的公孫龍所作注釋。《史記·仲尼弟子列傳》："公孫龍，字子石，少孔子五十三歲。"《索隱》："鄭玄云楚人，《家語》衛人。"《家語》即《孔子家語》，《孔子家語·七十二弟子解》："公孫龍，衛人，字子石，少孔子五十三歲。"
　　③ 鄭玄（127—200）：字康成，東漢北海高密（今屬山東）人。著有《六藝論》《毛詩譜》等，注有《周易》《尚書》《毛詩》《儀禮》《周禮》《禮記》《論語》等。
　　④ 仲長統（180—220）：字公理，東漢山陽高平（今屬山東）人。官至尚書郎。著有《昌言》。
　　⑤ 晁氏即晁公武（約1102—約1174），字子止，人稱昭德先生，宋澶州清豐（今屬河南）人。紹興二年（1132）登進士第，官至吏部侍郎。著有《郡齋讀書志》《易詁訓傳》等。王應麟所引晁氏言論出自《郡齋讀書志·子類·名家類》。

子》在龍書上。顏師古①謂文嘗②説齊宣王，在龍之前。《史記》云："公孫龍客於平原君，君相趙惠文王。"惠文王元年（前298），齊宣王没已四十餘年，知文非學於龍也。

《困學紀聞》十：莊子謂惠子曰："儒墨楊秉四，與夫子爲五。"（語出《莊子·徐無鬼篇》）原注："秉謂公孫龍。"

洪頤煊③《讀書叢録》十四：《莊子·天下篇》："古之道術有在於是者，宋鈃、尹文聞其風而説之。"《荀子·非十二子篇》："其持之有故，言之成理，足以欺惑愚衆，是墨翟、宋鈃也。"《天論篇》："墨子有見於齊，無見於畸；宋子有見於少，無見於多。"《漢書·藝文志》："《宋子》十八篇。""秉"疑"宋"之譌。《困學紀聞》謂公孫龍字子秉，非也。汪兆鏞云："梁玉繩④《瞥記》五與洪説同。"

楊慎⑤《論公孫龍子》自注：周有兩公孫龍，一春秋孔子弟

---

① 顏師古（581—645）：名籀，字師古，以字行，祖籍琅琊（今屬山東），生於京兆萬年（今屬陝西）。官至中書侍郎。曾奉唐太宗之命考訂五經，撰《五經定本》，並於貞觀七年（633）頒行天下。又撰《急就章注》《匡謬正俗》《漢書注》等。

② "嘗"原作"黨"，據（宋）王應麟《漢藝文志考證》卷七（《二十五史補編》第2册，上海：開明書店，1937年，總第1416頁）改。

③ 洪頤煊（1765—1837）：字旌賢，號筠軒，浙江臨海人。著有《禮經宫室答問》《管子義證》《讀書叢録》《經典集林》等。

④ 梁玉繩（1745—1819）：字曜北，號清白士，浙江錢塘（今屬杭州）人。著有《史記志疑》《人表考》《元號略》《吕子校補》《瞥記》等。

⑤ 楊慎（1488—1559）：字用修，號升庵，明四川新都人。正德六年（1511）狀元。著有《升庵經説》《全蜀藝文志》《二十一史彈詞》《丹鉛總録》《升庵詩話》《詞品》《墨池瑣録》等書上百種。《明史》本傳云："明世記誦之博，著作之富，推慎爲第一。"

子，一戰國平原君辯士。

《四庫全書總目提要》①云：《史記》："趙有公孫龍，爲堅白異同之辯。"《漢書·藝文志》："龍與毛公等並游平原君之門"，亦作趙人。高誘②注《呂氏春秋》謂龍爲魏人，不知何據。《列子釋文》（對《列子》的注釋，唐殷敬順［生平事跡不詳］著）："龍字子秉。莊子謂惠子曰：'儒墨楊秉四，與夫子爲五。'秉即龍也。"據此則龍當爲戰國時人。司馬貞《索隱》謂"龍即仲尼弟子"者，非也。

沈濤③《銅熨斗齋隨筆》四：《孟荀列傳》曰："趙有公孫龍，爲堅白同異之辨。"《索隱》云"龍即仲尼弟子"云云。按小司馬之說誤甚。《平原君列傳》云："公孫龍夜駕見平原君。"又曰："平原君厚待公孫龍。公孫龍善爲堅白之辨，及鄒衍過趙，言至道，乃絀公孫龍。"明別是一人。若即孔子弟子，豈得與平原君、鄒衍同時乎？

---

① 《四庫全書總目提要》又名《四庫全書總目》或《四庫提要》，清乾隆年間因編纂《四庫全書》而產生的一部大型官修圖書目錄，紀昀等撰，乾隆四十七年（1782）完成初稿，乾隆五十四年刊行，共二百卷，按經史子集四部分類，著錄《四庫全書》書籍和存目書籍一萬餘種。因該書卷數較多，紀昀等編撰了二十卷的《四庫全書簡明目錄》，乾隆四十七年完成，乾隆四十九年刊行，該書只錄《四庫全書》書籍3470種，並對各書提要做了縮減。

② 高誘：生卒年不詳，東漢末涿郡（今屬河北）人。著有《孟子章句》《孝經解》《呂氏春秋注》《戰國策注》《淮南子注》等。

③ 沈濤（約1792—1861）：初名爾政，字西雍，一字季壽，號匏廬，浙江嘉興人。著有《十經齋文集》《柴辟亭詩集》《銅熨斗齋隨筆》等。

俞樾①《俞樓雜纂・莊子人名考》：《史記》有兩公孫龍。《仲尼弟子列傳》："公孫龍字子石，少孔子五十歲。"《孟子荀卿列傳》："趙有公孫龍，爲堅白異同之辯。"而説堅白異同之公孫龍與孔穿同時。考《孔子世家》，孔穿乃孔子之昆孫，去孔子六世，必不得與少五十歲之公孫龍辯論也。《莊子》書之公孫龍，即與孔穿辯論之人，而非孔子弟子。汪兆鏞云："《史記・仲尼弟子傳》：'公孫龍少孔子五十三歲。'俞纂脱'三'字。"

王琯②《公孫龍子懸解・事輯》：周秦之間有兩公孫龍。一爲仲尼弟子，字子石，少孔子五十三歲，春秋時人，見《家語》及《史記・仲尼弟子列傳》；一爲本書著者之公孫龍，字子秉，戰國時人。二者年代懸殊。《史記正義》③以前一公孫龍引《莊子》之説，謂爲堅白之談。見《仲尼弟子列傳》。《索隱》又以後一公孫龍爲仲尼弟子。見《孟子荀卿列傳》。交相舛誤，殊堪發噱。孔子卒時，爲周敬王四十一年（前479）。公孫子石既少孔子五十三歲，是年應爲二十歲。其去赧（nǎn）王五十八年（前257），即邯鄲破秦，公孫子秉食客平原之時，相距二百十九年。若爲一人，壽算至此，已逾二百數十餘紀，可一笑解矣。

----

① 俞樾（1821—1907）：字蔭甫，號曲園，浙江德清人。道光三十年（1850）進士。曾主持蘇州紫陽書院、上海求志書院、杭州詁經精舍。獨撰叢書《春在堂全書》，包括《群經平議》《諸子平議》《古書疑義舉例》《茶香室經説》《俞樓雜纂》等書。

② 王琯（1896—1960）：初名家駒，字獻唐，號鳳笙，山東日照人。曾任山東省立圖書館館長。著有《國史金石志稿》《中國古代貨幣通考》《山東古國考》《公孫龍子懸解》等。此處所引王琯言論出《公孫龍子懸解・讀公孫龍子叙錄》。

③ 《史記正義》：唐張守節撰，現存《史記》三家注之一。張守節之生平事跡不詳，《史記正義序》云："開元二十四年（736）八月，殺青斯竟。"

又云：與公孫龍同時大師，有孟軻、惠施、莊周、騶衍、荀卿諸子。孟、惠年代稍前，荀卿較後，莊、騶則前後略等。兹就其言行時地可資稽證者，徧（同"遍"）蒐（sōu，搜集）群籍，爲表於左，① 以明彼此出處之先後。

時代	孟軻	惠施	莊周	騶衍	公孫龍	荀卿
周烈王 （前375- 前369 在位）	四年四月四②日生。〔《孟子譜》、③呂元善《聖門傳》〕					
周顯王 （前368- 前321 在位）	游事齊宣王，宣王不能用。適梁，梁惠王不果所言。〔《史記·孟子荀卿列傳》〕	三十五年，齊梁會於徐州，爲施獻議。〔《呂氏春秋》〕	與齊宣王、梁惠王同時。〔《史記·老莊申韓列傳》〕	適梁，梁惠王郊迎。〔《史記·孟子荀卿列傳》〕		

---

① "左"即"下"。因原書豎排，居左；現改爲横排，故居下。本書下文還有"於左""如左"，皆作此解，不再出注。同理，下文的"右第……節"，"右"即"上"，不再出注。

② "四"，呂元善《聖門志》卷三上之《孟氏姓譜》作"二"（四川大學古籍整理研究所編：《儒藏》"史部·孔孟史志"第六册，成都：四川大學出版社，2005年，第590頁）。呂元善：生卒年不詳，字季可，號冠洋，明海鹽（今屬浙江）人，撰有《聖門志》（本表寫作《聖門傳》）、《三遷志》等。

③ 《孟子譜》，作者不詳。胡適説："據明人所纂《孟子譜》，孟子生於周烈王四年四月二日，死於赧王二十六年十一月十五，年八十四。呂元善《聖門志》所紀年與《孟子譜》同。"（胡適：《中國哲學史大綱（卷上）》，上海：商務印書館，1919年，第289頁）王琯《公孫龍子懸解》之《讀公孫龍子叙錄》《公孫龍子事輯》等文皆有引述胡適《中國哲學史大綱（卷上）》（1930年改稱《中國古代哲學史》）。據此，《孟子譜》或爲胡適所見明人所纂《孟子譜》。

續表

時代	孟軻	惠施	莊周	騶衍	公孫龍	荀卿
周慎靚王（前320-前315在位）		二年，梁惠王卒，施尚在。〔《戰國策》〕①	惠施卒後，周尚存。〔《莊子》〕			齊湣王時，游學於齊。〔《史記·孟子列傳》〕
周赧王（前314-前256在位）	二十六年十②月十五日卒。〔《孟子譜》、吕元善《聖門傳》〕		適燕，燕昭王擁彗先驅。〔《史記·孟子荀卿列傳》〕五十八年，邯鄲破秦後，衍過趙，平原君側行襒（bié，拂拭）席。〔《史記·平原君列傳》〕	三十一年前，曾勸燕昭王偃兵。〔《吕氏春秋》〕五十八年，勸平原君勿受封。〔《史記·平原君列傳》〕	與秦昭王、應侯③問答。〔《荀卿·儒效篇》《彊國篇》〕與臨武君議兵。〔《荀子·議兵篇》〕楚考烈王八年，荀卿爲蘭陵令。〔汪容甫④《荀卿子年表》〕

---

① 此處原闕六角括號，據王琯《公孫龍子懸解·讀公孫龍子叙録》（上海：中華書局，1930年，上册，第21頁）補。

② "十"，吕元善《聖門志》卷三上之《孟氏姓譜》作"十一"（四川大學古籍整理研究所編：《儒藏》"史部·孔孟史志"第六册，成都：四川大學出版社，2005年，第590頁）。

③ 應侯：即范雎，魏人，字叔，曾爲秦相，因封地在應（今屬河南）而稱應侯。

④ 汪容甫（1745—1794）：名中，字容甫，江蘇江都人。著有《述學》《經義知新記》《大戴禮記正誤》《國語校文》《廣陵通典》等。

续表

時代	孟軻	惠施	莊周	騶衍	公孫龍	荀卿
秦始皇帝 （前247– 前210 在位）						九年，楚殺春申君，荀卿廢。〔《史記·六國表》《孟子荀卿列傳》〕

學平上[①]

《莊子·齊物論》：以指喻指之非指，不若以非指喻指之非指也；以馬喻馬之非馬，不若以非馬喻馬之非馬也。天地一指也，萬物一馬也。

郭象[②]云：夫自是而非彼，彼我之常情也，故以我指喻彼指，則彼指於我指獨爲非指矣，此以指喻指之非指也。若復以彼指還喻我指，則我指於彼指復爲非指矣，此亦非指喻指之非指也。將明無是無非，莫若反覆相喻。反覆相喻，則彼之與我既同於自是，又均於相非。均於相非，則天下無是；同於自是，則天下無非。何以明其然邪？是若果是，則天下不得復有非之者也；非若果非，亦不得復有是之者也。今是非無主，紛然淆亂，明此區區者，各信其偏見，而同於一致耳。仰觀俯察，莫不皆然，是以至人知天地一指也，萬物一馬也。故浩然大寧，而天地萬物各當其分，同於自得，而無是無非也。

章炳麟云：指馬之義，乃破公孫龍説。《指物篇》云："物莫非指，而指非指。指也者，天下之所無也；物也者，天下之所

[①] "上"字原闕，據本書目録補。
[②] 郭象（約252—312）：字子玄，西晉洛陽（今河南洛陽）人。官至太傅主簿，著有《莊子注》《論語體略》等。

有也；以天下之所有爲天下之所無，未可。"彼所謂指，上指謂所指者，即境；① 下指謂能指者，即識。② 物皆有對，③ 故莫非境；識則無對，故識非境。無對故謂之無，有對故謂之有。以物爲境，即是以物爲識中之境，故公孫以爲未可。莊生則云以境喻識之非境，不若以非境喻識之非境。蓋以境爲有對者，但是俗論，方有所見，相見同生，二無内外，見亦不執，相在見外，故物非境也。物亦非境，識亦非境，則有無之爭自絶矣。

《白馬論》云："馬者所以命形也，白者所以命色也，命色者非命形也，故曰白馬非馬。"莊生則云以馬喻白馬之非馬，不若以非馬喻白馬之非馬，所以者何？馬非所以命形。形者何邪？惟句股曲直諸線種種相狀，視覺所得，其界止此，初非於此形色之外，别有馬覺。意想分别，方名爲馬。馬爲計④生之增語，而非擬形之法言。專取現量（感覺），真馬與石形如馬者等無差别，而云馬以命形，此何所據。然則命馬爲馬，亦且越出現量以外，則白馬與馬之爭自絶矣。此皆所謂"莫若以明"也。

---

① 境："心與感官所感覺或思惟之對象。"（《佛光大辭典》，北京：北京圖書館出版社，2004年，第5765頁）

② 識："依唯識宗之解釋，吾人能識别、了别外境，乃因識對外境之作用所顯現，故於此狀態之識稱爲表識、記識。於大、小乘佛教皆立有六識説。六識各以眼、耳、鼻、舌、身、意等六根爲所依，對色、聲、香、味、觸、法等六境，産生見、聞、嗅、味、觸、知之了别作用，此即眼識、耳識、鼻識、舌識、意識等六種心識。"（《佛光大辭典》，北京：北京圖書館出版社，2004年，第6697頁）

③ 對：即礙，分爲障礙與拘礙，前者指"二種物質互相障礙，無法同時占有同一空間"；後者指"由心等對象之拘束，而無從自由活動"。（參見《佛光大辭典》，北京：北京圖書館出版社，2004年，第2451、5796頁）

④ 計："計度之意。即以自己之妄心分别來推度判斷事物之理。"（《佛光大辭典》，北京：北京圖書館出版社，2004年，第3953頁）

廣論則天地本無體，萬物皆不生，由法執①而計之，則乾坤不毀；由我執而計之，故品物流形（語見《易·象傳》，意指各種事物流布成形），此皆意根偏②計之妄也。或復通言破指之義，誠無餘辯，破馬之辯，③但乘公孫言詞之隙，因而墮之。

假令云：馬者所以命有情，白者所以命顯色，命顯色者非命有情，故曰白馬非馬。莊生其奚以破之邪？應之曰：此亦易破，鋸解馬體，後施研擣（dǎo，同"搗"），猶故是有情否！此有情馬本是地水火風種種微塵集合，云何可說爲有情數。若云地水火風亦是有情者，諸有情數合爲一有情數，雖説爲馬，惟是假名，此則馬亦非馬也。又公孫以堅白爲二，堅白與石不可爲三。如是馬中亦有堅白，堅白可二，白馬不可爲二，説還自破。若云石莫不白，馬有不白者，馬有青驪，石亦有黄黑，白非馬之自相，亦非石之自相，何故白與石不可離，而獨與馬可離？此皆破之之説也。《齊物論釋》

柱按：此莊子平論公孫龍《白馬》《指物》兩篇之義也。《指物論》云："物莫非指，而指非指。"是以指喻指之非指也。而莊子則謂曷不竟云物本非指之爲簡當，故曰"不若以非指喻指之非指也"。《白馬論》云："白馬非馬。"白馬既非馬，則黄黑馬皆非馬，天下無無色之馬，則馬皆非馬，此公孫龍之論指也。故莊

---

① 法執："'我執'之對稱。……將所有存在（法）之本質認爲是固定不變、有實體之物，稱爲法執；而將人類之本質認爲是固定不變、有實體者，則稱爲我執。"（《佛光大辭典》，北京：北京圖書館出版社，2004年，第3383頁）

② "偏"，1919年浙江圖書館刊《章氏叢書》本《齊物論釋》（第18頁）與《齊物論釋定本》（第20頁）均作"徧"。

③ "辯"，1919年浙江圖書館刊《章氏叢書》本《齊物論釋》（第18頁）與《齊物論釋定本》（第20頁）均作"義"。

子曰："以馬喻馬之非馬。"然而莊子則謂曷不竟云馬本非馬之簡當，故曰"不若以非馬喻馬之非馬也"。

又《胠（qū）篋（qiè）篇》：知詐漸毒、頡（xié）滑堅白、解垢同異之變多，則俗惑於辯矣。

成玄英①云：智數詐僞，漸漬毒害於物也。頡滑，滑稽也，亦姦黠（xiá）也。解垢，詐僞也。夫滑稽堅白之智，譎詭同異之談，諒有虧於真理，無益於世教，故遠觀譬於若訥，愚俗惑於小辨。

柱按：此莊子疾堅白異同之辨也。解垢猶邂逅，邂逅猶邂遘（gòu），其本字當爲解冓（gòu），解冓猶離合也。《胠篋》等篇或莊子之徒所作。

又《天下篇》：惠施多方，其書五車，其道舛駁，其言也不中。歷（分析）物之意曰："至大无外，謂之大一；至小无內，謂之小一。无厚，不可積也，其大千里。天與地卑，山與澤平。日方中方睨（nì，傾斜），物方生方死。大同而與小同異，此之謂小同異；萬物畢同畢異，此之謂大同異。南方無窮而有窮。今日適越而昔來。連環可解也。我知天下之中央，燕之北、越之南是也。氾愛萬物，天地一體也。"

惠施以此爲大，觀於天下而曉辯者，天下之辯者相與樂之。卵有毛。雞三足。郢（楚國都城）有天下。犬可以爲羊。馬有卵。丁子（蛤蟆）有尾。火不熱。山出口。輪不蹍地。目不見。指不

---

① 成玄英（約601—690）：字子實，陝州（今屬河南）人，唐初道士。貞觀五年（631），被召至京師，加號西華法師。著有《老子注》和《莊子疏》等。

至，至不絶。龜長於蛇。矩不方，規不可以爲圓。鑿（孔）不圍枘（ruì，孔中之木）。飛鳥之景（同"影"），未嘗動也。鏃矢之疾，而有不行不止之時。狗非犬。黄馬驪牛三。白狗黑。孤駒未嘗有母。一尺之棰，日取其半，萬世不竭。辯者以此與惠施相應，終身無窮。桓團、公孫龍辯者之徒，飾人之心，易人之意，能勝人之口，不能服人之心，辯者之囿也。

柱按：此莊子非惠施、公孫龍輩之辯也。觀此文可見公孫龍之學受於惠施者至深。雞三足，見今《公孫龍子・通變論》；目不見，見今《公孫龍子・堅白論》；指不至，見今《公孫龍子・指物論》。《漢書・藝文志》"《公孫龍子》十四篇"，今存六篇，則其書之失傳者多矣。賴莊子此文尚足以知公孫龍與其他辯者之大略也，詳見拙著《莊子天下篇集解》。①

《荀子・修身篇》：夫堅白、同異、有厚無厚之察，非不察也，然而君子不辯，止之也。

楊倞②云：此言公孫龍、惠施之曲説異理，不可爲法也。堅白，謂離堅白也。公孫《堅白論》曰："'堅白石三，可乎？'曰：'不可。''二，可乎？'曰：'可。'"謂目視石，但見白，不知其堅，則謂之白石；手觸石，則知其堅，而不知其白，則謂

---

① 《莊子天下篇集解》：今此書未見。各種陳柱著述書目中也未提及此書，陳柱《諸子概論》（上海：商務印書館，1932年，第150頁）有將自著《莊子天下篇新注》當作研究惠施學説的參考書，或爲此書，不過該書也未見刊行；另，《莊子内篇學》（上海：中國學術討論社，1916年）中《莊子・天下篇》的《通論》與《通釋》也與之相關，或許是此書。

② 楊倞：生卒年不詳，唐憲宗時人。爲《孫卿新書》作注，改其名爲《荀子》，并將十二卷析爲二十卷。

之堅石。是堅白終不可合爲一也。司馬彪①曰："堅白，謂堅石非石、白馬非馬也。同異，謂使異者同、同者異。"或曰：即《莊子》所謂"大同而與小同異，此之謂小同異"。言同在天地之間，故謂之大同；物各有種類所同，故謂之小同。是大同與小同異也。此略舉同異，故曰"此之謂小同異"。

《莊子》又曰："萬物畢同畢異，此之謂大同異。"言萬物總謂之物，莫不皆同，是萬物畢同。若分而別之，則人耳目鼻口百體，草木枝葉花實，無不皆異，是物畢異也。此具舉同異，故曰"此之謂大同異"。《莊子》又曰："無厚不可積也，其大千里。"無厚，謂厚之極，不可爲厚薄也。不可積，言其委積至多，不可使復積也。凡無厚不可積，因於有厚可積，故得其大千里。千里者，舉大之極也。

又《不苟篇》：山淵平、天地比、齊秦襲、入乎耳、出乎口、鉤有須、卵有毛，是說之難持者也，而惠施、鄧析能之，然而君子不貴者，非禮義之中也。

楊倞云：比，謂齊等也。《莊子》曰："天與地卑，山與澤平。"《音義》（即《莊子音義》，載陸德明《經典釋文》卷二十六至二十八）曰："以平地比天，則地卑於天；若以宇宙之高，則似天地皆卑。天地皆卑，則山與澤平矣。"或曰：天無實形，地之上空虛者，盡皆天也，是天地長親比相隨，無天高地下之殊也。在高山則天亦高，在深泉則天亦下，故曰"天地比"。地去天遠近皆相似，是山澤平也。襲，合也。齊在東，秦在西，相去甚遠，若以天地之大包之，則曾無隔異，亦可合爲一國。入乎耳、出乎口，未詳

---

① 司馬彪（243—306）：字紹統，西晋河内温縣（今屬河南）人。著有《九州春秋》《續漢書》《莊子注》等。另《莊子注》已佚，有輯本。

所明之意。

或曰：即山出口也，言山有耳口也。凡呼於一山，衆山皆應，是山聞人聲而應之，故曰"入乎耳、出乎口"。或曰：山能吐納雲霧，是有口也。鉤有須，未詳。或曰：鉤有須即丁子有尾也。丁之曲者爲鉤，須與尾皆毛類，是同也。司馬彪曰："胎卵之生，必有毛羽。雞伏鵠卵，卵不爲雞，則生類於鵠也。毛氣成毛，羽氣成羽，雖胎卵未生，而毛羽之性已著矣，故曰'卵有毛'也。"

柱按：此雖斥惠施、鄧析而不及公孫龍，然"卵有毛"見《莊子·天下篇》，莊子固以爲公孫龍輩辯者之説也。

又《儒效篇》：若夫充虚之相施易（楊倞注："充，實也。施，讀曰移。易，謂使實者虚，虚者實也。"）也，堅白異同之分隔也，是聰耳之所不能聽也，明目之所不能見也，辯士之所不能言也。雖有聖人之知，未能僂（lǚ，疾速）指也。不知無害爲君子，知之無損爲小人。工匠不知無害爲巧，君子不知無害爲治。王公好之則亂法，百姓好之則亂事。而狂惑戇（zhuàng，愚蠢）陋之人，乃始率其群徒，辯其談説，明其辟（同"譬"）稱，老身長子，不知惡也。夫是之謂上愚，曾不如相雞狗之可以爲名也。《詩》曰："爲鬼爲蜮，則不可得。有靦面目，視人罔極。作此好歌，以極反側。"① 此之謂也。

柱按：此詆惠施、公孫龍等堅白異同之説，不如相雞狗之術，以其破名也。

---

① 語見《詩·小雅·何人斯》。蜮（yù），短狐，傳説中的害人動物。靦（tiǎn），面目貌。罔極，没有準則。反側，反復無常。

又《禮論篇》：禮之理誠深矣，堅白同異之察，入焉而溺；其理誠大矣，擅作典制辟陋之説，入焉而喪；其理誠高矣，暴（同"暴"）慢恣睢輕俗以爲高之屬，入焉而隊（同"墜"）。

康有爲云：擅作典制，當時諸子紛紛改作，以與儒教爲難者。堅白同異則墨及公孫龍，暴慢恣睢則楊列申韓。荀子攻之，以昌儒學。（語出《孔子改制考》卷十七《儒攻諸子考》）

柱按：此以堅白異同之辯與擅作典制辟陋之説、暴慢恣睢輕俗以爲高之屬，同類而共詆之也。

又《正名篇》：馬非馬也，此惑於用名以亂實者也。驗之名約，以其所受悖其所辭，則能禁之矣。

柱按：公孫龍以白馬非馬證明馬非馬，故荀子云："馬非馬，惑於用名以亂實也。"

《韓非子·問辯篇》：堅白無厚之辭章而憲令之法息。

《淮南子·齊俗訓》：博聞彊志（記住），口辯辭給（有口才），人智之美也，而明主不以求於下。……公孫龍析辨抗辭，別同異，離堅白，而不可與衆同道也。

《淮南子·詮言訓》：公孫龍①粲（càn，鮮明）於辭而貿（亂）名。
高誘云：公孫龍以白馬非馬、冰不寒、炭不熱爲論，故曰貿也。

---

① "龍"字原闕，據《淮南子》補。

劉向校上《荀子》：趙亦有公孫龍，爲堅白異同之辭，……然非先王之法也，皆不循孔氏之術。（語出劉向《孫卿書錄》）

楊子①《法言·吾子篇》：或問："公孫龍詭辭數萬，以爲法，法與？"曰："斷木爲棊（同"棋"），梡（kuǎn，刮摩）革爲鞠（皮球），亦皆有法焉。不合乎先王之法者，君子不法也。"

劉歆②奏上《鄧析子叙略》：其論無厚者，言之異同，與公孫龍同類。

汪兆鏞云：《四庫提要》、高似孫③《子略》誤以此奏爲劉向，今據《書錄解題》改正。④

柱按：觀莊、荀二家之論，則惠施、公孫龍輩之學，其爲當時儒道兩家掊擊之烈可知。蓋施、龍欲去名，與莊子之主無名，本同也；而施、龍之法在歷物，莊子之法在齊物，其術則異。施、龍正名實，荀子亦主正名，似同也；而施、龍則因正名以去名，荀卿則因正名以正禮，其道亦異，故相攻至於如此也。秦亡以後，儒道盛行，淮南、楊雄之徒，復從而攻之，則施、龍之學，不能不日就衰微者，勢也。

---

① 楊子即楊雄（一作揚雄，前53—18），字子雲，西漢蜀郡成都人（今屬四川），著有《太玄》《法言》《方言》等書。
② 劉歆（約前50—23）：字子駿，劉向之子，西漢沛（今屬江蘇）人，官至奉車光禄大夫。著有《七略》《移書讓太常博士書》等。
③ 高似孫（1158—1231）：字續古，號疏寮，南宋鄞縣（今屬浙江）人，淳熙十一年（1184）進士。著有《剡錄》《史略》《子略》《緯略》《騷略》等。
④ 語出汪兆鏞編刻陳澧《公孫龍子注》時所撰附錄。其中，《書錄解題》即陳振孫《直齋書錄解題》，此處原誤作《書錄題解》，後文（如《學平下》和《書考》中）則皆作《書錄解題》，據改。

王充《論衡·按書篇》：公孫龍著堅白之論，析言剖辭，務曲折之言，無道理之較，無益於治。

徐幹①《中論·考僞篇》：昔楊朱、墨翟、申不害、韓非、田駢、公孫龍，汩汩亂②乎先王之道，譸（zhōu）張（欺誑）乎戰國之世，然非人倫之患也。何者？術異聖人者易辨，而從之者不多也。

---

① 徐幹（約171—約218）：字偉長，東漢北海劇縣（今屬山東）人，"建安七子"之一，著有《中論》。
② "汩（gǔ）汩亂"，孫啓治《中論解詁》（北京：中華書局，2014年，第189頁）作"汩亂"，意指擾亂。

學平下

《晉書·魯勝①傳》：勝注《墨辯》，其叙曰："名者所以別同異、明是非，道義之門，政化之準繩也。孔子曰：'必也正名，名不正則事不成。'② 墨子著書，作《辯經》以立名本。惠施、公孫龍祖述其學，以正刑名顯於世。"

柱按：此以公孫龍爲墨派之一，蓋以墨子《經》及《經説》多辯堅白異同之説也。又《莊子·天下篇》云："相里勤之弟子，五侯之徒，南方之墨者苦獲、己齒、鄧陵子之屬，俱誦《墨經》，而倍譎（相互分歧）不同，相謂別墨，以堅白異同之辯相訾（zǐ，詆毁），以觭（通'奇'）偶不仵③之辭相應，以巨子（墨家學派的首領）爲聖人，皆願爲之尸（主），冀得爲其後也，至今不決。"此其説之所本也。

---

① 魯勝：生卒年不詳，字叔時，西晉代郡（今屬山西）人。著有《正天論》，并爲《墨辯》作注。
② 語出《論語·子路》，其原文爲："子路曰：'衛君待子而爲政，子將奚先？'子曰：'必也正名乎！'子路曰：'有是哉，子之迂也！奚其正？'子曰：'野哉由也！君子於其所不知，蓋闕如也。名不正，則言不順；言不順，則事不成；事不成，則禮樂不興；禮樂不興，則刑罰不中；刑罰不中，則民無所措手足。故君子名之必可言也，言之必可行也。君子於其言，無所苟而已矣。'"
③ "仵"原作"許"，據（清）郭慶藩《莊子集釋》（北京：中華書局，2012年，第1073頁）改。

《抱朴子外篇·應嘲篇》(《抱朴子》爲晉人葛洪所撰道教著作,分內外篇):夫君子之開口動筆,必戒悟蔽,式整(整飭)雷同之傾邪,磋礱(lóng,琢磨)流遁之闇穢。而著書者徒飾弄華藻,張磔(zhé,鋪陳)迂潤,①屬難驗無益之辭,治靡麗虛言之美,有似堅白厲②修之書,公孫刑名之論。雖曠籠天地之外,微入無間之內,立解連環,離合同異,鳥影不動,雞卵有足,犬可爲羊,大龜長虵(同"蛇")之言,適足示巧表奇以誑俗。

《文心雕龍·諸子篇》:③ 公孫之白馬孤犢,辭巧理拙,魏牟比之鴞(xiāo)鳥,非妄貶也。

《劉子·九流篇》:④ 名者,宋鈃、尹文、惠施、公孫捷"捷"疑"秉"之誤之類也。其道正名,名不正則言不順,故定尊卑,正名分。愛平尚儉,禁攻寢兵,故作華山之冠以表均平之製,則寬宥之說以示區分。⑤ 然而薄者捐本就末,分析明辯,苟析華辭也。

黃震⑥《黃氏日抄·讀諸子》:公孫龍,戰國時肆無稽之辨,

---

① "迂潤",楊明照《抱朴子外篇校箋》(北京:中華書局,1991年,第416頁)作"迂闊",意指不切實際。
② 楊明照《抱朴子外篇校箋》(第416頁)認爲"厲"當作"廣",意指長,如《公孫龍子·堅白論》有"若廣修而相盈"語。
③ 《文心雕龍》:南朝梁劉勰撰。中國古代文學理論專著,共五十篇,包括總論、文體論、創作論、批評論四個主要部分。
④ 《劉子》:又名《劉子新論》,共五十五篇,多列入雜家。一般認爲其作者是北齊劉晝,也有說是劉歆、劉勰、劉孝標、袁孝政等人。
⑤ 語出《莊子·天下篇》,其原文爲:"宋鈃、尹文聞其風而悅之,作爲華山之冠以自表,接萬物以別宥爲始。"郭象注:"華山上下均平。"
⑥ 黃震(1213—1281):字東發,號於越先生,南宋慶元府慈谿(今屬浙江)人。寶祐四年(1256)進士,著有《黃氏日抄》《古今紀要》等。

九流中所謂名家以正名爲説者也，其略有四：一曰"白馬非馬"，謂白所以名色，馬所以名形，形非色，色非形也。其二曰"物莫非指"，謂指者直指是非之名，物各有指，是非混亂，終歸於無可指也。其三曰"雞三足"，謂雞足一，數足二，二而一，故三也。其四曰"堅白石"，謂目見石之白而不見其堅，手知石之堅而不知其白，是堅與白爲二物。其無稽如此，大率類兒童戲語，而乃祖吾夫子正名爲言。嗚呼！夫子之所謂正名者果如是乎？若"臧三耳"之辨，亦出公孫龍，然《孔叢子》及《吕氏春秋》載之，此書不及焉。

宋濂①《諸子辨》：龍，趙人，平原君客也，能辨説。傷明王之不興，疾名器之乖實，以假指物，以混是非，冀時君之有悟，而正名實焉。予嘗取而讀之，白馬非馬之喻，堅白同異之言，終不可解。後屢閲之，見其如捕龍蛇，奮迅騰騫，益不可措②手。甚哉其辨也！然而名實愈不可正，何邪？言弗醇也。天下未有言弗醇而能正。苟欲名實之正，毆火之。

陳振孫③《書録解題》：趙人公孫龍，爲白馬非馬、堅白之辨者也。其説淺陋迂僻，不知何以惑當世之聽。

---

① 宋濂（1310—1381）：字景濂，號潛溪，原籍金華潛溪（今屬浙江），後遷居浦江（今屬浙江）。曾主修《元史》，被稱爲明代"開國文臣之首"，著有《龍門子凝道記》《諸子辨》《蘿山集》等。
② "措"原作"指"，據《宋濂全集》（北京：人民文學出版社，2014年，第1908頁）改。
③ 陳振孫（約1190—1261）：字伯玉，號直齋，南宋安吉州（今屬浙江）人，官至國子監司業。著有《直齋書録解題》，是南宋著名的提要目録。

楊慎《論公孫龍子》:《史記》載公孫龍，注爲孔子弟子。其論白馬非馬，亦自附於仲尼謂"楚人亡弓"之説，且云"仲尼異楚人於所謂人，而非龍異白馬於所謂馬，悖"，可謂曲説矣。其他篇有云："青驪乎白而白不勝也。白足勝之矣，而不勝，是木賊金矣。木賊金者碧，碧則非正舉也。"（語出《公孫龍子·通變論》）意以白比君道，青比臣道。驪，色之雜。青驪於白，謂權臣擅命雜君道也。金本制木而木賊金，猶君本制臣而臣掩君也（"意以白比君道"以下，解讀源自《公孫龍子》舊注）。其説類《易》所謂"玄黃"，① 與《論語》"惡紫奪朱"② 同，而頗費解説。又曰："黃其馬也，其與類乎；碧其雞也，其與暴乎。"（語出《公孫龍子·通變論》）解云："黃，中正之色；馬，國用之材，故曰'與類'。碧，不正之色；雞，不材之禽，故曰'與暴'。"（解讀源自《公孫龍子》舊注）其説類《孟子》"白馬、白人"③ 之例，然淫放頗僻，去孔孟何啻千里。

金受申④云：升菴之言，未免穿鑿，然自注之言，卓絶千古，惜未能得其佐證也。柱按：升菴自注之言見《考證篇》。

《四庫全書總目提要》：其書大旨疾名器乖實，乃假指物以混是非，借白馬而齊物我，冀時君有悟而正名實，故諸史皆列於

---

① 《周易·坤·文言》："夫玄黃者，天地之雜也。天玄而地黃。"
② 《論語·陽貨》："子曰：'惡紫之奪朱也，惡鄭聲之亂雅樂也，惡利口之覆邦家者。'"
③ 《孟子·告子上》："（孟子）曰：'白馬之白也，無以異於白人之白也。'"
④ 金受申（1906—1968）：原名文佩，字澤生，北京人。著有《古今僞書考考釋》《公孫龍子釋》《稷下派之研究》《老北京的生活》等。此處所引金受申言出自《公孫龍子釋》附錄《各家評公孫龍子語撮鈔》。

名家。《淮南鴻烈解》稱"公孫龍粲於辭而貿名",揚子《法言》稱"公孫龍詭辭數萬",蓋其持論雄瞻,實足聳動天下,故當時莊、列、荀卿,並著其言,爲學術之一。特品目稱謂之間,紛然不可數計,龍必欲一一核其真,而理究①不足以相勝,故言愈辯而名實俞(同"愈")不可正。然其書出自先秦,義雖恢誕,而文頗博辯。陳振孫《書錄解題》概以"淺陋迂僻"譏之,則又過矣。

《簡明目錄》(即《四庫全書簡明目錄》):大指欲核名實,而詼詭其説,務爲博辯,孔穿所謂"辭勝於理",殆確論焉。

辛從益②《公孫龍注》:六篇之文,離奇雋妙,愈轉愈深,按其大旨,不過以辨名實而已。白馬非馬,別形色也;指非指,究有無也;二無一,分彼此也;堅白石可二不可三,判藏見也。《跡府篇》以正名實揭其旨,《名實篇》以慎所謂竟其歸,中間穿穴回互,無微不到,按之皆有端緒可尋,誠奇文也。實則③人之所以辯名實者,欲名與實副而已。人辨於有可疑,彼辨於無可疑,如白馬之爲馬,本無可疑也,而彼曰"非馬"。人之辨顯而易,彼之辨微而奧,如物必有指,此顯易者也,而彼曰"指非指,非非指"。人辨於同而異,彼辨於異而同,同而異如牛羊同

---

① "究"原作"容",據《四庫全書總目》(北京:中華書局,1965年,第1008頁)改。

② 辛從益(1759—1828):字謙受,一字筠谷,江西萬載人。乾隆五十五年(1790)進士,官至禮部侍郎、江蘇學政。著有《詩文内外集》《奏疏》《公孫龍子注》(陳柱引作《公孫龍注》)等。

③ "實則",辛從益《公孫龍子注》之《寄思齋藏稿》本(第35頁)作"實",《豫章叢書》本(《叢書集成初編》影印本,北京:中華書局,1991年,第69頁)作"凡"。

而異者也,彼則曰"羊合牛非馬,牛合羊非雞"。人就物所有以分數,彼因人所見以起數,如堅白石本三也,彼則曰"目不能堅,其舉也二;手不能白,其舉也二"。此其立論之雋異者也。

夫孔孟立言,何嘗不致辨於名實,然所辨者真偽邪正公私之界,蓋斤斤焉。苟大數既得,則不必過求深隱,豈有以白馬爲非馬、堅白石爲可二不可三者乎?跡其求深過當,誠有如班固所謂"鉤鈲(pī,破裂)析亂"者,雖不無影響纖頊(xū)之失,然寓意微至,細核之亦似有精理存焉。若以馳騁辨難之場,剖析奇致,使粗豪者奪氣(挫傷鋭氣)而區瞀(mào,昏昧)者聳聽,未始非一助云。

陳澧①《東塾讀書記·諸子》:公孫龍之學,出於墨子,然墨子言"白馬,馬也"(語出《墨子·小取》),公孫龍則云"白馬非馬",其説云:"求馬,黃黑馬皆可致;求白馬,黃黑馬不可致,故曰白馬非馬。"(語出《公孫龍子·白馬論》)又云:"'堅白石三,可乎?'曰:'不可。''視不得其所堅,拊②不得其所白。''且猶白以火見而火不見,則火與目不見而神見;堅以手而手以捶,是捶與手知而不知,而神與不知。神乎!是知③之謂離焉。'"(語

---

① 陳澧(1810—1882):字蘭甫,世稱東塾先生,廣東番禺人。道光十二年(1832)舉人,曾任廣州學海堂學長數十年。著有《聲律通考》《切韻考》《漢儒通義》《東塾讀書記》等。

② "拊"原作"附",據陳澧《東塾讀書記》(鍾旭元、魏達純校點,上海:上海古籍出版社,2012年,第233頁)改。

③ "知"字或爲衍文,今所見各本《公孫龍子·堅白論》[如《道藏》本、陳澧《公孫龍子注》(《續修四庫全書》本)等]和陳澧《東塾讀書記》(鍾旭元、魏達純校點,上海:上海古籍出版社,2012年,第233—234頁)皆無"知"字。

出《公孫龍子·堅白論》）皆較墨子之說更轉而求深，皆由於正言若反而加以變幻。然其末篇則云："古之明王，審其名實，慎其所謂。"（語出《公孫龍子·名實論》）其大旨不過如是，何必變幻乎？

汪兆鏞云：世多譏龍恢誕。然如《通變論》云："黃其正矣，是正舉也，碧則非正舉矣。與其碧，甯黃。黃其馬也，其與類乎！碧其雞也，其與暴乎！暴則君臣爭而兩明也，兩明者昏不明，非正舉也。名實無當，驪色章焉，故曰'兩明'也。兩明而道喪，其無有以正焉。"假物寓旨，足以砭世礪俗。（語出汪兆鏞編刻陳澧《公孫龍子注》所寫後記）

章炳麟《諸子論略》：論名家。若惠施、公孫龍輩，專以名家著聞，而苟為鈲析者多，其術反同詭辯。
又若雞三足、狗非犬之類，詭辯繁辭，今姑勿論。①

劉師培②《國學發微》：荀子又曰："不法先王，不是禮義，而好治怪說，玩奇辭，甚察而不惠，辨而無用，多事而寡功，不可以為治綱紀。然而持之有故，其言之成理，足以欺惑愚衆，是惠施、鄧析也。"（語出《荀子·非十二子》）案惠施、鄧析皆名家之派也；治怪說，玩奇辭，即公孫龍"藏三耳"諸說；辨而無用，

---

① 語出章太炎《論諸子學》（又名《諸子學略說》，陳柱引作《諸子論略》），原載1906年日本秀光社出版的《國學講習會略說》中，同年又發表於《國粹學報》丙午第八、九號。
② 劉師培（1884—1919）：字申叔，號左盦（ān），又名光漢，江蘇儀徵人。著有《國學發微》《攘書》《群經大義相通論》《荀子斠補》《荀子補釋》《左盦集》《左盦外集》等，其大部分著作彙編為《劉申叔先生遺書》。

多事而寡功，即"山淵平、齊秦襲"之説。吾觀希臘古初有詭辨學派，厥後雅里斯德勒①首創論理（邏輯）之學，德樸吉利圖②創見塵非真之學，皆與中國名家言相類。若近世培根起於英，笛卡兒起於法，創爲實測内籀（歸納）之説，穆勒③本其意，復成《名學》一書，則皆循名責實之學，較之惠施、鄧析，蓋不同矣。

胡適《中國哲學史大綱》：公孫龍一班人的學説，大旨雖然與惠施相同，但惠施的學説，歸到一種"氾愛萬物"的人生哲學，這班人的學説歸到"正名"的名學，這是他們的區别。但公孫龍到處勸人"偃兵"，大概也是信兼愛非攻的人，可知他終是墨家一派。（語出胡適《中國哲學史大綱（卷上）》第八篇第五章《公孫龍及其他辯者》）

劉咸炘④《子疏》：首篇述其與孔穿辨及其大旨，曰"病名實之散亂，因資材之所長，爲守白之論"，末引尹文謂齊王，以白馬非馬喻士不一類，求之不當泥於一名一行。是蓋其宗旨以辨名當實於致士來民之道也。惜其意淺而言多，鄒衍詆爲煩文相

---

① "勒"原作"勤"，據劉師培《國學發微》（《劉申叔先生遺書》，寧武南氏1936年校印本，第6頁）改。雅里斯德勒（Aristotle，今通譯作亞里士多德，前384—前322），古希臘哲學家與科學家。

② 德樸吉利圖（Democritus，今通譯作德謨克利特，約前460—約前370），古希臘哲學家與科學家。

③ 穆勒（John Mill，又譯作密爾，1806—1873）：英國哲學家、經濟學家和政治學家，著有《邏輯學體系》［嚴復（1854—1921）於1902—1905年將其譯爲《穆勒名學》（下文寫作《名學》）］、《論自由》、《功利主義》、《政治經濟學原理》等。

④ 劉咸炘（xīn）（1896—1932）：字鑑泉，號宥齋，四川雙流人。著有《中書》《左書》《右書》《内書》《外書》《子疏》等，匯爲《推十書》。

假，使人不得其意，是也。名辨之學，凡可分爲八九科，而龍書五論，凡三科。《白馬論》《堅白論》辨形色兼名之異也。《指物論》辨大共實與小別名之異也。《通變論》辨名數一不可爲二也。《名實論》則總論物實位謂四者之當辨。其説多同《墨經》，大氐大旨少而衍文多。其通變之論，推及兩明相爭而國亂，是與慎子君無事臣有常事之説①相會者也。

又《韓非子·外儲説左上》曰："兒説，宋人，善辨者也，持'白馬非馬'也，服齊稷下之辯者，乘白馬而過關，則顧（通"雇"，交納）白馬之賦（賦税）。故藉虛詞則能勝一國，考實按形不能謾（欺騙）於一人。"據此則白馬之論起於兒説。然稷下凡兩招士，兒説未必在公孫龍前。《新論》（東漢桓譚所撰著作，凡二十九篇，主在言當世政治）以出關事爲公孫龍。

王琯《公孫龍子②懸解·叙錄》：公孫誦經，係於方法方面，傳其論辯之術，於義理方面，則或背而不遵。嗚呼！所謂倍譎者在是，所謂私淑者亦在是也。

雖然，公孫而果出於墨者，其在墨門之中居何地位？是當明瞭墨學傳授之派別。關於此節，任公（即梁啓超，號任公）論之最審，其言曰："墨子之所以教者，曰愛與智。《天志》《尚同》《兼愛》諸篇，墨子言之而弟子述之者，什九皆教愛之言也。《經》上下兩篇，半出墨子自著，南北墨者俱誦之，或誦所聞，或參己見，以爲《經説》，則教智之言也。"《墨經校釋·序》嘗就

---

① 《慎子·民雜》："君臣之道：臣事事，而君無事；君逸樂，而臣任勞；臣盡智力以善其事，而君無與焉，仰成而已。"

② "子"字原闕。王氏此書實爲《公孫龍子懸解》，文中亦多次提到此書名作《公孫龍子懸解》。據補。

任公之説，分墨學爲兩宗：一屬於教愛者，爲墨子之倫理學；一屬於教智者，爲墨子之辯證學。夷考其源，係以所得之辯證方法，闡其所抱之倫理主義。言愛言智，理實一貫，而從屬傳授，每就性之所近，各有專習。得其倫理一派，多演爲實踐家，如孟勝、禽滑釐諸人是也。得其辯證一派，多演爲名理家，如三墨、① 惠施諸人是也。……公孫後墨子一百餘歲略據梁任公《先秦政治思想史》人物年代表，雖以晚出，未獲親炙，但既誦習《墨經》，而傳其籀理方法，應爲辯證一派。所不可掩者，惟曾勸燕昭王、趙惠王偃兵，亦似受墨子非攻主義之影響，近於倫理一派，但置之公孫學説全部，仍當認爲末崙（同"端"）。

---

① 《韓非子·顯學》："自墨子之死也，有相里氏之墨，有相夫氏之墨，有鄧陵氏之墨。"

書 考

《漢書·藝文志》名家：《公孫龍子》十四篇。趙人。師古曰："即爲堅白之辨者。"

今存六篇。

王應麟《漢書藝文志考證》：《公孫龍子》十四篇。《唐志》三卷，今一卷。司馬彪曰："堅白謂堅石非石、白馬非馬，異同謂使異者同、同者異。"東萊呂氏①曰："告子：'彼長而我長之，彼白而我白之。'（語出《孟子·告子上》）斯言也，蓋堅白同異之祖。"（語出呂祖謙《東萊集》外集卷一）孟子累章辯析，歷舉玉、雪、羽、馬、人五白之説，借其矛而伐之，而其技窮。

陳振孫《書録解題》：《漢志》十四篇，今書六篇，首敘孔穿事，文意重複。

《四庫全書總目提要》：《漢志》著録十四篇，至宋時八篇已亡，今僅存《跡府》《白馬》《指物》《通變》《堅白》《名實》，凡六篇。其首章所載與孔穿辨論事，《孔叢子》亦有之，謂龍爲穿

---

① 東萊呂氏即呂祖謙（1137—1181）：字伯恭，人稱東萊先生，南宋婺州（今屬浙江）人。隆興元年（1163）進士，官至著作郎兼國史院編修官。撰有《呂氏家塾讀書記》《東萊書説》《春秋集解》《東萊左氏博議》《東萊集》等。

所紬，而此篇又謂穿頗爲弟子，彼此互異。蓋龍自著書，自必欲申己説；《孔叢》僞書本出於漢晋之間，朱子以爲孔氏子孫所作，自必欲申其祖説。記載不同，不足怪也。明鍾惺①刻此書，改其名爲《辯言》，妄誕不經，今仍從《漢志》，題爲《公孫龍子》。

姚際恒②云：《漢志》所載，而《隋志》無之，其爲後人僞作奚疑。（語出姚際恒《古今僞書考》）

汪兆鏞云：《宋史·藝文志》名家："《公孫龍子》一卷。"馬端臨③《文獻通考》："《公孫龍子》三卷。《漢志》十四篇，今書六篇。"《通志略》：④"《公孫龍子》今亡八篇。"陳振孫《直齊書録解題》："《公孫龍子》三卷。"《崇文總目》、⑤晁公武《郡齋讀書志》並作三卷。（汪氏語出汪兆鏞編刻陳澧《公孫龍子注·公孫龍子篇目考》）

顧實⑥《重考古今僞書考》：今存六篇，觀其先後，當出後人所叙次，斷不截然亡其弟七以下八篇也。然即所存六篇而核

---

① 鍾惺（1574—1625）：字伯敬，號退谷，明竟陵（今屬湖北）人。萬曆三十八年（1610）進士。撰有《詩歸》《史懷》《隱秀軒集》等。《辯言》在鍾惺《合刻五家言》中。

② 姚際恒（1647—約1715）：字立方，一字善夫，號首源，原籍安徽休寧，久居浙江仁和（今屬杭州）。著有《九經通論》《好古堂書目》《庸言録》（附録《古今僞書考》）等。

③ 馬端臨（1254—?）：字貴與，號竹村，宋末元初饒州樂平（今屬江西）人。著有《文獻通考》，凡三百四十八卷，記歷代典章制度。

④ 《通志略》：凡五十二卷，爲南宋鄭樵《通志》（凡兩百卷，紀傳體通史）中的一部分。

⑤ 《崇文總目》：北宋官修目録，王堯臣等奉敕撰，凡六十六卷，慶曆元年（1041）上奏。

⑥ 顧實（1878—1956）：字惕生，江蘇武進人，曾在東南大學、無錫國學專修學校等校任教，著有《重考古今僞書考》《漢書藝文志講疏》《莊子天下篇講疏》《楊朱哲學》《墨子辯經講疏》等。

之，大旨欲綜覈（hé，檢驗）名實，而務爲辯博，楊倞《荀子注》所詆爲曲説異理者也。

顧實《漢書藝文志講疏》：《隋志》不著録，《舊唐志》三卷，賈公彦①之子賈大隱曾爲作注。《通志》一卷，亡八篇，則殘於宋矣。故今本止六篇。然首篇《跡府》，疑非原書。凡爲辨者，有事以爲例則易喻，即事而爲辨則易迷，故公孫龍責秦王以非約，折孔穿之詞悖，其言明且清。惟書中如《白馬》至《名實》五篇，類以一詞累變不窮，轉而益深，幾令人莫明所謂，必繩以名家科律然後瞭焉。此又讀其書初覺詭異而實不詭異也。

陳直②《周秦諸子述略》：今本僅存六篇。《跡府篇》有云："龍與孔穿會趙平原君家。"《孔叢子》屢言子高與平原君、信陵君、魏安王同時，則龍當爲趙文王時人無疑。首云"公孫龍，六國時辯士"，似非其自撰。周秦諸子類此者多，不足怪也。《淮南子·道應訓》云："昔者公孫龍在趙之時，語弟子曰：'人而無能者，龍不能與游。'"亦當爲六篇之佚文。

王琯《公孫龍子懸解·叙録》：清姚際恒《古今僞書考》以本書《漢志》所載，《隋志》無之，定爲後人僞作。其言似是而實非，最當審辯。按《漢志》"《公孫龍子》十四篇"，今存六篇。楊子《法言》稱龍"詭辭數萬"，似當時完本，爲字甚富。《三國

---

① 賈公彦：生卒年不詳，唐洺州永年（今屬河北）人，唐高宗永徽（650—655）中，官至太學博士，撰有《周禮義疏》《儀禮義疏》等。賈大隱，賈公彦子，生卒年亦不詳，官至禮部侍郎，著有《老子述義》《公孫龍子注》等。

② 陳直（1901—1980）：原名邦直，字進宜，號慕廬，江蘇鎮江人，曾在西北大學任教。著有《周秦諸子述略》《史記新證》《漢書新證》《居延漢簡研究》《文史考古論叢》等。

志・鄧艾傳》注引荀綽①《冀州記》，謂爰俞②辯於論義，采公孫龍之辭，以談微理。晋張湛③《列子注》亦引原書《白馬論》，稱此論現存云云。劉孝標④《廣絶交論》曰"縱碧雞之雄辯"，"碧雞"一義，即出本書。可證魏梁之間，原著猶存。《隋書·經籍志》無《公孫龍子》書名，但載《守白篇》一卷。據汪馥炎⑤君《堅白盈離辨》見《東方雜誌》（第二十二卷第九號，1925年）謂"今本《公孫龍子》，原名《守白論》，至唐人作注，始改今名"。不知《隋志》之《守白論》，是否即汪君所指者。若爲公孫原著，是《隋志》固有其書，當時并未散佚也。但鄙意對此仍含有下列疑問：

（一）《隋志》《守白論》不載作者姓名，是否公孫所著，或爲他人述作，而書名偶同，均不可考。

（二）公孫原本名家，《隋志》《守白論》列在道家，名道兩宗，根本抵觸，繩以原書論旨，亦無欄入道家餘地。據此，或《守白論》另爲其他之道者所著，亦未可定。

（三）汪君稱《公孫龍子》原名《守白論》，唐人作注始改今名。考之《漢書·藝文志》，固明載《公孫龍子》十四篇，何言唐人始改？且考漢唐諸志，又鄭樵所錄，統爲《公孫龍子》，

---

① 荀綽：生卒年不詳，字彦舒，西晋末穎川潁陰（今屬河南）人，撰有《晋後書》《九州記》等。

② "爰俞"原作"俞爰"，據王琯《公孫龍子懸解·讀公孫龍子叙録》乙正。爰俞：字世都，晋人，生平事跡不詳。

③ 張湛（約332—?）：字處度，東晋高平（今屬山東）人，官至中書侍郎，著有《列子注》。在《列子·仲尼篇》注中，引用《白馬論》，並稱"此論見存，多有辯之者。辯之者皆不弘通，故闕而不論也"。

④ 劉孝標（462—521）：名峻，字孝標，南朝梁平原（今屬山東）人，著有《世説新語注》《辯命論》《廣絶交論》《演連珠注》等。

⑤ 汪馥炎（1891—1940）：江蘇武進人，早年留學日本，曾在上海法政學院、復旦大學等校任教，著有《憲法綱要》《國際公法論》等。

并無《守白論》一名，均似可疑。

總之，《隋志》《守白論》，現即無相當證據定爲公孫原著，最少亦當付諸疑似之列，不能謂《隋志》絕無其書也。迨石晉（即後晉）劉昫①等纂修《舊唐書》，始明載《公孫龍子》三卷，并賈大隱、陳嗣古②注各一卷。賈爲武后時人，本書既經釋注，當爲此書存在之證據。楊倞注《荀子》，其《正名》一篇，亦引《堅白論》證之。汪容甫定楊爲唐武宗時人，蓋是時通行於世矣。《宋史·藝文志》載《公孫龍子》一卷，鄭樵《通志》亦載一卷，亡八篇。是本書完本，至宋始殘。茲就上述沿革歸納爲左列數義：

（一）由周至梁，本書完全無缺。

（二）隋唐之際，本書佚存未定。

（三）唐武后時，重見著錄，仍爲完本。

（四）宋紹興前，亡八篇，賸（同"剩"）六篇，爲今本。

綜以上四項，本書前後嬗變之迹，昭然可見。世亂兵燹（xiǎn，兵火），册典播蕩，即有晦顯之遭，寧爲真僞之界。姚説至此，可不攻自破矣。

欒調甫③《名家篇籍考》：《公孫龍子》之名《守白論》，本書《跡府篇》云："疾名實之散亂，因資財之所長，爲守白之論，假物取譬，以守白辯。"此其名命之由者一也。《隋志》雖

---

① "劉昫"原作"劉煦"。劉昫（xù）（887—946）：字耀遠，後晉涿州歸義（今屬河北）人。歷官太常博士、刑部尚書、吏部尚書等，奉敕編纂《舊唐書》。

② 陳嗣古：生平事跡不詳，著有《公孫龍子注》《老子注》等。

③ 欒調甫（1889—1972）：名廷梅，字調甫，以字行，山東蓬萊人。歷任齊魯大學教授、山東省文史館館員等職。著有《名經注》《墨子研究論文集》《齊民要術版本考》等，編纂《墨辯討論》。所引《名家篇籍考》出處未詳。

録於道家，然確知其不爲道家者，因《老子》云："知其白，守其黑，爲天下式。"（語出二十八章）道家旨在守黑，而論名守白，顯非道家之言，二也。唐成玄英《莊子疏》云："公孫龍著《守白之論》，見行於世。"（語出成玄英爲《莊子‧天下》"桓團公孫龍辯者之徒"句所作疏）又云："堅白，公孫龍《守白論》也。"（語出成玄英爲《莊子‧天地》"離堅白"句所作疏）此唐人猶有稱《公孫龍子》爲《守白論》，三也。

復合隋唐兩《志》考之，《隋志》道家有《守白之論》，而名家無《公孫龍子》；《唐志》名家有《公孫龍子》，而道家無《守白論》，是知其本爲一書，著録家有出入互異，四也。至《隋志》著録在道家，乃由魏晋以來，學者好治老莊書，而因莊列有記公孫龍堅石、白馬之辯，故亦撫拾其辭以談微理。此風已自晋人爰俞開之，而後來唐之張游朝①著《沖虛白馬非馬證》，《新唐志》列入道家。宋之陳景元②録《白馬》《指物》二論，以入其所著《南華餘録》，亦在《道藏》，然則《隋志》之録《守白》於道家，又何足疑，此其五也。

孫碏③《讀王獻唐〈公孫龍子④懸解〉》：《隋志》凡注"梁

————

① 張遊朝：生卒年不詳，唐婺州（今屬浙江）人，詩人張志和（約743—約774）之父，著有《南華象罔説》《沖虛白馬非馬證》等。

② "景元"原作"元景"，《道藏》（道教經籍之總集）所録《南華真經餘事雜録》（簡稱《南華餘録》）之作者爲陳景元，據改。陳景元（約1025—1094）：字太初，一字太虛，號碧虛子，北宋道士，南城（今屬江西）人，撰有《道德真經藏室纂微篇》《南華真經章句音義》《南華真經章句餘事》等。

③ 孫碏：生卒年不詳，據其爲欒調甫編《墨辯討論》所寫後序（1925年12月15日）知其爲河南鄧縣人，欒調甫門人。著有《堅白離盈辯考證》（《墨辯討論》附録）、《讀王獻唐〈公孫龍子懸解〉》（《國學叢刊》1929年第1期）等。

④ "子"字原闕。

有"者，皆據阮孝緒①《七録》，而《隋志》名家不言"梁有"，則《七録》亦必著於道家，而名爲《守白論》也。且除張湛《列子注》"此論現存"一證外，阮裕②曾爲謝安道《白馬論》，則江左之流傳未絶，固已鑿鑿可據也。而《孔叢》爲魏晋閒所出之僞書，其《公孫龍子篇》即由本書《跡府》割裂改纂而成。爰俞撼取公孫龍之辭，以談微理，殆亦由是。復此上溯之兩漢，則《鹽鐵論》記丞相史引公孫龍之言，③楊子《法言》論公孫龍詭辭數萬言，此皆前乎《漢志》者。而其同時者，如王充稱白馬之論，馮衍④説碧雞之辯，⑤亦與今書相應。然則其即漢人所傳之本與。

　　惜《漢志》著録之十四篇，今僅存六篇，未能知其他八篇亡於何時耳。王琯據鄭樵《通志》"舊有十四篇，今亡八篇"之説，而謂"至宋始殘"，此或本諸《四庫提要》之説。然未可信也。蓋《隋志》《守白論》已是一卷，兩唐⑥著録之《公

---

① 阮孝緒（479—536）：字士宗，陳留尉氏（今屬河南）人。南朝齊梁間隱士，撰有《高隱傳》《七録》等。《七録》爲目録書，分七類：經典録、記傳録、子兵録、文集録、術伎録、佛法録、僊道録。

② 阮裕：生卒年不詳，字思曠，晋陳留尉氏（今屬河南）人。以德業知名，論難甚精。阮裕爲謝安道《白馬論》之事出自《世説新語·文學》。

③ 西漢桓寬所撰《鹽鐵論·箴石》載丞相史語："公孫龍有言：'論之爲道辯，故不可以不屬意。屬意相寬，相寬其歸爭。爭而不讓，則入於鄙。'"

④ 馮衍：生卒年不詳，主要生活在東漢初期，字敬通，京兆杜陵（今屬陝西）人，辭賦家，著有《顯志賦》《揚節賦》等。

⑤ 唐李善注南朝梁蕭統《文選》所録劉孝標《廣絶交論》"縱碧雞之雄辯"時，引馮衍《與鄧禹書》曰："衍以爲寫神輸意，則聊城之説，碧雞之辯，不足難也。"

⑥ 孫碻《讀王獻唐〈公孫龍子懸解〉》原文後有"志"字。兩唐志即《舊唐書·經籍志》《新唐書·藝文志》。

孫龍子》或作三卷者，乃其分卷之異。而宋以來相傳之本，固皆如是者也。雖八篇之書，亡於何時，今不可考，而其必不在宋世，則可知也。試據以上所論，重爲考訂《公孫龍子》傳本源流如左：

一、兩漢傳本《公孫龍子》十四篇。
二、六朝傳本《守白論》一卷。
三、唐世傳本《公孫龍子》三卷，亦作一卷。
四、宋世傳本《公孫龍子》一卷。

今世行本出於《道藏》，《道藏》所收古書，則均本諸宋刊本也。

陳嗣古注《公孫龍子》一卷。
賈大隱注《公孫龍子》一卷。

以上《新唐書·藝文志》著錄，今亡。

謝希深[①]注《公孫龍子》三卷。

謝氏自序：今閱所著書六篇，多虛誕不可解，繆以膚識注釋，私心尚在疑信間，未能頓怡然無異也。昔莊子云："公孫龍能勝人之口，不能服人之心，辯者之囿也。"有旨哉。

《四庫全書總目提要》：鄭樵《通志略》載此書有陳嗣古注、賈大隱注各一卷，今俱失傳。此本之注，乃宋謝希深所撰。前有《自序》一篇，其注文義淺近，殊無可取，以原本所有，姑併錄焉。

《簡明目錄》云：其注爲宋謝希深作，詞不及龍而欲申龍之理，其淺陋宜矣。

---

① 謝希深（994—1039）：名絳，字希深，北宋富陽（今屬浙江）人。祥符八年（1015）進士，官至兵部員外郎，著有文集五十卷。

嚴可均①校《道藏》本《公孫龍子》跋：右《公孫龍子》三卷，凡六篇，從《道藏》"顛"字三號②録出。《漢藝文志》十四篇，《隋志》《群書治要》《意林》皆無此書。《唐志》三卷；又一卷，陳嗣古注；又一卷，賈大隱注。今此本陳注邪？賈注邪？不可考也。《簡明目録》則云"宋謝希深注"，當有所據。龍爲堅白之辨，頗惑當時之聽，故《孟子》書中亦有白雪、白玉、白馬、白人等説。陳振孫以爲淺陋迂僻，未免過詆。世所通行，有前明縣眇閣本、十二子本、《諸子彙函》本，唯《道藏》本爲差善。

王琯《公孫龍子懸解·叙録》：賈大隱、陳嗣古注亦見鄭樵《通志》，今俱不存。明鍾伯敬重刊此書，改名《辯言》，不經已極。計明清兩代，校印本書者，有《道藏》本、梁杰本、馮夢楨本、楊一清本、明嘉靖刻《五子全書》本、明《子彙》本、明吉藩刻《二十家子書》本、縣眇閣本、《墨海金壺》③本、《守山閣》④本即《金壺》舊板、崇文書局《百子全書》⑤本。

---

① 嚴可均（1762—1843）：字景文，號鐵橋，浙江烏程（今浙江湖州）人，嘉慶五年（1800）舉人。著有《説文聲類》《説文校議》《鐵橋漫稿》等書，輯有《全上古三代秦漢三國六朝文》。

② 明正統十年（1445）刊刻《道藏》以《千字文》爲函目編序，分480函，始於"天"字，終於"英"字，每函又分數號。

③《墨海金壺》，清人張海鵬輯刻叢書。張海鵬（1755—1816）：字若雲，號子瑜，昭文（今屬江蘇）人。除《墨海金壺》外，還編有《學津討原》《借月山房彙鈔》等叢書。

④《守山閣》指《守山閣叢書》，由清人錢熙祚據《墨海金壺》校勘增補而成。錢熙祚（？—1844）：字錫之，一字雪枝，江蘇金山（今屬上海）人。除《守山閣叢書》外，還輯有《珠叢別録》《指海》等叢書。

⑤《百子全書》又名《子書百家》，收録先秦至明代子書百種，清光緒元年（1875）湖北崇文書局編印，1919年上海掃葉山房重印。

現通行本爲謝希深注。按希深名絳，宋富陽人。父濤，有父行，進士起家，累官至太子賓客。絳舉進士甲科，爲兵部員外郎，修潔蘊藉（寬厚而有涵養），以文學知名。嘗歷州縣，所至大興學舍。有文集五十卷。明鄭環①《井觀瑣言》稱"歐（即歐陽修）有尹師魯、②謝絳"，梅聖俞③《宛陵集》亦時載與唱酬諸詩，蓋歐公門下士也。細繹所注《公孫龍子》，多未徵信，茲分疏疑蘊於左。

（一）謝注於原文旨趣，意頗推挹（yì，推崇），并無貶辭，而《自序》一篇，反詆爲虛誕，前後矛盾，不無間隙。

（二）謝注此書，應見《宋志》（《宋史·藝文志》），竟未列入。而關於謝氏之記載，亦衹有文集若干卷，未詳此注，均涉可疑。

（三）謝序署名稱"宋謝希深序"，自序而標以宋人，前代典籍，乏此先例。繹此五字，似爲後人代添序尾。原文是否希深所作，因成疑問。

就上數證，疑注者、序者共爲兩人。而注中文字亦恐不出希深之手，或爲賈、陳原著，經其剝奪，或由後人托名，均未可詳。

辛從益《公孫龍注》一卷。

傳鈔本。《豫章叢書》④本。

―――――――

① "環"同"瑗"。鄭瑗：生卒年不詳，字仲璧，明莆田（今屬福建）人。成化十七年（1481）進士，官至禮部郎中，撰有讀書筆記《井觀瑣言》。

② 尹師魯（1001—1047）：名洙，字師魯，北宋河南（今屬河南）人。天聖二年（1024）進士，著有《河南集》《五代春秋》等。

③ 梅聖俞（1002—1060）：名堯臣，字聖俞，世稱宛陵先生，北宋宣州宣城（今屬安徽）人。官至尚書都官員外郎，著有《宛陵集》。

④ 《豫章叢書》：江西地方文獻彙編叢書。有兩種，一爲陶福履（1853—1911，字稚箕，江西新建人）編，成書於光緒二十一年（1895）；一爲胡思敬（1869—1922，江西新昌人）編，成書於1923年。辛從益《公孫龍子注》在陶福履編《豫章叢書》中。

辛氏自跋云：偶於仲兄淑郵案頭得《公孫龍子》一卷，蓋借之兆嶽者。愛其文奇雋而頗嫌謝氏注紕繆未安，因以己意注之，半月而畢業。乾隆丁未（1787）四月之末，筠谷從益識。其子桂雲等注云：謹案《四庫全書提要》，載《公孫龍子》三卷，而先君稱一卷，恐有筆誤。以此書世少傳本，無從覓校，不敢妄更，尤不敢臆測强分，輒依原稿，恭繕付梓。

柱按：辛注稱一卷者，蓋所據本從《新唐書》或稱一卷者也，其書文字亦間與諸本不同，有勝於諸本者。余所得雖爲鈔本，然以辛注較之，知非訛字，則必所據本之本異者也。

陳澧《公孫龍子注》

汪兆鏞刊本。

汪氏跋云：右《公孫龍子注》一卷，陳東塾先生撰。唐陳嗣古、賈大隱二注久佚，今惟存謝希深注，先生引舊注即謝說也。龍書《漢志》著録十四篇，宋亡八篇，僅存六篇。而各家書目多沿《唐志》，稱三卷，《四庫》《道藏》本皆然，通行之《守山閣》本、《墨海金壺》本、湖北崇文書局本、三槐堂本，皆一卷，與《宋志》及王伯厚（即王應麟）說合，今從之。先生《指物論注》稿本、初本、改本並存，是知尚未寫定。歸道山後，門人傳鈔，互有出入。嗣於哲孫仲獻茂才處，獲見先生手稿，卷首原題"公孫龍子淺說"，各篇後均有自記："己酉七月閱過，改若干處。庚戌四月再閱，改若干處。"又記云："尚須再閱加注，以發其義。"先生之不自滿假如此。按己酉、庚戌爲道光二十九年（1849）、三十年（1850），距今七十五年矣。假歸謹斠數過，多所是正，而參閱諸槧本，仍有牴牾（dǐ wǔ，矛盾），未敢臆測。今悉依原稿迻（同"移"）録，略加整理，附按語以申明之。字句岐異者，別爲校勘記。其篇目存佚，及公孫事蹟，見於佗（通"他"）書，足資考證者，附録於後。

王琯《公孫龍子懸解》

中華書局仿聚珍本。

王氏自序云：公孫龍書與儒道殊恉，並世莊荀，已相排笮（zé，排擠）。漢初尚黃老，格而弗宣。武帝表彰六經，學術一尊，益在擯擠之列。學者承流，誾誾（yín，爭辯貌）弗已。魏晉之間，始稍稍振矣，然終不暢。自唐迄宋，注釋數家，其書多佚，莫覘厥恉。今流傳之謝希深注，謂爲未窺窔（yào）奧可也。清代子學勃興，治此者尠（xiǎn，少）。輓（通"晚"）季俞蔭甫、孫仲容①兩家，始刊挩（同"脫"）誤，多所諟正。近人胡適之益以新知，撢簡（探討）其誼；梁任公、章行嚴②摘發異同，間獲新解。千載榛（zhēn）莽（叢生的草木），迺（通"乃"）漸通涂徑焉。余承諸君子緒餘，取原書董理之，仍以群説紛投，意或未安，片鱗隻爪，莫竟全功。乃一一爲之疏解，其是者因之，非者正之，整紛剔蠹，析疑宣蘊，冥思探討，剏（同"創"）解尤多。私心所企，但如公孫論旨之真，而不敢出入，然此豈易言者。

金受申《公孫龍子釋》

商務印書館《國學小叢書》本。

金氏自序云：《公孫龍子》之旨，殆欲表現"直觀"，以命物之名不正，則無以察同異、審名實，故著書專論此科。謝希深

---

① 孫仲容（1848—1908）：名詒讓，字仲容，號籀庼（qǐng），浙江瑞安人。同治六年（1867）舉人，官刑部主事。著有《周禮正義》《墨子閒詁》《札迻》《契文舉例》《古籀拾遺》《名原》《溫州經籍志》等。《札迻》卷六有《公孫龍子》部分校文。

② 章行嚴（1881—1973）：名士釗，字行嚴，筆名孤桐、秋桐、青桐等，湖南長沙人。早年留學英國攻讀法學，曾任北洋政府司法總長兼教育總長。創辦《甲寅》雜誌，著有《邏輯指要》《柳文指要》等。

不察，妄以君臣是非爲詁，去其旨遠矣。受申不學，妄加臆釋，意欲發揮直觀之真義，而不爲模棱抽象語也。

錢基博①《公孫龍子校讀後序》

無錫國學專修學校叢書《名家五種校讀記》之一。

錢氏自叙云：余觀《公孫龍》書三本，一涵芬樓景印正統《道藏》本，一烏程嚴可均校《道藏》本，一湖北崇文官書局刻《百子全書》本。金山錢熙祚《守山閣》校本，稱爲窾而未見。《百子全書》本疑亦出《道藏》，而依嚴校改正者。惟嚴校殊未爲審，有正文、注文互勘而譌敚（同"奪"）可見者，嚴氏亦仍其舊。《群書治要》《意林》及《太平御覽》皆無《公孫龍子》，而馬驌②《繹史》所引不知出何本，以視《道藏》本，字句有劇勝處，其篇次亦與《道藏》本不同，惟有正文，無注文。

注文出宋謝希深。原有序，據《〈史記·平原君虞卿列傳〉集解》引劉向《別錄》及《列子·仲尼篇》爲説。而《道藏》本有注無序。序中自謙膚識，於所注未能怡然，而鉤深索隱，頗得其趣。《四庫提要》遽以淺近無可取薄之，譚何容易也。今以《道藏》本爲主，讎記異同，未曉於吾宗何如？要視嚴校爲勝爾。

---

① 錢基博（1887—1957）：字子泉，號潛廬，江蘇無錫人。曾在光華大學、湖南藍田國立師範學院、華中師範大學等校任教。著有《經學通志》《版本通義》《孟子約纂》《讀〈莊子·天下篇〉疏記》《名家五種校讀記》《中國文學史》等。

② 馬驌（1621—1673）：字宛斯，一字聰御，清鄒平（今屬山東）人。順治十六年（1659）進士。精於先秦史，人稱"馬三代"。撰有《繹史》《左傳事緯》等。

《莊子・天地①篇》曰："辯者有言，離堅白，若縣寓。"②荀子稱"堅白同異之分隔"（語出《荀子・儒效》），於公孫龍書徵之矣。而要歸之於正名實，其書大旨深疾名器乖實，不慎所謂，乃離堅白以析同異，假白馬而審名實，此其柢也。然而明指物以混乎是非，離堅白而窮於不知，然後知"物物斯離，不相雜也。各各趣（同"趨"）變，不相須（互相依存）也。不相須，故不假彼以成此；不相雜，故不持此以亂彼。是以聖人即物而冥，即事而靜。即事而靜，故天下安存。即物而冥，故物皆得性。物皆得性，則彼我同親。天下安存，則名實不存也。"謝希深《堅白論》注則是以分析名相始，而以玄同名相終矣。

　　《漢書・藝文志》曰："名家者流，蓋出於禮官。古者名位不同，禮亦異數。孔子曰：'必也正名乎！名不正，則言不順；言不順，則事不成。'此其所長也。及警（jiào，攻擊他人短處）者爲之，則苟鉤鈲析亂而已。"班氏之論，未爲得名家之意也。夫名之不可不正，起於行禮，《周官・大宗伯》"以九儀之命，正邦國之位"，後鄭（東漢經學家鄭玄）謂"每命異儀，貴賤之位乃正"（語出《周禮・大宗伯》鄭玄注）。《春秋左氏傳》所謂"名位不同，禮亦異數"（語出《左傳・莊公十八年》）。蓋名物辨而後禮數明，舍名固無與言禮，故後之言禮者，莫不正名。孔子之極言禮《禮運》，故言爲政，必先正名，"名不正，則言不順；言不順，則事不成；事不成，則禮樂不興"。荀卿謂"禮者，法之大分，

---

① "地"原作"下"。按，此處引文實出自《莊子・天地篇》，錢基博《名家五種校讀記・公孫龍子校讀後序》（臺北：廣文書局，1970年）亦作"地"。據改。

② 唐成玄英《莊子疏》："今辯者言：我能離析堅白之論，不以爲辯，雄辯分明，如縣日月於區宇。"

群類之綱紀，學至於禮而止"《荀子・勸學篇》，故言"制名以指實，上以明貴賤，下以辯同異。貴賤明，同異別，則志無不喻之患，事無困廢之禍"《荀子・正名篇》。則是正名原於用禮也。

然謂正名原起用禮則可，而謂名家出於禮官則不可。蓋禮官正名以昭別，而名家玄名以混同。言名同，而所以言則殊致。禮論小大之殊，而惠施則謂"至大無外，謂之大一；至小無內，謂之小一。無厚不可積也，其大千里"，大小一體也。禮敘尊卑之別，而鄧析、惠施則謂"山淵平，天地比"，尊卑無二也。禮重親疏之等，而鄧析、惠施則謂"齊秦襲""氾愛萬物"，親疏一律也。禮別同異之嫌，而惠施則謂"大同而與小同異，此之謂小同異；萬物畢同畢異，此之謂大同異"，同異一致也。禮謹是非之辯，而鄧析"操兩可之說，設無窮之辭"，①"以非爲是，以是爲非，是非無度，而可與不可日變"，② 公孫龍則謂"物莫非指，而指非指"，是非無定也。此其言名，務泯名相、僈等差。然則禮者爲異，名者爲同，其逕庭如此。惟老子之道，兼綜有名無名兩者而言。去別宥而尚玄同，則曰"無名，天地之始"；明同異而察名實，則以"有名，萬物之母"。

大抵儒者徵其有以正名，禮義之教也；名家僈其等以混同，道德之意也。而班氏衡之以禮官之正名，則詆之曰"警者"，"苟鉤鈲析亂而已"，不知禮者法之所自出。孔子論正名，而推極之於"禮樂不興，則刑罰不中"，故齊刑者先正名，而後賞罰必當其實也。至於名家歸根道德，玄同名相。禮官不可以衡

---

① 語見《列子・力命篇》、劉向《鄧析子書錄》、《荀子・不苟篇》楊倞注所引劉向語。

② 語出《呂氏春秋・離謂篇》。另"以非爲是，以是爲非"亦見《荀子・正名篇》楊倞注所引《新序》語。

名家，猶之邏輯不可以論因明（源於古印度關於推理的學說）也。夫相宗（即法相宗，佛教宗派）非相，名家無名。道不同，不相爲謀。荀卿禮家，而嫉惠施、公孫龍之徒，亂名改作，以是爲非，故作《正名篇》曰："聖王没，名守慢，奇辭起，名實亂。① 異形離心，交喻異物，名實互紐，貴賤不明，同異不別。如是則志必有不喻之患，而事必有困廢之禍。"

儻（tǎng，或許）即《志》之所謂"警"，而"鉤鈲析亂"之眢所由昉（起始）歟？不知名之所以自成一家，而不同於儒之正名、法之刑名者，正以其名實互紐，鉤鈲析亂，而超絕於一切名相言議之表也。乃章學誠②又謂"名家宜列法家之前，而《漢志》列後，失事理之倫叙矣。蓋名家論其理，而法家又詳於事也"（語出章學誠《校讎通義》卷三《漢志諸子》）。此亦似是而非之論，不知法家根極於正名，而名家極論於玄紐，歸趣不同，不可不察也。而知之者希，都凡其旨，以終於篇。

譚戒甫③《形名發微》
國立武漢大學本。
譚氏自序云：《形名發微》十篇，既竟，作而歎曰：周秦之

---

① 《荀子·正名篇》"名實亂"與"異形離心"之間尚有"是非之形不明，……不可不察也"等字。
② 章學誠（1738—1801）：字實齋，號少巖，會稽（今浙江杭州）人。乾隆四十三年（1778）進士，官國子監典籍。曾入畢沅幕府編修《史籍考》，著有《文史通義》《校讎通義》等。
③ 譚戒甫（1887—1974）：原名作民，字戒甫，一字介夫，湖南湘鄉人。曾在武漢大學、西北大學、貴州大學、湖南大學等校任教。著有《墨經易解》《墨辯發微》《墨經分類譯注》《莊子天下篇校釋》《形名發微》（也稱《公孫龍子形名發微》）等。《形名發微》有 1932 年國立武漢大學講義本、1934 年國立武漢大學講義改訂本、1957 年科學出版社本、1963 年中華書局本等。

間，諸子蠭起，游文騰説，波譎雲詭，其能飛曜於當時，而揚聲於後世者，殆亦希矣。然未有若形名之家，不獨指意淪堙（yīn，埋没），響沈光絶，即其所自揭櫫（zhū，標誌）之號，亦不能終保，而乃易之以亂名，群相佐（同"怪"）咋，幾二千年而不止。嗚呼！豈有它故異物哉？

竊謂歷代以來，功令所限，其學不周於常人之用，而漸即於衰替焉耳。雖然，書缺有間，獨賴《公孫龍子》五篇之存，而所表見皆不虛，其軼又時時見於他説，非好學沈思、心知其意，固難爲膠（拘泥）見謏（xiǎo）聞（孤陋寡聞）道也。夫名家之學，體大思精，墨徒傳之，《經》《説》具在。今公孫《白馬》《堅白》《通變》皆作答問，自畫爲守，疆（同"疆"）域宛然，疑當世二家對揚之辭，後學編綴者也。不佞初治形名，由名學起，前後凡十餘年，肌逴膚陋，苦無①寸進，積貫所得，僅成斯編。尚冀並世哲人，儻有窮原竟委，復益發揮而光大之者，則不佞之作，直先驅之敝彗而已。其先後助以書本者，寶慶石蒼石、② 長沙楊藴山、③ 楊遇夫、④ 三先生，間

---

① "無"，譚戒甫《形名發微》（國立武漢大學講義，1932 年，第 78 頁）作"悟"。

② 石蒼石（1872—1948）：名廣權，又名藴山，字一參，號蒼石山人，湖南邵陽人。早年留學日本，參加同盟會，回國后參加船山學社，并曾在（上海）中國公學、湖南大學等校任教。著有《蒼石山房文字談》《管子今詮》等。

③ 楊藴山（1883—1975）：名聚鏗，字藴山，湖南長沙人。早年留學日本學習經濟，歷任上海群益書社編譯員、長沙甲種商業學校教員、湖南公路局總務科長、湖南省文史研究館館員等職。譯有日本吉田良三著《商業簿記》。

④ 楊遇夫（1885—1956）：名樹達，字遇夫，號積微，湖南長沙人。早年赴日本留學，先後任教於北京師範大學、湖南大學、湖南師範大學等校。曾當選爲教育部首屆部聘教授（1942）、中央研究院首屆院士（1948）、中國科學院首屆學部委員（1955）。著有《積微居小學金石論叢》《積微居小學述林》《積微居金文説》《論語疏證》《漢書窺管》等。

商義理者顔師息盦，① 及先兄蓺甫，謹附志感。戊辰（1928）十月，湘鄉譚戒甫識於國立武漢大學西院。

伍非百②《公孫龍子發微》

藁（同"稿"）本。

伍氏自序云：公孫龍子之學，與墨辯孰爲先後，今已不可知。要之，其與《辯經》③爲論敵，可斷言也。考公孫年代，略後於莊子。其時惠施、莊周、孟軻、尹文、兒説、田巴及山東形名之家，均已盛傳白馬、堅白之辯，則其時公孫學説，已早騰於辯者之口矣。前乎惠、孟、尹、兒而有墨辯，前乎墨辯而有鄧析，則墨子作爲《辯經》以立名本之時，惠、鄧之間，必有與墨子相辯者，其人即公孫前輩，而爲公孫龍子學説所自出也。揚

---

① 顔息盦（ān）（1868—1944）：原名可鑄，又名昌嶢（yáo），字仙岩，號息盦，湖南漣源人。曾留學日本，先後任教於湖南省立第三師範、湖南大學等校，參與組織船山學社。著有《管子校釋》《中國最近百年史》《珍璉山館文集》等。其事跡可參《先父顔昌嶢先生事略》（載《管子校釋》，長沙：嶽麓書社，1996年）。

② 伍非百（1890—1965）：原名程驤，四川蓬安縣人。早年參加中國同盟會，曾在四川大學、華西大學、四川省立圖書館、四川省文史館等單位任職。撰有《中國古名家言》，包括《墨辯解故》《大小取章句》《尹文子略注》《公孫龍子發微》《齊物論新義》《荀子正名解》《形名雜篇》和《鄧析子辯僞》，於1932年完成初稿，1949年由四川南充西山書院發行、四川南充益新書局代印，其後又作修訂，1983年由中國社會科學出版社出版。其中的《公孫龍子發微》稿本内容被陳柱《公孫龍子集解》收錄。

③ 伍非百將《墨子》中的《經上》《經説上》《經下》《經説下》統稱爲《辯經》，在其《墨辯定名答客問》中説："辯經者，古篇名。魯勝猶及見之。今所傳《經》上下者，實脱一'辯'字。拾殘補缺，當正名曰《辯經上篇》《辯經下篇》，始合於原書之舊。"［伍非百：《中國古名家言·墨辯解故·（附）墨辯校勘記·墨辯定名答客問》，北京：中國社會科學出版社，1983年，第333頁］

雄稱"公孫龍詭辭數萬以爲法"，漢世所傳《公孫龍子》十四篇，唐以來亡其八，今見存六篇。

　　《跡府》以下《白馬》《指物》《堅白》《通變》《名實》皆與《辯經》相訾應，信乎其爲論敵矣。雖年代不相及，而學術有師承，則姑以公孫之説當墨家異論可也。余昔治《墨經》，知其爲相反之論，取證於《公孫龍子》；今治《公孫龍子》，益知其爲相反之論，取證於《墨經》。二家轉注，其義益明，蓋學術以相師而相諍，相反而相成，其間分合正變，有可得言者。今惠、鄧之學云亡，別墨徒屬莫知誰嗣，唯此一卷殘遺僅存，則取而注之，其於名家關係，不綦重邪？至其學説得失異同，別詳於篇，兹不著云。

·卷　一·

跡府第一

舊注：府，聚也。述作論事之跡，聚之於篇中，因以名篇。

俞樾云：《楚辭·惜誦篇》："言與行其可迹兮。"注曰："所覆爲迹。"（該注出自東漢王逸《楚辭章句》）跡與迹同。下諸篇皆其言也，獨此篇記公孫龍與孔穿相問難，是實舉一事，故謂之跡。府者，聚也，言其事跡具此也。①

王琯云："府"，《小爾雅·廣詁》② 訓"叢"。《秦策》："此謂天府。"注："聚也。"（該注出自東漢高誘《呂氏春秋注》）義俱相近。此言"跡府"，即彙記公孫事跡之意。原文非龍自著，似由後人割裂群書，薈萃而成。

金受申云：此篇係後人輯成，與後之史家傳記錄人之學術者同。

柱按：跡猶事跡。《說文》："府，文書藏也，从广，付聲。"引申之爲聚義。跡府猶言事聚。其文體猶後世之事略、傳略也。

公孫龍，六國時辯士也，疾名實之散亂，因資材之所長，爲

---

① 語出俞樾《讀公孫龍子》（《俞樓雜纂》卷二十二）。下引俞樾語皆自此文，不再出注。

② 《小爾雅》，古代解釋詞義的著作，作者與成書年代皆不詳，《漢書·藝文志》著錄一篇，該書已佚，今傳本由《孔叢子》第十一篇抄出別行。

守白之論，假物取譬，以守白辯。

舊注：物各有材，聖人之所資用者也。夫衆材殊辯，各恃所長，更相是非，以邪削正，故賞罰不由天子，威福出自權臣。公孫龍傷明王之不興，疾名器之乖實，乃假指物以混是非，寄白馬而齊物我，冀時君之有悟，"冀"，《道藏》本作"董"，嚴可均云："當作'冀'字。"柱按：陳仁錫①本、《守山閣》本均作"冀"，今從之。而正名實焉。

辛從益云：疾名實散亂，是此書大指。假物取譬，正所以辯名實也。龍長於析理，是其資材。白馬、堅白，皆取白以喻，故曰守白論。然特以標篇名耳，意不在白也。謝注以《指物篇》爲混是非，《白馬篇》爲齊物我，甚乖本指。名實紊則是非淆亂，本末橫決，法度不立，故公孫龍辯之。謝氏"賞罰威福出自權臣"等語無着。

俞樾云：守之言執守也，執白以求馬，是謂守白。夫道不可以有執也，執仁以求人，義士不至；執智以求人，勇士不來。故公孫龍有守白之論也。

汪兆鏞云："爲守白之論"，《太平御覽》四百六十四引桓譚《新論》作"爲堅白之論"。②

王琯云："白"之一字，指下文白馬而言。執白而辯非馬，故爲"守白"一辭，以標論旨。

柱按："資材"，陳澧本作"資財"。

---

① 陳仁錫（1579—1634）：字明卿，號芝臺，明長洲（今屬江蘇）人。天啓二年（1622）進士，官至國子監祭酒。撰有《無夢園全集》《四書備考》《古文奇賞》《明文奇賞》等。此處所言陳仁錫本《公孫龍子》在《諸子奇賞》卷三十八中。

② 語出汪兆鏞編刻陳澧《公孫龍子注·公孫龍子校勘記》，下引汪兆鏞語皆自此文，不再注明。

謂白馬爲非馬也。白馬爲非馬者，言白所以名色，言馬所以名形也，色非形，形非色也。夫言色則形不當與，言形則色不宜從，今合以爲物，非也。如求白馬於廄中，無有，而有驪色之馬，然不可以應有白馬也。不可以應有白馬，則所求之馬亡矣，亡則白馬竟非馬。欲推是辯，以正名實而化天下焉。

舊注：馬體不殊，黃白乃異，彼此相推，是非混一，故以斯辯而正名實。

辛從益云：本文自明，不煩注釋。色形相並而不相從，亦與"二無右""二無左"之指相通。

王琯云：白馬一義，詳下《白馬論》篇。末言"欲推是辯以證①名實"，深洞公孫龍造論之微。

柱按：公孫龍之意，欲藉正名以去名。故由用言之，可以謂之亂名實，此諸子所以力排之也。由哲學論之，則大有其價値在，《跡府篇》只謂其"欲正名實而化天下"，未爲深得公孫之論指也。

龍與孔穿會趙平原君家。

王琯云：孔穿，字子高，孔子六代孫。《列子》張湛注引《世紀》云："公孫龍弟子也。"按下段及《孔叢子》均載龍穿論辨之辭，繹其語意，類非師弟所爲，或文中有願爲弟子諸語，誤會其詞耳。

穿曰："素聞先生高誼，願爲弟子久，但不取先生以白馬爲非馬耳。請去此術，則穿請爲弟子。"龍曰："先生之言悖。龍之所以爲名者，乃以白馬之論爾。今使龍去之，則無以敎焉。且

---

① "證"，若據《公孫龍子・跡府》，當作"正"，然王琯《公孫龍子懸解》（上海：中華書局，1930年，上冊，第2頁）作"證"，故不改。

欲師之者，以智與學不如也。今使龍去之，此先教而後師之也。先教而後師之者，悖。且白馬非馬，乃仲尼之所取。龍聞楚王張繁弱之弓，載亡歸之矢，以射蛟兕於雲夢之圃，而喪其弓。左右請求之。王曰：'止。楚王遺弓，楚人得之，又何求乎？'仲尼聞之曰：'楚王仁義而未遂也。亦曰"人亡弓，人得之"而已，何必楚？'若此，仲尼異楚人於所謂人。夫是仲尼異楚人於所謂人，而非龍異白馬於所謂馬，悖。先生修儒術而非仲尼之所取，欲學而使龍去所教，則雖百龍固不能當前矣。"孔穿無以應焉。

舊注：仲尼曰："必也正名乎！"龍以白馬正名實，故仲尼之所取。楚王失弓，因以利楚，不能兼濟天下，錢基博云："《百子全書》本'濟'作'齊'，譌。"① 故曰仁義未遂也。人君唯私，其黨附之，亦如守白求馬，獨有白馬來應。楚王所謂人者，楚國也；仲尼所謂人者，天下也。故離白以求馬，衆馬皆至矣；忘楚以利人，天下咸應矣。柱按："咸"，《道藏》本、陳仁錫本均作"感"，今據《守山閣》本作"咸"。聖教雖殊，其歸不異。曲士求於教，不能博通，則安其所習，毀所不悟，故雖賢倍百龍，不能當前爲師，亦如守白求馬，所喪多矣。

辛從益云：仲尼之所取，即下所引"人亡弓，人得之"之語是也。謝氏注引"必也正名乎"句，不必。白馬非馬，猶言楚人非人也。以人言人，則無非人；以楚人言人，則必有非人者矣。今孔子別楚人而言人，是孔子之所謂人者非楚人，而楚人爲非人矣。白馬非馬之論，何以異是。謝注解"仲尼異楚人於所謂人"句，謬。至"黨附""兼濟"之說，尤迂遠。

汪兆鏞云："楚王遺弓"，"王"陳澧本作"人"，《道藏》本、《守山閣》本、《墨海金壺》本作"王"，《説苑·至公篇》

---

① 語出錢基博《名家五種校讀記·公孫龍子校讀記》，下引錢基博語皆自此書，不再注明。

作"人"。

　　王琯云：此段亦見《孔叢子》，唯詞句少異。按人與楚人，以邏輯繩之，前爲周延，後爲不周延，兩辭之範圍不同。馬與白馬，義亦類是。是故仲尼異楚人於所謂人，公孫異白馬於所謂馬，二者命題，其式相侔，乃引以爲比也。但孔子論旨，原本同仁大公之懷，泯除人與楚人界限，與公孫之審覈名實，又自各别，此特取其論式相類耳。

　　柱按："楚王遺弓"，陳仁錫本、辛從益本亦均作"楚王"。

　　公孫龍，趙平原君之客也。孔穿，孔子之葉也。穿與龍會，穿謂龍曰："臣居魯，側聞下風，高先生之智，説先生之行，願受業之日久矣，乃今得見。然所不取先生者，獨不取先生之以白馬爲非馬耳。請去白馬非馬之學，穿請爲弟子。"公孫龍曰："先生之言悖。龍之學以白馬爲非馬者也。使龍去之，則龍無以教。無以教而乃學於龍也者，悖。且夫欲學於龍者，以智與學焉爲不逮也。今教龍去白馬非馬，是先教而後師之也。先教而後師之，不可。

　　汪兆鏞云："公孫龍，趙平原君之客也"，《道藏》本、《守山》本（即《守山閣叢書》本）、《金壺》本、湖北書局本（即湖北崇文書局《百子全書》本），均接上"孔穿無以應"句，不别提行，三槐堂本提行。

　　柱按：陳仁錫本、辛從益本均提行。

　　"先生之所以教龍者似齊王之謂尹文也。齊王之謂尹文曰：'寡人甚好士，以齊國無士何也？'尹文曰：'願聞大王之所謂士者。'齊王無以應。尹文曰：'今有人於此，事君則忠，事親則孝，交友則信，處鄉則順。有此四行，可謂士乎？'

班固《漢書·藝文志》云："《尹文子》一篇。"注云："說齊宣王，先公孫龍。"師古云："劉向云：'與宋鈃俱游稷下。'"

辛從益云：能是四者則士矣，不必不勇，亦不必勇也。猶馬具形即馬矣，不必不白，亦不必白也。

俞樾云："以齊國無士何也"，"以"字乃"如"字之誤。

汪兆鏞云："以齊國無士何也"，"以"《守山》本、《金壺》本及《孔叢子·公孫龍篇》均作"而"。

馬叙倫①云：今《尹文子》二篇，詞說庸近，不類戰國時文，陳義尤雜，出仲長統所撰定。然仲長統之序，前儒證其僞作，蓋與二篇並出僞作。

王琯云："臣居魯"，按《漢書·高帝紀》："臣少好相人"，注："古人相與語，多自稱臣，自卑下之道也。"

柱按："以齊國無士何也"，"以"字陳仁錫本、辛從益本亦均作"以"，不作"而"。

"齊王曰：'善！此真吾所謂士也。'尹文曰：'王得此人，肯以爲臣乎？'王曰：'所願而不可得也。'是時齊王好勇，於是尹文曰：'使此人廣廷大衆之中，見侵侮而終不敢鬭，王將以爲臣乎？'王曰：'鉅（豈）士也？見侮而不鬭，辱也！辱則寡人不以爲臣矣。'尹文曰：'唯見侮②而不鬭，未失其四行也。是人未失其四行，其所以爲士也。然而王一以爲臣，一不以爲臣，則向

---

① 馬叙倫（1885—1970）：字彝初、夷初，號石翁、寒香，晚號石屋老人，浙江杭縣（今餘杭）人。曾任北京大學教授、浙江省教育廳廳長、教育部部長、全國政協副主席等職。著有《老子校詁》《莊子義證》《莊子天下篇述義》《説文解字研究法》《説文解字六書疏證》等。下文所引馬叙倫語見《莊子義證》第三十三卷《雜篇天下》和《莊子天下篇述義》，表述上略有不同。

② "侮"原作"辱"，據《道藏》本《公孫龍子》改。

之所謂士者乃非士乎？'齊王無以應。

　　舊注：聖人之用士也，各因其材而用之，無所去取也。齊王以所好求士，亦如守白命馬，豈得士乎？

　　辛從益云：求士於勇，猶求馬於白也。能全四行即爲士，然四者不在形跡觀也。今泥勇以求，則失四行之真，猶泥白以求，并失馬之真矣。

　　俞樾云："唯見侮而不鬭"，"唯"當爲"雖"，古書通用，見王氏引之①《經傳釋詞》。《呂氏春秋·正名篇》正作"雖見侮而不鬭"。"其所以爲士也"，上脱"是未失"三字，當據《呂氏春秋》補。②

　　孫詒讓云："鉅士也"，鉅與詎通，《荀子·正論篇》云："是豈鉅知見侮之爲不辱哉？"楊（楊倞）注云："鉅與遽同。"此與《荀子》同，明刻《子彙》本及錢本（錢熙祚《守山閣》本）並作"詎"，疑校者所改。③

　　汪兆鏞云："詎士也"，《道藏》本"詎"作"鉅"。明梁杰刊本同。"唯見侮而不鬭"，"唯"《孔叢子》作"雖"。《呂氏春秋》十六《正名篇》同。

　　柱按："鉅士也"，"鉅"陳仁錫本、《守山閣》本作"詎"，辛從益本作"鉅"。

　　"尹文曰：'今有人君將理其國，人有非則非之，無非則亦非之；

---

①　王引之（1776—1834）：字曼卿，又字伯申，清江蘇高郵人。嘉慶四年（1799）進士，累官至工部尚書。著有《經義述聞》《經傳釋詞》等。《經傳釋詞》爲詮釋虛詞的專著。

②　《呂氏春秋·先識覽·正名》亦載尹文與齊王的對話，俞樾參考該本校對《公孫龍子·跡府》。

③　語出孫詒讓《札迻》卷六，下引孫詒讓語，若未注明，皆自此文。

有功則賞之，無功則亦賞之，而怨人之不理也，可乎？'齊王曰：
'不可。'尹文曰：'臣竊觀下吏之理齊，其方若此矣。'王曰：'寡
人理國，信若先生之言，人雖不理，寡人不敢怨也。意未至然與？'

舊注：意之所思，未至大道。

俞樾云："意未至然與"，《呂氏春秋》作"意者未至然乎"。

"尹文曰：'言之敢無說乎？王之令曰：殺人者死，傷人者
刑。人有畏王之令者，見侮而終不敢鬭，是全王之令也。而王
曰：見侮而不鬭者，辱也。謂之辱，非之也。無非而王辱之，故
因除其籍，不以爲臣也。不以爲臣者，罰之也。此無罪而王罰之
也。且王辱不敢鬭者，必榮敢鬭者也。榮敢鬭者是而王是之，必
以爲臣矣。必以爲臣者，賞之也。彼無功而王賞之。王之所賞，
吏之所誅也；上之所是，而法之所非也。賞罰是非，相與四謬，①
雖十黃帝，不能理也。'齊王無以應焉。

舊注：既言齊國失政，敢不說其由乎？君不顧法則國無政，
故聖倍十黃帝，"倍"，《道藏》本作"陪"。柱按：陳仁錫本、《守山閣》本
作"倍"，今從之。不能救其亂也。

辛從益云：不辨名實，弊必至此。士有所以爲士，而不在乎
形跡，猶之馬有所以爲馬，而不在乎黃白。如以跡求士而已，則
將榮敢鬭者以爲勇，不知犯令無忌亦敢鬭者爲之也。且敢鬭者，
王之所榮，而畏法者亦王之所喜也。今榮敢鬭者而欲人之不畏
法，是政令無常，是非顛倒也。所以然者，由於士之名實不辨
也。故能知馬之所以爲馬，而不泥乎白，則知士之所以爲士，而
不膠於形跡。然後名實審，政令一矣。謝注"君不顧法國無

---

① "相與四謬"原作"相四與謬"，據《道藏》本《公孫龍子》與本
節陳柱按語改。

政"，"不能救亂"，語甚廓。

俞樾云："榮敢鬭者是而王是之"當作"榮敢鬭者是之也，無是而王是之"。"彼無功而王賞之"當作"此無功而王賞之也"。如此則與上文相對矣。又按上文"無非而王辱之"當作"無非而王非之"，與此文"無是而王是之"相對。

汪兆鏞云："相與四謬"，《孔叢子》作"曲謬"，《道藏》本、湖北本作"四謬"。

王琯云："相與四謬"，猶云"共爲四謬"，指上"賞罰是非"四者言也。"上之所是"，"上"字證以前後文，疑當爲"王"字，體近而訛。本篇由前"齊王之謂尹文曰"至此，述齊王與尹文事畢，下明正義。

柱按：陳仁錫本、辛從益本、《守山閣》本均作"四謬"，"四謬"與"曲謬"均於義未安，疑"四"與"曲"均"回"字形近之訛。回囗（同"圍"）聲轉，囗韋音同，"回謬"猶韋謬、乖謬也。

"故龍以子之言，有似齊王。子知難白馬之非馬，不知所以難之説以此，① 猶知好士之名，而不知察士之類。"

舊注：察士之善惡，類能而任之。

辛從益云：士之類不一，皆士也。拘乎類以求之，則皆非士也。所以然者，由知好士之名，而不知察也。"不知②所以難之

---

① "不知所以難之説以此"，通常將"不知所以難之説"和"以此"斷開，不過陳柱本未斷句，故保持原貌。

② 辛從益《公孫龍子注》之《寄思齋叢書》本（第6頁）和《豫章叢書》本（《叢書集成初編》影印本，北京：中華書局，1991年，第14頁）皆無"知"字。從辛從益對該句話的解釋來看，無"知"字更爲妥當。

説以此"，言子所以難吾之説得不以此乎？是猶齊王之論士也。謝注"察士善惡，類能而任"，語廓。

陳澧云：此二條皆後人所述，故同一事而一舉楚人遺弓之説，一舉齊王謂尹文之説，所聞有異也，《孔叢子》合爲一是也。

俞樾云：齊王執勇以求士，可以得勇士，而不可以得忠孝信順之士；孔穿執白以守馬，止可以得白馬，而不可以得黄黑之馬，故以爲有似也。

王琯云："以此"之"以"字，似衍。段尾疑有佚文。齊王所好者勇士，乃士類中之一格，不能以勇士而概全體，謂好勇士即爲好士。在名詞之性質上，士屬周延，勇士爲不周延。齊王漫爲一類，同名并舉，宜其詞之不中效也。此段論士與勇士，命題與"白馬"式同。孔穿難白馬非馬，是以白馬爲馬也，與齊王之以勇士爲士，其失相若，故云"有似齊王"。合前段之人與楚人，皆《墨經》所謂"比辭俱行"（語出《墨子·小取》）者也。兹統前後三義，爲式如下，以明其旨：

甲

人（周延）：楚人（不周延）::馬（周延）：白馬（不周延）

乙

士（周延）：勇士（不周延）::馬（周延）：白馬（不周延）

上述論旨，其主要繹理方法，即在明類。馬與白馬、人與楚人、士與勇士，其不同之點，即在周延與不周延，詞類相異也。末云"察士之類"，論旨自明。

柱按：卷首《事略》載《孔叢子》兩條可參考。

·卷　二·

白馬論第二

傅山①云：似無用之言，吾不欲徒以言之辨奇之，其中有寄旨焉。若以此義作求才繹之，大有會通。白黃黑皆馬，皆可乘，故識馬者去其②白而可已。其義病在一"白"字，必於不黃不黑而馬之道狹矣。

伍非百云：《白馬論》者，辯白馬非馬之義也。白馬非馬，爲公孫龍以前名家之説而龍主之。本篇以"白馬馬也"與"白馬非馬"兩辯題，設爲問答，往復論難，至於八反。大率古人辯白馬者義盡此矣。欲求古代白馬之説，不可不熟此一篇。

《白馬論》大旨，見於《跡府》稱引者，乃後人忖（cǔn，揣度）擬之詞，非公孫本旨。公孫本旨，詳於兹篇。然往復辯難，亦有流而離本之處，讀者不可不知。詳後。

《韓非子·外儲説上》："宋人兒説，持白馬非馬也，服齊稷

---

① 傅山（1607—1684）：字青主，山西陽曲人。明清之際思想家、書畫家、醫學家，著有《霜紅龕集》《女科》等。下文所引傅山語出自《霜紅龕集》卷三十四《讀子三》（太原：山西人民出版社，1985年，第929—964頁）。下引傅山語皆自此文，不再出注。

② "其"原作"而"，據傅山《霜紅龕集》改。

下之辯者，乘白馬而過關，則顧白馬之賦。"此事與公孫龍乘白馬過關事相類。桓譚《新論》。一過一不得過，未知其一事誤傳否？要之，此類辯說既盛，則有造作故事，以聳聽聞者，或過或不得過，要視所主張者之傳聞而異辭，其事不足深辯也。惟兒說與公孫前後如何，不可不考。

《呂覽‧君守篇》："魯鄙人（住在郊野的人）遺宋元王閉（連環），元王號令於國，莫之能解。兒說之弟子請往解之。"元王或謂即《莊子‧外物》之元君，爲偃王之太子。《趙策》李兌①說齊攻宋，謂"宋置太子以爲王"（語出《戰國策‧趙四》），疑即其人，故又稱元君。其時正懷王入秦，齊韓魏三國攻秦之際，爲湣王十三年至十五年間也。兒說之弟子，既爲元王解閉，則兒說與元王同時，其年不後於元王可知。是時惠施卒踰十年，下距公孫龍說燕尚十五年，則兒說年輩在施龍之間，上承惠施，下接公孫龍。公孫龍"白馬非馬"之論，殆兒說啟之也。

又《趙策二》，蘇秦說秦王曰："夫形名之家，皆曰白馬非馬也。如白馬實馬，乃②使有白馬之爲也。此臣之所患也。"考蘇秦死於慎靚王元年，下距樂毅破齊約三十七年，平原君存趙約六十四年。公孫龍說燕昭王偃兵，在破齊之後；說平原君辭封，在存趙之後。是其持"白馬非馬"之論，游於平原君之門時，已在形名家白馬論盛行後六十四年矣。縱令稍前，亦當不越說燕之年。再前，則須與蘇秦同時，年已弱冠，至游平原之門，年在

---

① 李兌：生卒年不詳，戰國時趙國大臣，趙惠文王時任相國，號奉陽君，曾與蘇秦聯合趙、楚、齊、魏、韓五國攻秦。

② "乃"原作"仍"，伍非百《中國古名家言‧公孫龍子發微》（南充：西山書院，1949年，第35頁；北京：中國社會科學出版社，1983年，第549頁）與諸祖耿《戰國策集注匯考》（增補本）（南京：鳳凰出版社，2008年，第954頁）皆作"乃"，據改。

八十以上，乃可。然二十許人，能獨立倡説，風靡一世，恐未必然。觀其曰家曰皆，則持論者大有人在，且不止一時一地也。當蘇秦初來，説燕合從之年，惠施相梁，齊魏會徐州相王。其後六年，宋君偃立，立十年而稱王。又十餘年，立其太子爲王。即宋元王，兒説弟子爲之解閉者。蘇秦死於合從後十四年，則蘇秦所謂形名家者，大抵指惠施、兒説輩也。

《孔叢子》謂"公孫龍好形名"，其説當有所本。考齊魏會徐州之前二年，孟子來游梁，正惠施當路時也。後周赧王二十六年，孟子卒。卒後五年，燕破齊，公孫龍勸燕昭王偃兵。今《孟子》書中，有白人、白馬、白羽、白雪之辯，曰："生之謂生也，原本作性，性、生古字通。猶白之謂白也。"曰："白馬之白也，無以異於白人之白也。不識長馬之長者，無以異於長人之長歟？"又曰："白羽之白，猶白玉之白；白玉之白，猶白雪之白。"（語出《孟子‧告子上》）離形言色，大類白馬之論，不知是採惠施之説歟，抑公孫龍之説歟？今以時考之，當以受惠施影響者近是。觀其所與辯者爲告子，所辯者爲性與義外，所舉喻爲白馬。義外之説曾先破於《墨經》，告子爲義曾受斥於墨子。告子年代，上接墨翟，下及孟軻，則義外白馬之辯，當爲告子晚年、孟子早年之事。是其不受公孫龍學説影響者又可知矣。若是，則白馬非馬爲墨子晚年逐漸發生之説，至惠施、兒説時而大顯，公孫特揚其波而益其薪者也。

《漢書‧藝文志》，名家有《尹文子》二篇，班固注云："尹文先公孫龍，公孫龍稱之。"今本《尹文子‧大道篇》有好人、好馬、好牛之辨，似爲《白馬論》先聲。《大道篇》曰："名稱者，不可不察也。語曰'好牛'，不可不察也。'好'則物之通稱，'牛'則物之定形，以通稱隨定形，不可不窮極者也。設復言'好馬',則彼連於馬矣,則'好'所通無方也。設復言'好人',則彼屬於人也,則好非人,人非好也。則'好牛''好馬''好人'之名自離矣。""好非人,人非好"與"形非色,色非形"同一詞例,所謂"比辭而俱行"名家所謂佱[①]者也。尹文"通稱""定形"之釋,本爲當時亂名者進一解,而公孫則反藉之以成其説,此中似有淵源。

雖然,白馬非馬論,屬於辯之負面。依名律令,一立一破,當然先有正面。在施龍前,爲"白馬馬也"之説者,見於《墨子》,《大[②]取篇》曰:"白馬,馬也;乘白馬,乘馬也。驪馬,馬也;乘驪馬,乘馬也。"此不以色别而異定形,爲白馬非馬之正面。又《小取篇》曰:"馬或白者,一馬而或白也,非兩馬而或白也。"又曰:"之馬之目盼,不謂馬盼;之牛之毛白,則謂牛白。"《經下》曰:"白馬多白,視馬不多視。"此皆離形色以爲言,有似守白。白馬非馬之説,或即因是産生歟?

顧在公孫以前,爲白馬非馬説者,其持論如何,今不可考矣。公孫所論,其爲因襲前有,抑自創新義,亦苦無直接之史徵。兹所欲明者,施龍輩何以能創斯論?淵源所自,乃治古代名學所不可不研究者也。嘗考古代名家對於兩名之合爲一名者,有兼名、别名二種。兼名者,如言"白馬",合白與馬而謂之也。白非馬,馬非白,謂"白馬,馬也",不可;謂"白馬,白也",亦不可;必曰"白馬者,白馬也",斯可矣。别名者,如言"白

[①] 《墨子·小取》:"佱也者,比辭而俱行也。"孫詒讓《墨子閒詁》:"《説文·人部》云:'佱,齊等也。'謂辭義齊等,比而同之。"

[②] "大"當作"小",因所引言論出自《墨子·小取》。然伍非百《中國古名家言·公孫龍子發微》(南充:西山書院,1949年,第37頁;北京:中國社會科學出版社,1983年,第551頁)作"大",或許陳柱所引伍非百稿本也作"大"。

馬",謂馬之有白色者也。馬爲共名,白馬爲別名,言"馬"則共黃黑白各色馬而言,言"白馬"則別於黃馬、黑馬也。公孫龍之白馬非馬論,對於兼別二名,實兩具之,今試徵其説如下:

一、① 兼名。《墨經下》曰:"牛馬之非牛,與可牛同,説在兼。"《説》曰:"牛馬非牛也,未可。牛馬牛也,未可。曰'牛馬非牛',則或可或不可。而曰'牛馬牛也',未可,亦不可。且牛不二,馬不二,而牛馬二,則牛不非牛,馬不非馬,而牛馬非牛非馬無難。"

牛馬非牛者何? 説在兼也。何謂兼?《荀子·正名》曰:"單足②以喻則單,單不足以喻則兼。"兼名者,合兩名而爲一名也。譬如牛馬一詞,兼名也,合牛與馬而謂之也。非牛者,謂牛馬之名非指牛而言。可牛者,謂牛馬之名指牛而言。二者同爲偏舉,不能盡名,故曰"牛馬之非牛,與可牛同,説在兼"。

何以明其然也? 牛馬一名,因含牛與馬二實,以明明有牛在也,故謂之非牛未可;以明明有馬在也,故謂之牛亦未可。《説》曰:"牛馬非牛也,未可。牛馬牛也,未可。"但牛馬非牛之説,以現量言,誠有不可;以比量(推理)言,則有可者。以牛馬之名,不妨對非牛而立也。若牛馬牛也之説,則與比現量俱違,以牛馬之名非獨指一牛之實言也,故《説》曰:"'牛馬非牛',則或可或不可。而曰'牛馬牛也',未可,亦不可。"

不特此也,牛馬一名,明明含有二實,而今所謂牛者,乃兼

---

① 此標題序號原作"(一)",爲避免與後文序號重複,今去掉圓括號。下仿此。
② "足"原作"定",據(清)王先謙《荀子集解》(北京:中華書局,1988年,第418頁)和伍非百《中國古名家言·公孫龍子發微》(南充:西山書院,1949年,第38頁;北京:中國社會科學出版社,1983年,第552頁)改。

名中之一實，而所謂牛馬者則固二實也。今曰"牛馬牛也"，或曰"牛馬馬也"，不特名實不符，亦且數量懸差，縱令此牛馬兼名中之牛仍可謂之牛，馬仍可謂之馬，而此兼名決不可謂之牛或馬，故又《説》曰："馬不二，牛不二，而牛馬二，則牛不非牛，馬不非馬，而牛馬非牛非馬無難。"

以上係《墨經》牛馬非牛説。牛馬非牛説，所以明兼名之非單名也。公孫龍之白馬非馬，與《墨經》之牛馬非牛同一論式，而略有去取，今並列以明之如左：

　　《墨經》牛馬非牛説　　　　　（公孫龍白馬非馬説）
　　（一）牛馬非牛　未可　　　　（白馬非白　可）
　　（二）牛馬非馬　未可　　　　（白馬非馬　可）
　　（三）牛馬牛也　未可亦不可　（白馬白也　不可）
　　（四）牛馬馬也　未可亦不可　（白馬馬也　不可）

公孫龍於《墨經》牛馬非牛之説，正面則同，負面則異。立則可之，破則否之。一可一否，爲例不純。雖然，其有取於兼名則甚顯著，如曰"白馬者，馬與白也，馬與白，馬也？"是其義，此有取於兼名者一也。

二、別名。兼名者，古人多以限於兩名等量之稱，如父母、兄弟、左右、牛馬等名是。若其名一玄一察，則以用別名者爲較適，如尹文所舉好牛之例是。《荀子·正名篇》曰："萬物雖衆，有時而欲徧舉之，故謂之物。物也者，大共名也。推而共之，共則又共，至於無共然後止。有時而欲偏舉之，故謂之鳥獸。鳥獸也者，大別名也。推而別之，別則又別，至於無別然後止。"《墨經》曰："名：達、類、私。"《説》曰："物，達也，有實必得之名也。命之馬，類也，有是實者，必有是名也。命之臧，私也，是名也，止於是實也。"墨子所謂達名，當《荀子》之大共名。私名當《荀子》之"至於無別而後止"之別名。類名，則進退於共別之間，而有大小之分。

《經》曰："推類之鸛（同"難"），説在之大小特盡。"①《説》曰："謂獸與馬與物也。"獸之一名，對物爲別，對馬爲共。馬之一名，對獸爲別，對白馬爲共。凡共名之所共者，別名必具有之；別名之所別者，共名不必具有之。如獸必具有物之德，而物不必具有獸之德。白馬必具有馬之形，而馬不必具有白馬之色也。此共別之辨也。公孫龍曰："求馬，黃黑馬皆可以應；求白馬，黃黑馬不可以應，唯白馬乃可以應耳。"是其義，此有取於別名者二也。

兼別二名之律如次：

兼名律：

（一）兼名對於所兼之單名而任非其一，皆未可。

例如言"牛馬非牛"，未可；"牛馬非馬"，未可。

（二）兼名對於所兼之單名而任是其一，皆不可。

例如言"牛馬牛也"，不可；"牛馬馬也"，不可。

別名律：

（一）別名對於所別之共名而是之，可；非之，不可。

例如言"好馬，馬也"，可；"好馬非馬也"，不可。

（二）共名對於所共之別名而是之，不可；非之則或可或不可。

---

① 伍非百曰："大小，謂名也。特盡，謂量也。大，謂'大共名'及'大別名'也。小，謂'小別名'及'小共名'也。特，分量也。盡，全量也。"（《中國古名家言・墨辯解故》，北京：中國社會科學出版社，1983年，第111頁）

例如言"馬，好馬也"，不可；"馬非好馬也"，則或可或不可。如求馬，駑馬可致，故馬非好馬也；然廄中無駑馬而有好馬焉，則好馬亦可致，故言馬非好馬也，不可。

（三）別名對於所以爲別之名而是之，不可；非之，可。

例如言"好馬，駑馬也；駑馬，好馬也"，皆不可，而言"駑馬非好馬也，好馬非駑馬也"，則可。

兼別之義既明，請進而讀公孫龍之《白馬論》。白馬一名可兼可別，公孫之論則進退於二者之間，宜細辨之。

柱按：龍之意在明"馬非馬"，爲下篇"指非指"之例證。欲明"馬非馬"，故先標"白馬非馬"以起難。白馬非馬，人所不信也。然白馬非黃馬，則人人所共信也；黃馬非黑馬，亦人人所共信也；黑馬非赤馬，亦人人所共信也。然天下無無色之馬，則馬皆非馬。故《莊子·齊物論》云"以馬喻馬之非馬"，蓋謂以白馬喻馬之非馬也。

（客）白馬非馬，可乎？

（主）曰：可。

舊注：夫闡微言、明王道，莫不立賓主，致往復，假一物以爲萬化之宗，寄言論而齊彼我之謬，故舉白馬以混同異。

辛從益云：設賓主以辯也。舉白馬以別名實，非以混同異，謝注誤。

陳澧云：設爲客問而主答也，下仿此。

柱按：今於"曰"字上加"主""客"字，以便讀覽，並加圜於"主""客"字外，以免與原文相混。

（客）曰：何哉？

傅山云：問難。

者非馬也",此答也。言特不可謂之無馬耳,然不可謂之即馬也。馬自馬,白馬自白馬。"有白馬爲有馬,白之非馬何也?"此又問。

陳澧云:"非馬也","也"讀爲"邪"。

俞樾云:"非馬也"當作"非馬邪",古"也""邪"通用。此難者之辭,言有白馬不可謂無馬,既不可謂無馬,豈非馬邪?

王琯云:此賓難之辭,言白馬亦屬馬類,有白馬,不能以其白也而謂之無馬。然此不能謂爲無馬之白馬,即前所謂非馬者也。夫既明有白馬矣,其所有之白馬,乃爲非馬類之白馬,抑又何故?

金受申云:"不可謂無馬者非馬也","非"字衍文。謝注云:"既有白馬,不可謂之無馬,則白馬豈非馬乎?"下文亦云:"有白馬爲有馬,白之非馬,何也?"準上說,則本文不可謂無馬者,有馬必矣。故曰"非"字衍文。

譚戒甫云:俞樾云:"'非馬也'當讀'非馬邪'。"按謝希深注:"既有白馬,不可謂之無馬,則白馬豈非馬乎?"已以"乎"字釋"也"字,"乎""邪"皆問詞也。蓋此不可謂無馬者,猶云可謂有馬也。既言有馬,何云非馬邪?下句"有白馬爲有馬"即承此問語而言。且白爲馬之色,無白固爲馬,白之亦猶是馬,今白之謂爲非馬,何邪?言不可也。謝注"白與馬連,而白之非馬,何故",亦即此意。

錢基博云:"有白馬爲有馬白之非馬何也",《百子全書》本"馬白"二字誤倒,作"有白馬爲有白馬之非馬何也"。

柱按:此客難有白馬爲有馬,則白馬不異於馬,故曰白馬是馬也。"不可謂無馬者非馬也","也"傅(傅山)本作"耶"。

(主)曰:求馬,黃黑馬皆可致;求白馬,黃黑馬不可致。使白馬乃馬也,是所求一也。所求一者,白者不異馬也。所求不異,如黃黑馬，有可有不可，何也？可與不可，其相非明。故黃黑馬一也，而可以應有馬，而不可以應有白馬，是白馬之非馬，審矣。

傅山云：應。

舊注：凡物親者少，疏者多，如一白之於衆色也。故離白求馬，黃黑皆至；以白命馬，衆色咸去。懷柔之道，亦猶此也。設使白馬乃爲有馬者，但是一馬耳，其材不異衆馬也，猶君之所私者，但是一人耳，其賢不異衆人也。人心不常於一君，亦猶馬形不專於一色，故君之愛己則附之，君之疏己則叛之。何可私其親黨，而疏於天下乎？如黃黑馬，亦各一馬，不異馬也，而可以應衆馬，此"而"下原本有"不"字，嚴可均云："衍不字。"今刪。不可以應白馬者，何哉？白非黃，黃非白，五色相非，分明矣。君既私以待人，人亦私以叛君，寧肯應君命乎？故守白命馬者，非能致衆馬，審矣。

辛從益云：離白求馬，黃黑皆應；執白馬以求馬，則黃黑竟非馬。易色以觀，如以黃黑求馬，則白馬竟非馬。馬有黃黑白之異，執白以求，使白馬乃馬也，豈有異馬哉？謝注"材不異衆馬"非是。物各有色，此色非彼色，其相非甚明。故但言馬，則黃黑馬皆可以應；專求白馬，則黃黑不可以應。黃黑之馬一也，可以應有馬，而不可應有白馬，是外白馬於馬，而白馬竟非馬矣。泥色以求，無一而是馬，自有馬之真，不在色也。即《跡府篇》"所求之馬亡矣，亡則白馬竟非馬"之意。

陳澧云：言使白馬乃馬，是求馬與求白馬一也。所求既一，則求白馬無異於求馬也。"如黃黑馬有可有①不可"，"如"讀爲"而"。"可與不可，其相非明"，可非不可，不可非可，甚明也。

---

① "有"字原闕，據陳澧《公孫龍子注》（《續修四庫全書》本，第324頁）補。

俞樾云："使白馬乃馬也，是所求一也。所求一者，白馬不異馬也。"一猶言不異也。使白馬而即是馬，則是求白馬即是求馬，故曰"白馬不異馬也"。"所求不異，如黃黑馬有可有不可，何也"，此言所求既不異，則求白馬以黃馬應可也，以黑馬應亦可也。而無如其有可有不可，何也？此白馬所以非馬也。

王琯云：馬爲共名，群色之馬含焉。求共名之馬，不計馬色，黃黑諸馬皆可入選。白馬爲別名，單指馬之白者而言。求白馬，非合所求之色，祇以黃黑諸馬應之，無當也。果如賓言，以白馬爲馬，是求白馬即是求馬，所求一也。其所以爲一者，以前云白馬無異於馬故也。由是而推，黃黑諸馬皆可以不異之故，於焉求馬，於焉求白馬，無如有可有不可，何也？黃黑諸馬雖同屬馬類，然與白馬有別，可以應有馬，不可以應有白馬，其間相非之際，昭然甚明。而白馬與馬因其能應不能應之故，亦可以證其相非矣。"而可以應有馬"句，"而"字疑衍文。

金受申云：下"而"字衍文，今據刪。

錢基博云："所求一者，白者不異馬也"，《百子全書》本"白者"作"白馬"。

譚戒甫云：論主答曰：馬與白馬有分，抑驗之於"求"而可知也。蓋祇云求馬，其白馬與黃黑馬皆可應供而致；苟求白馬，則惟白馬可致而黃黑馬不可致矣。一者同也，使以白馬爲馬，則所求者必同。所求者同，固不獨白馬與馬無異，即白亦無異於馬矣。然所求無異，其於黃黑馬有可致不可致何？可與不可，其彼此之相背亦明矣。故黃黑馬同屬馬也，乃於求馬者可以應之，而於求白馬者不可以應之。馬與白馬有別，是白馬之非馬審矣。

右第二節。

伍非百云：此第三問答，客言白與馬形色雖異，然既兼而名之曰白馬，則白馬一名，如上圖。一面在白之範圍中，一面仍在馬之範圍中，故曰："有白馬不可謂無馬也，不可謂無馬者，非馬邪？有白馬爲有馬，白之非馬何也？"言既有白馬爲有馬，豈因加白之色，而遂失其馬之形哉？

此段賓鶂，就兼名駁詰，而公孫答辭，則就別名立言。其云"求馬，黃黑馬皆可致；求白馬，黃黑馬不可致。……故黃黑馬一也，而可以應有馬，而不可以應有白馬"云云，共黃黑白馬於馬，別黃黑馬於白馬，其圖如左：

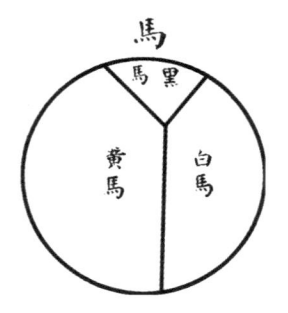

夫兼名與別名，不可同用也。兼名者，以形合色，以色合形，偏非偏是，不可；必兼非兼是，乃可。別名者，所名在形，所別在色；所名在色，所別在形。譬如以馬名形，所別在色，則有白馬、黑馬、黃馬之分；以白名色，所別在形，則有雪白、人白、馬白之分。今公孫龍既破"白馬馬也"之論，適用兼名之第二律，而又承認"白馬非馬"之宗，違反兼名之第一律，是其舉因不偏，兼名律之一偏。已有違陷自宗之勢。今又改用他因，別名律。曰"求馬，黃黑馬皆可致"云云。

夫既別色馬於馬，又以馬共色馬，此自相矛盾也。原公孫之意，"共可有別，別不可有共"，然其論證，乃適成其爲"別不有別"，未嘗能明"別不有共"也。何也？如曰："求馬，黃黑馬皆可致；求白馬，黃黑馬不可致。使所求一也，而黃黑馬有可有不可,何也?"充其義,不過異黃馬於白馬、異白馬於黑馬、異黑馬於黃馬而已。黃黑白馬皆馬也,其於白馬非馬,何與?其極不過證成"別名非共名"而已,然亦太強矣。

柱按:上節客以"有"辯白馬是馬,故謂"有白馬爲有馬也"。此節主以"求"辯白馬非馬,故謂求白馬非求馬也。求馬則諸色之馬皆可致,可見馬含諸色之馬。而諸色之馬非即馬,何者?求白馬則他色之馬不可致矣。他色之馬不可致,是即無馬可致,故求白馬異於求馬也,故白馬非馬。使白馬而是馬也,則求白馬無異求馬,故曰"所求一也"。求白馬既不異求馬,則白馬無以異於馬,是無白矣,故曰"白者不異馬也"。使求白馬與求馬無異,則奈何求馬而黃黑皆可,求白馬而黃黑皆不可邪?"如黃黑馬有可有不可何也"作一句直讀,"如"猶"奈","也"讀爲"邪"。

(客)曰:以馬之有色爲非馬,天下非有無色之馬也,天下無馬,可乎?

舊注:以馬有色爲非馬者,天下馬皆有色,豈無馬乎?猶人皆有親疏,不可謂無人也。

辛從益云:賓曰天下未有無色之馬,而今謂馬之有色爲非馬,則是天下皆無馬也,而可乎?本文自明。謝注"人有親疏"句冗晦。

陳澧云:客言馬必有色,若以有色爲非馬,則天下無馬矣,豈可通乎?

柱按:此節本文自明。

(主)曰:馬固有色,故有白馬。使馬無色,有馬如已耳,安取白馬?故白者非馬也。白馬者,馬與白也,馬與白馬也,故曰白①馬非馬也。

舊注：如，而也。馬皆有色，故有白馬耳。若使馬元無色，而獨有馬而已者，則馬耳，安取白馬乎？如人必因種類而生，故有華夷之別。若使元無氏族，而獨有人者，安取親疏乎？故白者自是白，非馬者也。白既非馬，則白與馬二物矣，合二物以共體，則不可偏謂之馬，故以馬而喻白，則白馬爲非馬也。

辛從益云：答曰吾所謂非馬者，正以馬固有色，恐人以色亂形而失馬之真，故直以馬爲馬，不以白馬爲馬耳。意謂馬自爲馬，白者非馬，而非謂馬者無白也。"如""而"古通。夫人不知馬皆由色誤，使馬無色，有馬而已耳，安取白馬？吾故掃而空之，使返其實。謝注"華夷""氏族"等語泛。馬，形也；白，色也。馬與白，二物也，合之名曰白馬。究之，馬自有馬之真而非白馬，是白馬與馬又二物也，故曰"白馬非馬"。

陳澧云："馬與白馬也"，於馬之中別而出之爲白馬也。

俞樾云："白馬者，馬與白也，馬與白馬也"，此兩句中各包一句，其曰馬與白也，則亦可曰白與馬也；其曰馬與白馬也，則亦可曰白馬與馬也。總之，離白與馬言也。

王琯云："固"疑爲因，"如"當爲知，字體相近，傳寫譌奪。謝希深訓"如"爲而，失之。此主答賓難。上段理順易解。"白馬者，馬與白也。"按白者所以命色，馬者所以命形，所謂白馬，兼指色形而言，一爲白，一爲馬，合二成辭，與單純命形之馬，其構成之質量不同，故白馬非馬。其"馬與白馬也"一句，上下當有訛誤，或爲錯簡。但就前句釋之，尚未失其旨趣也。

金受申云："白者非馬也"，此句承上下文而衍。上文云：

---

① "白"字原闕，據《道藏》本《公孫龍子》補。

"馬固有色，故有白馬。使馬無色，有馬而已耳，安取白馬？"下文承上理而釋之云："白馬者，馬與白也，馬與白馬也，故曰白馬非馬也。"言馬與白馬，馬與白然後成爲白馬，故下斷語云："故曰白馬非馬也。"觀上下文，其衍可知。

譚戒甫云："白馬者，馬與白也，白與馬也"原作"白馬者，馬與白也，馬與白馬也"。俞樾云："按此兩句中各包一句，其曰馬與白也，則亦可曰白與馬也；其曰馬與白馬也，則亦可曰白與馬也。總之，離白與馬言之也。"按俞說誤，此"馬與白馬也"句當作"白與馬也"，疑因"白"字誤移"馬"字上，合作"白馬"，後又增一"馬"字於句首耳。下文"馬未與白爲馬，白未與馬爲白"，即承此二句申言之，可證。茲刪"馬"字，乙轉"白"字。

難者又誤以馬之有色者爲非馬，似即謂馬有色爲非馬，無色乃爲馬耳。然天下未有無色之馬也。無色之馬，即同無馬。若曰無馬，必無此理。"天下無馬，可乎？"言不可也。

"有馬如已耳"，謝注："如，而也。"按"如""而"二字古通用。

"馬固有色"至"安取白馬"共五句，文義自明。

"故白者非馬也"，謝注："故白者自是白，非馬者也。"其解甚是，惟連上文讀作收句則非。蓋此句爲起下之辭，當連下讀。白者非馬，猶云白異於馬，正與上節"白者不異馬也"句相應。蓋白異於馬，故白馬者即白色與馬形合也。白色馬形，感覺相等，初無軒輊（高低輕重），故白馬云者，謂白與馬也可，即謂馬與白也亦可，故曰"白馬非馬也"。孔穿謂"《詩》有'素絲'，不曰絲素；《禮》有'緇布'，不曰布緇。"見前《跡府》①

---

① 孔穿語出自《孔叢子·公孫龍篇》（參見本書卷首《事略》），譚戒甫注解《跡府》時曾引此篇，故曰"見前《跡府》"。

若自形名家觀之,絲素、布緇,殆無不可。蓋白馬、馬白,形色、色形,固可等量視之矣。

右第三節。

伍非百云:此第四問答。客鵝不問兼名之單兼,而問共名之實相。舍名問實,舍兼言別,失問難之旨。而公孫答辭,則仍棄實取名,置別論兼,有同遁辭,避去論鋒也。

客問"天下非有無色之馬也,天下無馬,可乎"。公孫答以"馬固有色,故有白馬。使馬無色,有馬而已耳,安取白馬"。客問馬之實,公孫答以馬之名。客所欲證明者,"天下非有無色之馬也"。使此義明,則天下有馬。馬不離色,一切有色之馬皆為馬,而白馬自在其中。公孫答以"馬固有色,故有白馬",是已承認"天下非有無色之馬也"。馬者不外黃黑白驪一切之色,是白馬不得為非馬,在公孫意中已不啻承認之。然而公孫知其辭之自陷也,故急轉其論鋒曰:"故白者非馬也。"此語殊奇突。白者非馬,黃者非馬,黑者非馬,驪者非馬,乃至一切有色之馬皆非馬,試問何者為馬邪?天下有無馬之一實,公孫始終避去不答,辭近乎遁。

不特此也,客言有有色之馬,無無色之馬,而公孫答以"白者非馬也",答非所問。且其論曰:"白馬者,馬與白也,馬與白馬也。"客問馬之別,公孫答以馬之兼。夫白馬與馬之辨,以別名論,"馬非白馬"可,"白馬非馬"不可。共可以兼別,別不可以兼共也。以兼名論,"白馬非馬"可,"馬非白馬"亦可。單不可喻兼,兼不可喻單也。公孫徘徊於兼別二者之間,殊不一致。然而客未有以喻也,乃更進問。

柱按:上節客以凡馬皆有色,去色無馬,以證明白馬是馬。此節主以馬以有色,故有白馬之名;使馬無色,則唯有馬之一名而已,安有白馬之名哉?"故白者非馬",疑因下文"故曰白馬非

馬也"而衍誤。"馬與白馬也"句疑當作"馬與白非馬也",謂既別馬之名而爲白馬,白馬之名爲馬與白所合成,以算式表之爲:

$$馬 = 馬$$
$$白馬 = 馬 + 白$$
$$然則馬 + 白 \neq 馬$$
$$故白馬 \neq 馬$$

故曰:"白馬者,馬與白也,馬與白非馬也,故曰白馬非馬也。"蓋客以去色無馬,辨白馬爲馬;而主以馬必有色,以辨白馬非馬。而因之馬皆非馬,以見天下非無馬,而馬竟非馬,以見名實之難。益公孫之徒,名家者流,始則在辨名實,繼則欲亂名實以去名實。辨名實,入世法也;去名實,出世法也。"有馬如已耳"句,《道藏》本、《守山閣》本均同,陳澧本"有"上多"則"字,局本(即湖北崇文書局《百子全書》本)"如"作"而"。王琯本此句作"如有馬而已耳",不知何所據?王校"馬固有色"句,"固"疑爲因,非是。

(客)曰:馬未與白爲馬,白未與馬爲白。合馬與白,復名白馬。是相與以不相與爲名,未可。故曰:白馬非馬,未可。

舊注:此賓述主義而難之也。馬自與馬爲類,白自與白爲類,故曰"相與"也。馬不與白爲馬,白不與馬爲白,故曰"不相與"也。合馬與白,復名白馬,乃是強用白色以爲馬名,其義未可。故以白馬爲非馬者,未可也。上之"未可",主義;下之"未可",賓難也。

辛從益云:前"未可"之"未",疑衍,或當作"亦"。賓言白與馬雖不相與,但白既與馬合,天然相與,因復名曰白馬。是相與以不相與爲名,亦無不可。今曰"白馬非馬",是白與馬，絕未嘗合者，故曰"未可"。謝注分上之"未可"爲主義，下之"未可"爲賓難，未是。

陳澧云：客言白與馬本不相與，然既合馬與白而名白馬，是相與矣。既相與而猶欲以不相與爲名，則未可也。白馬非馬是以不相與爲名也，故未可也。

俞樾云：此又難者之辭。"馬未與白爲馬"，則爲黃馬、爲黑馬皆可也。"白未與馬爲白"，則爲白牛、白犬皆可也。此就不相與言之也。合馬與白，則就相與言之也。既相與矣，而仍謂白馬非馬，則是相與而以不相與爲名，此未可也。未可猶言不可也。又按馬初不與白爲馬，白初不與馬爲白，合馬與白，始有白馬之名，何得復名白馬？"復名"謂兼名也，《荀子·正名篇》："單足以喻則單，單不足以喻則兼。"楊倞注曰："單，物之單名也；兼，復名也。""復名白馬"，正所謂"單不足以喻則兼"也。"合馬與白"，則單言之馬不足以盡之，故兼名之曰白馬，是謂"復名白馬"，猶今言雙名矣。

王琯云：此言馬初不與白爲馬，白初不與馬爲白，馬自馬，白自白，其名爲二，各不相與。今竟以此不相與之名物，而相與之，兼名白馬，於名未安。且白之與馬，既不相與，去白馬之白，亦馬焉耳，安得謂白馬非馬？

金受申云：下之"未可"係衍文，蓋①上文言白馬非馬之故，下以"故曰白馬非馬"斷定之，今據删。又"復名白馬"之"復"字，俞樾引《荀子》解作兼，受申按非是，應解作又字，如按俞解作兼，則白馬是馬，豈又有"相與以不相與爲名未可"之説哉？

錢基博云："合馬與白"，馬驌《繹史》作"合白與馬"。

---

① "蓋"原作"益"，據金受申《公孫龍子釋》（上海：商務印書館，1928年，第21頁）改。

譚戒甫本"合馬與白"作"合白與馬",云"據《繹史》本"。自"馬未與白爲馬",至"故曰白馬非馬,未可",共六句,謝注:"此賓述主義而難之也。"俞樾云:"按此又難者之辭"云云。按謝俞説皆是。惟俞謂"爲黄馬、爲黑馬皆可"及"爲白牛、爲白犬皆可"二句,如此設辭,其義反曲。此蓋謂馬未與白合徒爲馬,白未與馬合徒爲白,即不相與,初無深意也。

伍非百云:此第五問。言馬未與白相合之時,馬自爲馬;白未與馬相合之時,白自爲白。即白者不定所白,馬者不定所馬之意。合白與馬,始名白馬。是"白馬"爲相與之名。"白"或"馬"爲不相與之名。今曰"白馬",是以不相與之"白"或"馬"之名,而爲相與之"白馬"之名也。如是則"白馬"之名且不得成立,遑論非馬是馬乎? 故云:"相與以不相與爲名,未可。"故曰:"白馬非馬,未可。"蓋窮其詞以反詰之。

此問根據第四答而來,主言兼名,故客即兼名破之。殊不知兼名律,未兼以前,獨自爲獨,而不爲兼,可也。既兼以後,但言其兼,不問其獨。譬如"牛馬"一名,未兼以前,牛自爲牛,馬自爲馬;既兼以後,便不得復立"牛馬非牛""牛馬牛也"等句。"白馬"之名亦復如是,此以兼名説之,非以別名説之也。未兼以前,白自與白爲白,馬自與馬爲馬;既兼以後,復名白馬,兩無所害。何則? 兼與不兼之殊也。今曰"是相與以①不相與爲名,未可",自違兼名律,而攻人之不協,宜公孫更有辭而恢恢游刃有餘地矣。於是答第五問。

---

① "以"原作"與",伍非百《中國古名家言·公孫龍子發微》(南充:西山書院,1949年,第43頁)亦作"與",今據伍非百《中國古名家言·公孫龍子發微》(北京:中國社會科學出版社,1983年,第560頁)和《公孫龍子》原文改。

柱按：上節主以"與"證白馬非馬，"與"作相加之意，白馬爲馬加白，故白馬非馬。此節客復以"與"證白馬是馬，"與"作相合之意，白馬爲馬與白合，故白馬是馬。若仍以白馬非馬，則是以已相合者爲不相合也。故曰"是相與以不相與爲名，未可"也。金説於主客之説未明。

又按：傅本自上節"黑馬皆可致"至本節"馬未與白爲馬白"九十四字，皆脱。

（主）曰：以有白馬爲有馬，謂有白馬爲有黃馬，可乎？

傅山云："曰"，應反問。

譚戒甫本"謂有白馬爲有黃馬"作"謂有馬爲有黃馬"，云：按"白"字當衍。此二句係論主就賓義而反詰之之辭：謂既以白馬爲有馬，則謂有馬爲有黃馬亦可乎？今作白馬，則非其恉矣。下文"以有馬爲異有黃馬"，即承此句而言，可證。今徑删"白"字。"以有白馬爲有馬"，非也；"以有黃馬爲有馬"，亦非也。倒裝言之："以有馬爲有白馬"，非也；"以有馬爲有黃馬"，亦非也。故論主欲抵賓隙，遂暫不作答，而誘之入甕也。辯者之言，誠察也哉！

伍非百云：此第五答。轉守爲攻，不答客之問，而問客之答。措辭甚巧，奪語換位。自此以下，不須自建論宗，但尋檢敵違可也。

柱按："以有白馬爲有馬"句，傅本、陳澧本作"以有白馬爲非馬"。傅注云："此句是申言白馬非馬本義耳，此'非'字似'有'字。"陳注云："'非'當爲'有'，字之誤也。"

（客）曰：未可。

傅山云："曰"，難反應。

舊注：主責賓曰："定以白馬爲有馬者，則白馬可得爲黃馬乎？"賓曰："未可也。"

辛從益云：本文自明。

金受申云：此文係反證黃馬非白馬，白馬非黃馬。黃白不容相驪，安能以白驪馬，以黃驪馬乎？

伍非百云：此客答公孫之問也。公孫以"黃馬異於白馬，白馬異於有馬"發問，而巧立其辭，曰："以有白馬爲有馬，謂有白馬爲有黃馬，可乎？"此語本有疏辨。"有白馬""有黃馬""有馬"與"白馬""黃馬""馬"三名不同。"白馬""黃馬"，別名也；"馬"，共名也，皆全稱也。"有黃馬""有白馬""有馬"，三者單稱也。"有白馬爲有馬者"，乃謂有白馬爲有馬中之一馬耳，非謂其兼有馬名中之一切之馬也。"有白馬爲有黃馬"，則直謂有白馬即是有黃馬矣。此二語一是一非，不可不辨。而主問側重第二語，故客答以"未可"。

（主）曰：以有馬爲異有黃馬，是異黃馬於馬也。異黃馬於馬，是以黃馬爲非馬。以黃馬爲非馬，而以白馬爲有馬，此飛者入池而棺槨異處，此天下之悖言亂辭也。

舊注：既以白馬爲有馬，而黃馬不得爲白馬，則黃馬爲非馬。明執者未嘗不失矣。黃、白，色也；衆馬，形也。而強以色爲形，飛者入池之謂也。黃馬、白馬同爲馬也，而取白棄黃，棺槨異處之謂也。凡棺槨之相待，猶脣齒之相依，脣亡齒寒，不可異處也。夫四夷守外，諸夏待內，內外相依，天下安矣。若乃私諸夏而疏夷狄，則夷狄叛矣。勤兵代遠，"勤"原作"勒"，嚴可均云："'勒兵'當作'勤兵'。"今據正。人不堪命，則諸夏亂矣。內離外叛，棺椁異所，則君之所私者不能獨輔君矣。故棄黃取白，悖亂之甚矣。

傅山云："曰"，正應。

辛從益云："以有"下當脫"白"字。謝氏曰："既以白馬爲馬，而黃馬不得爲白馬，則是黃馬非馬也。"按此下須加注云："易色以觀，而白馬猶是矣。"黃與白，一也。是白而非黃，豈理也哉？然而以白馬爲馬之弊，必至於此，故言馬者甚毋雜以色也。謝注"以色爲形，飛者入池也"，"求白棄黃，棺椁異處也"，分貼是。所引"諸夏""四夷"則偏滯。

王琯云：此段以黃馬非馬證白馬非馬，迭爲賓主問答之辭。中間"以有馬爲異有黃馬"句，其"有馬"二字，遥指上文"以有白馬爲有馬"之"有馬"而言，取辭甚巧。意謂既以有白馬爲有馬，復以有黃馬異於有白馬，是以有黃馬爲異於有馬也，亦即異黃馬於馬也。異黃馬於馬，故以黃馬者爲非馬。其於同含色性之白馬，亦當認爲非馬，於理方順。今則於色之黃者，目爲非馬；於色之白者，反目爲有馬，是背乎常道矣。猶飛者本應上翔，而乃下潛入池；棺椁本應相依，而乃異地分處，所謂誖言亂辭者也。

譚戒甫云："以有馬爲異有黃馬"以下共九句，亦論主就上意以詰賓之辭。就勢直下，層層反駁，其文易明。"飛者入池，棺椁異處"，猶言必無之事。蓋飛者上翔不得入池，棺椁相函不得異處，如謂有之，是悖言亂辭耳。

右第四節。

伍非百云：此主答，巧更客鸎語意。客言"有白馬爲有馬"，"有白馬爲異有黃馬"，公孫綜合其意而倒其辭曰："以有馬爲異有黃馬。"此語貌視之，似本客難語意。然按其實，公孫所謂"有馬"非客之所謂"有馬"也。客所謂"有馬"者，有馬之一耳；共名中之白馬。公孫所謂"有馬"者，乃有馬之全體也。詞有偏全，意有廣狹，公孫混而同之，以逞口給，所謂詞勝於理者。

此一問答，仍就別名立言，公孫只言小別與小別之別，而不言大別與小別之別，更以大別之別混同於小別之別。黃馬與白馬，小別與小別之別也；黃馬與馬，大別與小別之別也。小別與小別之別，有異於大別與小別之別。蓋小別與小別異類也，大別與小別同類也。黃馬非白馬，可；黃馬非馬，不可，大小別之分也。今公孫比而別之，謂白馬不同黃馬，黃馬不同有馬，其對於別名律，仍是一遵一犯也。然問者不暇及此，僅維持第四答問之罅（xià，裂縫）隙而申辯"有白馬爲有馬"之義。

柱按："以有馬爲異有黃馬"句，當從辛校作"以有白馬爲異有黃馬"。上節客以馬與白相與爲相合證白馬是馬，此節主即假令馬與白合，假令白馬是馬，以證白馬終非馬也。故問曰"以有白馬爲有馬而可也，則謂有白馬爲有黃馬可乎？"如曰"可也"，則白馬即黃馬。是黃即白也，其不可，明矣。白馬既不可爲黃馬，是黃馬非白馬。然據客所立，則白馬是馬。然則黃馬既非白馬，則黃馬非馬，明矣。黃、白皆色，黃馬既非馬，則謂白馬是馬者，豈不謬乎？飛者入池，棺椁異處，言其悖謬之甚也。以算式表之如下：

假令白馬＝馬
然白馬≠黃馬
故黃馬≠馬

然則白馬是馬之假設，不合於理，明矣。

（客）曰：有白馬不可謂無馬者，離白之謂也；不離者，有白馬不可謂有馬也。故所以爲有馬者，獨以馬爲有馬耳，非有白馬爲有馬。故其爲有馬也，不可以謂馬馬也。

舊注：賓曰爲白是離有馬，錢基博云："《百子全書》本作'離白是爲有馬'。"不離實爲非馬，但以馬形馬色堅相連屬，便是二馬共體，不可謂之馬馬，故連稱白馬也。

傅山云：此"曰"是與上文一人口氣，非又設一難問之人也。以白爲有馬，不可命爲某馬某馬也。

辛從益云：賓又曰吾所謂白馬即馬者，正離白以言耳，豈以其白也而謂之馬哉？蓋離白以言，則其形固馬；若不離白而言，則直謂之白馬，吾豈弗知哉？凡人所謂有馬云者，皆以現在之馬言，非以色言，吾亦猶是也。故其以白馬爲有馬也，特因其馬而馬之，不可以言之曰此馬即馬，故連謂之白馬也。蓋賓知離白以言馬，而猶未忘夫白之見，故終以白馬爲馬也。謝注"馬形馬色，二馬共體，不可言馬馬，故連稱白馬"，非是。

陳澧云：客言離白則有白馬，不可謂無馬矣。離白既可謂有馬，則不離亦豈不可謂有馬邪？"也"讀爲邪。所以爲有馬者，非專以有白馬爲有馬，馬色既不定，又不可謂之有馬馬，故但謂之有馬矣。

俞樾云："有白馬不可謂無馬者，離白之謂①也；是離者，有白馬不可謂有馬也。"柱按：俞所據本作"是離"，與《道藏》本作"不離"異。按"有馬"當作"無馬"，涉下文三言"有馬"而誤耳。此即承上"不可謂無馬"而言，亦難者之辭。言吾所云有白馬不可謂無馬者，止論馬不馬，不論白不白，故曰"離白之謂

---

① "謂"字後原衍"之"字，據俞樾《讀公孫龍子》（載《俞樓雜纂》卷二十二）刪。

也"。就此所離者而言之,白爲一物,馬爲一物,明明有白有馬,不可謂無馬也。

又云:"故所以爲有馬者,獨以馬爲有馬耳,非有白馬爲有馬。故其爲有①馬也,不可以謂馬馬也。"按此難者之辭,承上文而言,止論馬不馬,不論白不白。若必以白者爲非馬,則白者何物乎?白既附於馬,不可分別,故見白馬止可謂之有馬而已。不然白馬一馬,馬又一馬,一馬而二之,是馬馬矣。

王琯云:本段意言,前以有白馬爲有馬者,是離開白色,就馬論馬。白馬既屬馬類,當以馬類而認爲有馬。是所離者,爲有白色之馬。其白雖離,其馬宛在,不可謂無馬也。前言有馬,係以馬爲有馬,非以白爲有馬。其所以如此者,若以馬爲有馬,又以白爲有馬,合言白馬,是二有馬相加,爲馬馬矣,於理未順,故須離白證之。

錢基博云:"不離者有白馬不可謂有馬也",《百子全書》本"不離"之"不"誤作"是"。"非有白馬爲有馬",《百子全書》本"有白馬"之"有"字作"以"。

譚戒甫本"獨以馬爲有馬耳"作"以獨馬爲有馬耳",云:似"獨以"二字傳寫倒誤。蓋"獨馬"爲名,與下"馬馬"相對,一也。"獨以馬爲"與"以獨馬爲",文義大異,二也。兹特乙正。謝注本節作"賓曰"。俞樾云:"此即承上'不可謂無馬'而言,亦難者之辭。"按皆非是。此"有白馬不可謂無馬"句,雖爲第二節賓問之辭,然實論主遠追賓語,重申本意。試觀下"不離者"以後各句便知。"不離者",或有作"是離者",恉意全反。謝、俞目本節爲賓言,或即因此致誤耳。離白之離,即

---

① "有"字原闕,據俞樾《讀公孫龍子》(載《俞樓雜纂》卷二十二)補。

《墨經》"偏去"之義。① 蓋"有白馬不可謂無馬"者，猶云有白馬爲有馬。有白馬爲有馬，則白偏去。白偏去，即白離矣。

名家礽（通"認"）離白，故曰"有白馬不可謂無馬"；形名家以爲不離，謂之"守白"，故曰"有白馬不可謂有馬也"。此因有馬之稱，乃以獨馬而然，非以白馬而然。蓋白馬不可以謂有馬，倒裝言之，即有馬不可以謂白馬。有馬不可以謂白馬，猶之有馬不可以謂馬馬也。蓋白馬爲色形二指，感覺皆二，正與相埒（liè，相比）。若獨馬爲一形之指，僅二之一，豈能等乎？故馬馬既非馬，則白馬亦非馬矣。不曰諸馬衆馬，而曰馬馬者，以馬馬爲形形之表現，否則不能盡顯耳。

上節言有馬不可以謂黃馬，本節言有馬不可以謂馬馬，均反證白馬非馬之說。涉思措句，蔑以加矣。

右第五節。

伍非百云：此客答，本申言大別名與小別名之別，離大無小，離小缺大。而措詞不善，致陷大別名於無實，適成敵論。故公孫反代爲立言，明大別名與小別名之別。

柱按：前節主以馬與白爲相加而非相合，證白馬非馬，是馬與白相離也。故此節客復以馬與白相離，證白馬是馬。"不離者有白馬不可謂有馬也"，各本均作"不離"，唯局本作"是離"，俞、王均從之。柱按當作"不離"爲是。"有馬"當從俞校作"無馬"。其意蓋謂吾所以謂有白馬爲有馬者，正以離白以言馬

---

① 譚戒甫在《形名發微》改訂本（國立武漢大學講義，1934年，第17頁）中添加了小字説明："可參閱《墨經易解》上經弟四十五條及下經弟四、弟七兩條。"今引上經第四十五條以助理解。《墨子·經上》："損，偏去也。"《墨子·經說上》："損。偏也者，兼之體也。其體或去或存，謂其存者損。"其中，兼指全體，體指部份，偏去意指去掉全體中的一部份。

耳。離白而其爲馬之本形未失，故爲有馬，則不離者馬之本形亦未失，故有白馬亦不可謂無馬也。"故所以爲有馬者"句，"故"與"夫"通。"夫所以謂有白馬爲有馬者"，謂其離白而馬，則爲有馬耳；非以其不能離白，必連稱白馬，而後爲有馬也。若白馬離白爲馬，而白馬又非馬，而別爲一馬，則白馬將可謂有馬馬也，斯則不可通矣。故有白馬爲有馬，故白馬是馬。

（主）曰：白者不定所白，忘之而可也。白馬者言白，定所白也。定所白者非白也。馬者無去取於色，故黃黑皆所以應；白馬①者有去取於色，黃黑馬皆所以色去，故唯白馬獨可以應耳。無去者非有去也，故曰白馬非馬。

舊注：萬物通有白色，故曰"不定所白"。白既不定在馬，馬亦不專於白，故忘色以求馬，衆馬皆應矣；忘私以親人，天下皆親矣。定白在馬者，乃馬之白也，安得自爲白乎？直云馬者，是於衆色無所去取也。無取，故馬無不應；無去，故色無不在。是以聖人淡然忘懷，而以虛統物，故物無不洽，錢基博云："《百子全書》本'洽'作'治'。"而理無不極。去黃取白，則衆馬各守其色，自殊而去，故唯白馬獨應矣。

王者黨其所私，而疏天下，則天下各守其疏，自殊而叛矣。天下俱叛，誰當應君命哉？其唯所私乎！所私獨應，命物適足增禍，不能靜亂也。不取於白者，是不去黃也。不去於色，則色之與馬，非有能去，故曰"無去者非有去也"。凡黃白之在馬，猶親疏之在人。私親而皆疏，則疏者叛矣。疏有離叛，則親不能獨存矣。故曰"白馬非馬"。是以聖人虛心洞照，理無不統，懷六

---

① "馬"字原闕，據《道藏》本《公孫龍子》和本節陳柱按語補。

合於胸中，而靈鑒有餘；燭萬物於六寸，① 而其神彌靜。故能處親而無親，在疏而無疏，雖不取於親疏，亦不捨於親疏，所以四海同親，萬國共貫也。

傅山云：若所謂白馬，不死執其色之白者而忘之，尚有馬在也。今所言白馬皆執着於白，定爲白馬。"定所白"者定以白爲所也，猶釋氏能所②之所。外既定爲白，而内又添一白之之人，其所白也不但非黄非黑，亦未必是白也。"定所白者非白也"，此句尤深，謂執着於見白之人非白。黄白之無去，非白馬之有去也。有去之白馬，非無去之黄黑馬也。"無去"二句，文義須連上文"無去取於色"兩句看之，於"去"字下添一"取"字，無去取者非有去取者也。無去取是渾指馬言，有去取是偏指白馬言。

辛從益云：主乃直決之曰：子毋存白之見，馬而已矣。蓋白者不定所白，忘之而可。子能離白以言馬，而不能忘白於馬，則蔽未盡祛也。且馬之不繫於白，猶白之不定於馬也。以白馬而定之曰馬在於是，將以馬白而定之曰白在於是乎？馬白既非白，則白馬非馬明矣。知乎此，乃可以忘白。此對面相形法，謝注未明。馬者不因色爲去取，故黄黑白皆馬也。言白馬是有去取於色，所以有馬有不馬，則是皆非馬也。同是馬耳，取此則彼非，取彼則此非，曷若無取於色之皆馬乎？

陳澧云：主言若離而言之，則白色不定在馬，必并馬而忘之，然後可矣。謂之白馬，則白定在所白之馬矣。"定所白者非白也"，

---

① "燭萬物於六寸"，《道藏》本《公孫龍子》作"燭萬象於方寸"。
② 能所："即'能'與'所'之並稱。某一動作之主體，稱爲能。其動作之客體（對象），稱爲所。例如能見物之'眼'，稱爲能見；爲眼所見之'物'，稱爲所見。……能與所具有相即不離與體用因果之關係，故稱能所一體。"（《佛光大辭典》，北京：北京圖書館出版社，2004年，第4296頁）

按"也"讀如字。"無去者非有去也",謂無去者與有去者不同。

俞樾云:言馬則無去者也,以白馬應可也,以黃黑馬應可也,無去所也。言白馬則有去者也,取白馬則不得不去黃馬黑馬矣。一則無去,一則有去,明明爲二,豈可合爲一?故曰白馬非馬。

王琯云:此主答賓難,以色之去取,辨白馬非馬。言白不能定其所白之物,即可置諸勿論。既言白馬,是明明以白定馬。今離色言馬,則所以定馬者非白也,理不可通。馬之爲詞,義本朴素,於色無所去取,以黃馬應可也,以黑馬應可也。惟言白馬是標馬以白,非白馬不能應之;黃黑諸馬,皆以色之不合而去焉。故馬之於色爲無去,白馬於色爲有去,無去者非有去,白馬非馬明矣。"定所白者非白也"句,文義上下不完,似有漏誤。又"故黃黑皆所以應",證以下文"黃黑馬皆所以色去","黃黑"下疑有"馬"字。

金受申云:此三段總結此篇,仍是命色非命形,命形非命色之意。總之此篇之意,是說明無色方爲馬,白馬非馬者,有色故也。在證出形色之分,可以推之極溥。

譚戒甫云:"故黃黑皆所以應",當據下文"黃黑馬皆所以色去"句補一"馬"字。"皆所以色去",胡適乙轉"所以"二字作"皆以所色去",甚是。茲照改乙。

此節亦論主引申第二節之義而益明之之辭。

"皆所以應","獨可以應",所猶可也,見王氏《經傳釋詞》,① 古人自有此互文耳。

"白者不定所白",言白爲萬物所同有,不定屬於馬,故曰"忘之而可也"。"忘之而可",猶云可置不論也。若白馬之白,

---

① "詞"字原闕,此處當指清人王引之的《經傳釋詞》。譚氏《形名發微》中此句亦有"詞"字。據補。

定屬於馬，是"定所白也"。既定所白，若以白馬爲有馬，則所謂白者非白耳。單言馬，無去取於色，故黃黑馬皆可以應而致。若兼言白馬，於色有所去取，則黃黑馬皆以所色去之矣。黃黑馬既皆以所色去，故唯白馬獨可以應耳。謝注："直云馬者，是於衆色無所去取也。無取，故馬無不應；無去，故色無不在。"又云："去黃取白，則衆馬各守其色，自殊而去，故唯白馬獨應矣。"按謝説是。

無去者非有去也，傅山云："'無去'二句，文義須連上文'無去取於色'兩句看之，于'去'字下添一'取'字。無去取者非有去取者也。無去取是渾指馬言，有去取是偏指白馬言。"俞樾云："按言馬則無去者也，以白馬應可也，以黃黑馬應可也，無所去也。言白馬則有去者也，取白馬則不得不去黃黑馬矣。一則無去，一則有去，明明分而爲二，豈可合而爲一？故曰白馬非馬。"按傅、俞説皆是。無去即無去取，指馬言。有去即有去取，指白馬言。則無去非有去者，猶云馬非白馬耳。馬非白馬可爲白馬非馬之反證。

右第六節。

伍非百云：此論已完，而其結論"無去者非有去也"一語，乃説明大別與小別之別，然不能證明小別爲大別之共。通篇論證法，由兼名而別名，由小別而大別，屢更論點，兼用歧語。其論旨所在，可得而尋檢者爲：

（一）於兼名律，則取"非"棄"是"。
（二）於別名律，則取"別"棄"共"。

通斯二律，以讀本論，則思過半矣。

柱按：上節客以馬與白離，明白馬是馬。此節主復以既爲白馬，則馬與白不能離，以明白馬非馬也。蓋謂若馬與白離，則白者不定在馬，則并白而忘之，言馬可矣，不必言白馬也。今既言白馬，則白定在於馬也。白在於馬，則可言馬白，而不可專稱爲白，故曰"定所白者非白也"。定所白者非白，則定所馬者非馬。白馬者，定所馬者也，故曰馬非馬。且馬離色而不去色，故曰"馬者無去取於色，故黃黑馬皆所以應"。白馬不離白色，而不得不去他色，故曰"白馬者有去取於色，故黃黑馬皆所以色去"。前者無去，後者有去，無去非有去，故白馬非馬明矣。斯又因離與不離，生出有去與無去，以證白馬非馬也。

　　夫既曰馬，則黃黑馬皆所以應。然則黃黑馬爲馬矣，而白馬非馬，何邪？可見離色以言，則黃、黑、白之馬皆馬，而黃馬、黑馬、白馬之名不能立。立黃馬、黑馬、白馬之馬，則黃馬、黑馬、白馬皆非馬，而天下無無色之馬，則天下之馬皆非馬矣。夫然若謂天下無馬則不可。非馬者名也，無馬者實也。馬既非馬，則牛羊可知。然則天下之名皆非其名可知。夫謂天下之名皆非名可也，而謂天下之物皆無物則非此之所論，故主立白馬非馬，而客以天下無馬破之而主不承也。下篇"物莫非指，而指非指"，猶云物莫非名，而名非名也。

·卷 三·

指物論第三

傅山云：豈不回復幽杳，本是無用之辨，然不能釋者，顧讀之者之不無用其言也。旨趣空深，全似《楞嚴》（佛經）。

辛從益云：指猶主也，宗指也，指歸也。

王琯云："指"字當作常義之"指定"解，即指而謂之，如某也山，某也水，其被指之山水，標題所謂"物"者是也。執此以繩，全篇砉（xū，又讀 huò，豁然開朗貌）解。《墨子·經下》："有指於二，而不可逃。"《經說》："指，謂。"據梁任公校釋本（即梁啓超《墨經校釋》）。言指者謂也，與此可通。

金受申云：欲知公孫龍正名方法，《指物論》實其主要之論文也。無論一切名，均由"物""指""物指"造成。故欲知本篇之義者，先須知"物""指""物指"之義。兹本張怡蓀①師列表法，列表如下：

---

① 張怡蓀（1893—1983）：原名張煦，四川蓬安人。1920 年畢業於北京大學，並留校任教，其後又在北京大學研究所國學門攻讀，並提交成績報告《公孫龍子注》（未見出版）。此後有在清華大學、山東大學、四川大學等校任教，編著《藏漢集論辭彙》《藏漢語對勘》《漢藏語彙》等，主編《藏漢大辭典》。

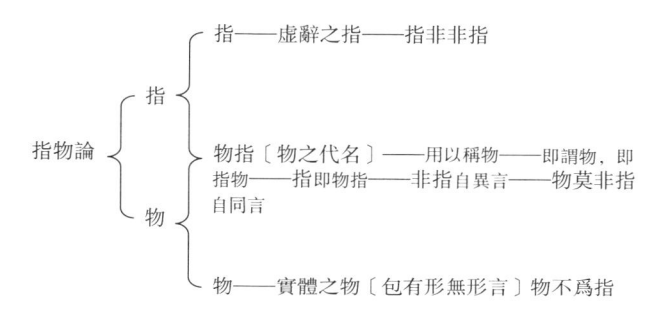

```
              ┌ 指 ┬── 虛辭之指 ── 指非非指
              │   │
              │   └ 物指〔物之代名〕── 用以稱物 ── 即謂物, 即
指物論 ┤       │   指物 ── 指即物指 ── 非指自異言 ── 物莫非指
              │   自同言
              │
              └ 物 ── 實體之物〔包有形無形言〕物不爲指
```

受申按：指，虛指也，汝我他彼此者是，即代名詞也。物，實物也，有形如花木魚蟲等者是，無形如聲光空氣等者是。但均爲直覺，若僅言其名，則爲物指耳。物指者，名詞也，用以稱物之用，張先生所謂"物之代名者"是也。

呂思勉[1]云：此篇言"物莫非指，而指非指，指者天下之所無也，物者天下之所有也"。案《莊子》："指窮於爲。薪，火傳也，不知其盡也。"（語出《莊子·養生主》）歷來注家皆不得搞（同"確"）解，今按《淮南·齊俗訓》："至是之是無非，至非之非無是，此眞是非。若夫是於此而非於彼，非於此而是於彼者，此之謂一是一非也。此一是一非，[2] 隅曲也；夫一是非，宇宙也。"《氾論訓》："今世之爲武者則非文也，爲文者則非武也，文武更相非而不知時勢之用也。此見隅曲之一指，而不知八極之廣大也。故東向而望不見西牆，南面而視不覩北方，惟無所嚮者

---

[1] 呂思勉（1884—1957）：字誠之，江蘇常州人，曾在蘇州東吳大學、上海光華大學、華東師範大學等校任教。著有《白話本國史》《呂著中國通史》《先秦史》《秦漢史》《兩晋南北朝史》《隋唐五代史》《先秦學術概論》《經子解題》《理學綱要》等。下文所引呂思勉語出自《經子解題·公孫龍子》。

[2] "此一是一非"，呂思勉《經子解題》（上海：商務印書館，1926年，第140頁）作"此一是非"。

則無所不通。"以隅曲詁指,與宇宙及八極對言,則隅曲當作一地方,指字當作一方向解。《莊子》"指窮於爲"四字當斷句,言方向述於變化耳。此篇之指字亦當如此解,言人之認識空間,乃憑藉實物,天下只有實物,更無所謂空間,破常人實物自實物、空間自空間之謬想耳。

伍非百云:《指物論》者,明"指不至"之義也。《莊子·天下篇》曰:"指不至,至不絕。"《列子·仲尼篇》曰:"有指不至,有物不絕。"皆述公孫龍論旨,簡言之曰:"指物。"詳言之曰:"有指不至,有物不絕。"單稱之亦可曰:"指不至物。"大意篇首"物莫非指,而指非指"兩語盡之矣。通篇反覆推衍,無非斯義。唯有當知者:物一也,指二也,非指物三也,非非指指四也。四者迭爲賓主,更番前進,恰似剝蕉尋心,層層剝去,皆蕉葉而非蕉心。剝至最後一層,乃見蕉心,然仍爲蕉葉所捲。去葉尋心,而心仍不可得。捲葉作心,而心又在葉中。其圖如下:

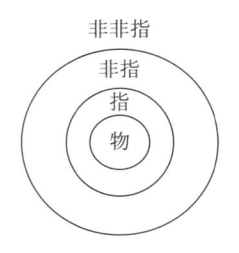

非非指
非指
指
物

天下之所謂物者,其本體不可得而知也。可得而知者,皆"指"而已,故曰"物莫非指"。然指非物也,指爲"能指",物爲"所指",所指雖藉能指而顯,然能指究竟不是所指,故曰"而指非指"。上指字謂能指,下指字謂所指也。指既非指,天下無物,何得有指?天下無指,何得有非指?所以有非指者,對指而言;所以有指者,對物而言。是因物有而後有指,指有而後有非指也。然天下無物,誰徑謂"指"?天下無指,誰徑謂"非指"？天下無非指，誰徑謂"非非指"？所以有"非非指"者，對"非指"而言，而"非指"又原於"有指"，"有指"又緣於"有物"也。若物爲有，則"指"與"非指"及"非非指"同爲虛妄矣；若指爲不虛妄，則"非指"與"非非指"亦同虛妄矣，如是層遞上推，"非指"與"非非指"亦復如是。若"非非指"是實有，則"非指"爲虛妄；"非指"是實有，則"指"爲虛妄；"指"是實有，則"物"爲虛妄，如是層遞下推，亦復如是。是之謂"指不至"。

正反相生，有無相成，故指者天下之所無也，而實爲天下之所有；物者天下之所有也，而反爲天下之所無。試問何人能於"指"之外，而別尋出所謂"物"者乎？又試問何人能舍"物"之觀念，而別尋出"指"之獨立性乎？假設無物，則指失其所以爲指，而指爲非指矣。指爲非指，則非指者物也，而物又反有矣。非指有物，物有非指，物既有矣，又不可指，則只得以"非指"指之。非指，畢竟非物也，於是又有非非指。如是相生無窮，物與指之有無亦無窮。而指物之級數，乃兩極端不可得，僅以其賓主關係，互爲進退而已。此《指物論》之大意也。

或者疑吾言爲玄談乎？以公孫論本玄眇，吾又從而障翳（yì，遮蔽）之，不幾令人更墜五里霧中，今請得而淺釋之。

（一）指之定義。指之見於莊列者，前已舉"指不至"二條矣，但注家淺薄不足徵，今請更徵名家所引。《莊子·齊物論》曰："以指喻指之非指，不如以非指喻指之非指也。"《齊物論》者，莊周之名學也，此文所舉"非指"又與"非馬"並提，明爲針對公孫本論而發，使此義能因是而略窺端倪也，則公孫指物之義瞭然矣。《莊子·則陽篇》曰："指馬之百體而不得馬，而馬係前者合其百體而謂之馬也。"此言亦本"白馬""指物"兩義而發，其所謂"指"大率爲"指而謂之"之"指"，而所謂"馬"則其所指而謂之"物"也。

又《墨子·經下篇》曰："有指於二，而不可逃，説在以二參。"《説》曰："指。子智是，又智吾所無舉也，是重，則子智是而不智吾所無舉也，是一。謂有智焉，有不智焉，可。若智之，則當指之。智告我，則我智之。兼指之，以二也。衡指之，參直之也。若曰：必獨指吾所舉，毋舉吾所不舉，則指者固不能獨指，所欲指不傳，意若未校。且其所智是也。所不智是也，則是智是之不智也，惡得爲一而謂有智焉，有不智焉。"① 又曰："所智而不能指，説在春也、逃臣、狗犬、遺者。"《説》曰："春也，其勢固不得指也；逃臣不知其處；狗犬不知其名；遺者巧弗能網也。"

此兩段皆論"指"，其義與公孫爲論敵。公孫謂"有指不至"，無論如何，指不至物，而《墨經》則謂"有指不可逃"，無論如何，可以二參兩法知之。所謂二參兩法者，即衡指、兼指也。若所知而不能指，唯有推移未定之事，如逃臣、狗犬之例，然此是例外，不能以之推倒有指可知之事實。此所謂"兼指""衡指""指告我"諸指字，皆"指而謂之"之義。莊墨兩家，引用略同，是此"指"字皆當作"指而謂之"之"指"解。其含義有三：一能指，二所指，三指所能指之指。三義有時并用，有時獨用，用其一遺其二，用其二遺其三，須視文法而定，不可執一以求之也。總之名家析義太深，而用語維難。每舉一詞，有名有謂。名者所同，謂者所獨，能曲得其所"謂"焉者斯可矣。

（二）《指物論》之所由作。大恉謂名實不能密合。名者實

---

① "知"通"智"，本段原文"知""智"混用，現均用"智"。

之賓也。名非是實，然無名則實不喻，任名太過則必有失其實而忘其所以爲名者矣。天下之"實"，其本體不入於吾人認識之範圍内。而吾人以渴欲知物之故，假認識之形式，造名以係念，因念以紀實。其所紀者乃意之實，而非物之實也。何則？

意有離合而物無離合，意有分聚而物無分聚。可得而論定者，皆意中之實，非物之實。夫物實自物實耳，豈能以吾意而爲離合分聚乎！凡論一實之是非然否者，皆意中離合分聚之形式，其於物之實也何與？公孫龍恐人之泥於實而非其名也，又恐人之以名爲實而更非名也。以白馬爲馬者，大率泥於實而非名，其以馬名爲馬，而以白名馬之名爲同馬名，則更以名爲實矣。故造論指物，使人知名不是實，而可言說者皆名之事，其論難往返者皆名之聚散離合，不得以實亂名，更不得以名亂實。通篇主"有指不至"，反對《墨經》"有指不可逃"之義，讀者參看可也。

柱按：公孫之意，欲破除一切之名。《白馬論》則以白馬非馬起論，以證馬非馬，以破除馬名者也。此篇則以《白馬論》之結論，而推至於一切名者也。夫名，人所指名也，故謂之指。馬與白馬皆名也，然馬之義廣，白馬、黃馬之義狹。馬之名因有白馬、黃馬而後得。當其名馬之時，必先見馬，而天下無無色之馬，則所見之馬必先爲黃馬或白馬，是黃馬、白馬爲所見之物。

故此篇之解，若以"白馬"代入"物"字，以"馬"字代入"指"字，則全篇文義極易了解。然不謂之名而謂之指者，名專爲實之賓，而指則人爲能指，物爲被指，合能指與被指而言，故曰指。故指比名爲較實，就人所能指出者謂之名，名與實不能絕相符合，故《莊子·天下篇》云"指不至"。若至則名與實不離而根本無名矣，故曰"至不絕"也。

物莫非指,而指非指。

舊注:物我殊能,莫非相指,故曰"物莫非指"。相指者,相是非也。彼此相推,是非混一,歸於無指,故曰"而指非指"。

傅山云:是主意。

辛從益云:物者,形也;指者,形之主也。有是形必有主是形者,如耳之聽、目之視莫不有主乎其中者,潛驅而默率之,是"物莫非指"也。然是指也,無跡可求,無在可名,故無指可言也,即《中庸》"鬼神爲德,視而弗見,聽而弗聞,體物而不可遺"① 之意。

目視耳聽,所以主視聽者,豈於視聽求之哉?然而耳目之所以視聽必由乎此,即凡物之所以知覺運動,莫不由乎此。故非指者乃真指也。惟"指非指",所以"物莫非指"也,如候蟲時鳥飛鳴蟄化,彼必有所以飛鳴蟄化者矣,是"物莫非指"也。然泥其所以飛鳴蟄化者以爲指,而謂指即在是,則又非指矣。謝注"物我殊能,是非相指","彼此相推,是非混一,歸於無指",語似蒙混。

陳澧云:人以手指指物,物皆是指,而手指非指,此主之言也。

俞樾云:指謂指目之也。見牛而指目之曰牛,見馬而指目之曰馬,此所謂"物莫非指"也。然牛馬者,人爲之名耳,吾安知牛之非馬、馬之非牛歟?故"指非指"也。

金受申云:蓋言物皆有名詞,故曰"莫非指"。但虛指之辭爲非是,故曰"指非指"。

譚戒甫云:"物"即《名實論》"天地與其所産焉物也"之

---

① 《中庸》原文爲:"鬼神之爲德,其盛矣乎!視之而弗見,聽之而弗聞,體物而不可遺。"

物。"指"字自來未有定詁。俞樾云:"指謂指目之也。見牛而指目之曰牛,見馬而指目之曰馬,此所謂'物莫非指'也。"按俞説未憭。蓋指義有二,即"名、謂"之別。其指目牛馬之指,謂也;因而所指目牛馬之形色性亦曰指,名也。嚴幾道(即嚴復)所譯《穆勒名學·論名篇》言"可見之德,可觸之德",正與《堅白論》"視之得白,拊之得堅"同義,然則形色性三者可稱爲德,亦即此所謂指耳。

"物莫非指"者,言吾人五官所感覺之物,皆屬物德,如形色性等。直而言之,世人所謂物之本體,全然無有,所謂物者不過指之表徵而已,故曰"物莫非指"。是以物之與指,雖立二名,而吾人所感覺之形色性,其所呈者,概皆吾人之所謂物,則物即指,指亦即物也。指既爲物,物名得專,便爲非指,故曰"而指非指"。

右第一節,總綱。

柱按:天下之物,皆人所指名者耳。而所被名之物,豈真爲所指名者邪?故曰"物莫非指,而指非指"。易其辭可云:物莫非名,而名非名也。夫黃馬、白馬物也,命之曰馬,所指之名也。然而據上篇白馬之論,則馬非馬也,故曰指非指。舉一簡例如左,例云:

> 白馬莫非馬,而馬非馬。

白馬莫非馬,此就立名言之耳。《白馬論》云:"馬固有色,故有白馬。"故曰白馬莫非馬。此莊子所謂"以俗觀之"① 者也。

---

① 《莊子·秋水》:"以道觀之,物無貴賤。以物觀之,自貴而相賤。以俗觀之,貴賤不在己。"

天下無指，物無可以謂物。非指者天下而物可謂指乎？

舊注：指皆謂是非也。所以物莫非指者，凡物之情必相是非。天下若無是非之物，則無一物而可謂之物。是以有物即相是非，故"物莫非指"也。"物莫非指"，而又謂之"非指"者，天下齊焉而物其可謂之指乎？物物皆妄相指，故指皆非指也。

傅山云："天下無指"，難。"物無可以謂物"，自己辨得甚清。①

辛從益云："誠者物之終始，不誠無物。"（語出《中庸》）苟天下無所以指物者，豈復有物哉？天下一非指之天下也，至無而涵至有，至虛而御至實，奈何泥物以言指乎？

陳澧云：客言使天下無可指之物，則無可以謂之物者矣。今既云物莫非指，則天下有物矣。既謂物，豈又可謂之指乎？"非指者"上當脫"莫"字。

又云：主所謂指非指者何也？在天下者物也，豈可謂之指而反以指爲非指乎？

俞樾云：此承"物莫非指"言，無牛之名則無牛矣，無馬之名則無馬矣。何也？無以謂之也，故曰："天下無指，物無可以謂物。""非指者天下而物可謂指乎？"此承"指非指"而言。"天下而物"當作"天下無物"，字之誤也。言我所謂非指者，天地之初有牛而無牛之名，則是無牛也；有馬而無馬之名，則是無馬也。俄而指之曰此牛也，俄而指之曰此馬也，天下本無此物，而我強爲之名，是物從我之指也，其可謂乎？其不可謂乎？

胡適云：仔細看來，似乎"指"字都是説物體的種種表德，如形色等等。我們所以能知物，全靠形色大小等等物指。譬如白

---

① "清"，傅山《霜紅龕集》（太原：山西人民出版社，1985年，第935頁）作"精"。

馬，除了白色和馬形便無白馬可①知，故説"物莫非指"，又説"天下無指，物無可以謂物"，這幾乎成了極端的唯心論了。故又轉一句説"而指非指"，又説"天下無物，可謂指乎？"這指究竟是物的指。没有指固不可謂物，但是没有物，他便没有指了，方才免了極端的唯心論。②

王琯云：一切事務，胥由指定而來，指此物謂樹，則樹矣；指彼物爲石，則石矣。在樹石自身，雖不待人指定，始有樹石；然若無人，又安知有樹石？樹石而不經人指定，又安得爲樹石？故曰："物莫非指。"但此項指定，係屬"物"之一種抽象，非彼指者真體，故曰："指非指。"天下之物，若不經人指定，則所謂物者，幾無可以爲物。樹初不樹，亦青青者耳；石亦不石，祇巉（chán，陡峭）然者耳。然既不能以指而體真，即不能以指而當物，故"非指之義"，實遍天下之物。

質言之，凡指定某物，即心目中之某物。托諸言辭，出諸形容，以名某物，以相某物，豈可以此言語形容者，爲某物之真乎？故曰："而物可謂指乎？"次句上一"指"字爲指物者，下一"指"字爲被指者。"天下"二字，當連上讀，爲"非指者天下"，與《堅白篇》"離也者天下"同一句法，意言"非指者"天下之物所共，"離也者"亦天下堅白所共也，并無誤字。

金受申云：此申言上文，言天下若無指，則物不可稱論，則彼彼不能止於彼，此此不能止於此，物囫圇矣。

---

① "可"字原闕，據胡適《中國哲學史大綱（卷上）》（上海：商務印書館，1919年，第247頁）補。

② 語出胡適《中國哲學史大綱（卷上）》第八篇第五章《公孫龍及其他辯者》。胡適《惠施公孫龍之哲學》（續）（《東方雜誌》第十五卷第六號，1918年）亦有類似言論，略有不同。

譚戒甫云：此承上節首句言，謂天下若無形色性之指，則物於何有？物既無有，吾人雖欲謂之，不可得矣。

"無物"原作"而物"，據俞校改。此承上節次句言，又與上句對文，上句設言天下無指，此則設言天下無物耳。"可謂指乎"，言無可以謂指也。蓋非指者，以有物故而指爲非指。若天下無物，則天下無指。天下無指，即曰非指，更何待謂？故天下無物，惟指尚可以謂指，而非指固無可以謂指矣。

右第二節，分承第一節物指爲假設之辭。

伍非百云：物，所指也；指，能指也。無能指則所指不可表現，無所指則能指無所附麗。二者相爲賓主，相爲表裏，不能密合爲一，又不能分離爲二，恰似剝蕉尋心，離葉尋心而心不可得，捲葉爲心而葉又非心。指物關係，可以兩語説明之曰：無指則物無可謂，無物則指無所緣。

柱按："天下而物"句，"而"字當爲"之"之誤，篆文"之"作"㞢"，倒之則與"而"篆文"而"① 相似也。"可謂指乎"句，"謂"猶"謂爲"也。此言使天下無此指定之名，則天下之物，無可以稱謂者矣，故曰"物莫非指"。如白馬、黃馬不名馬，則萬物之中無謂馬者矣。"指非指"者，馬本非馬也。"天下之物可謂之指乎"，猶云天下之黃馬、白馬豈可真謂馬乎？例云：

天下無馬，白馬不可以謂馬。非馬者天下之白馬，可謂爲馬乎？

此節起下論。

指也者天下之所無也，物也者天下之所有也，以天下之所有

---

① "而"字疑作"帀"，因此處言"而"字的篆文。

爲天下之所無，未可。

舊注：天下無一日而無物，無一物而非適，故強以物爲指者未可也。

辛從益云：吾所謂指者，藏於無朕（跡象），妙於無形，真宰萬物而不容以跡象參者也，是天下之所無也。人之所見者物耳，是天下之所有也。第言指則已滯於物矣，物豈天下之所無者哉？

陳澧云：此亦客之言也。

章炳麟云："物莫非指，而指非指"，上指謂所指者，即境；下指謂能指者，即識。物皆有對，故莫非境；識則無對，故識非境。無對故謂之無，有對故謂之有。以物爲境，即是以物爲識中之境，故公孫以爲未可。（語出章炳麟《齊物論釋》，本書卷首《學平上》亦引）

王琯云：此申明上文不能以指當物之義。言指也者，言語形容之事，無實可捉，故爲天下所無。物也者，有體積色相可尋，故爲天下所有。若以指當物，是以天下之所有爲天下之所無，於義未通。

金受申云：此所謂"指"，即"虛指"也。言"虛指"本天下之所無，"物"本天下之所有，包物指言。以"虛指"而稱"物"，未可。若言彼，彼不在目前，安知何物？即在目前，安知爲此彼？故以"虛指"稱"物"者，未可也。

譚戒甫云：指由感覺而有，世人所謂空也，故曰"天下之所無"。物由檢驗而得，世人所謂實也，故曰"天下之所有"。有不可以爲無，實不可以爲空，故曰"未可"。

右第三節，言指物相異以爲反證。

伍非百云：此第一節。言指爲天下之所無，物爲天下之所有，今以指謂物，離指則物無可謂，是以天下之所無，反爲天下之所有，而天下之所有，反爲天下之所無，豈非大可異之現象乎？有指無物，故曰未可。

柱按：此謂所指之名，天下所本無者也，而物則天下所本有者也。例如馬者，無色之馬也，此天下之所無也；白馬者，物也，天下之所有也。以白馬爲馬，是以天下之所有爲天下之所無，故曰未可。白馬既非馬，馬亦非馬，則名亦非名，而指非指，明矣。

天下無指，而物不可謂指也。不可謂指者非指也。非指者，物莫非指也。

舊注：所以天下無是非者，物各適其適，不可謂之是非，故無是非也。譬如水火殊性，各適其用，既無是非，安得謂之是非乎？即夫非指之物，莫不妄相指也。

傅山云："天下無指，而物不可謂指也"，此二句又似承上文"未可"以足其意，與"未可"是一義。

辛從益云：夫指既居天下所無，則是天下無指，而奈何以指名也？以指名則已膠於物矣，則已有指矣。何者？指本非指也，故曰"不可謂"。"非指者，物莫非指"，猶《考工記》"粵之無鎛（bó，鋤頭之類的農具）也"，"夫人而能爲鎛也"語意。

陳澧云：主言客以爲天下無指，而物不可謂之指，然既云此物不可謂指，即已指其物而言之矣，此豈非指邪？"非指也"之"也"讀爲"邪"。然則就如客之説，以物爲非指，愈足以見物莫非指也。

又云：然則我所謂"指非指"者，正以"物莫非指"，故"指非指"也。

王琯云：此再回申前旨。以天下之所以無指者，因指由物生，物既不可謂指，則指成虛空，烏得有指？而物之所以不可謂指者，實由指自為指，物自為物，物實非指，寧能等觀？然此非指之物，從真理詮之，固如上義；從方便言之，則天下之物，皆由指定而生，又曷莫非指邪？

金受申云："天下無指而物不可謂指也"，此反言上文，天下若無指，則雖有物，亦不能稱物，申言之即不能說出物指者。然此指亦非《列子·仲尼篇》"指不至"之指，《列子》之"指"動詞也，此"指"代名詞也，不可不察。若無汝我彼之指，必不知牛馬狗豕之物指，而物不可謂指也，指字作物指解。

"不可謂指者非指也"，此申言上文，物既不能說出物指，則當然無指，質言之即非指也。事物立於名，名成於代名，無代名安可謂之名？蓋亦現量比量非量構成之順序也。"非指者物莫非指也"，此蓋推論非指之義，言非指者僅虛指為非指，非物及物指之非指也，此最易混，故再言之。

譚戒甫云：此承第三節，言依世人之見，則天下有物無指也。然天下果無指者，即有其物，亦不可以謂其指矣。不可謂指者，以其是物而非指也，然是物非指，則非指亦指，故曰"非指者物莫非指也"。"非指者物莫非指"，乃倒其句法以申第一節之義。

伍非百云："莫非非指"，舊脫一"非"字，義與上牾，今以意增。本節一句疏解一句，三句一意相承，可作一句讀。此第二節，重申前義。指既為天下之所無，物不妨仍為天下之所有，因為指自指而物自物耳。以指代物，是以無代有。物本自有，豈因所代者之無而遂無哉？譬如燈光，不因光滅而燈無；又如利刃，不妨利失而刃在，故曰"不可謂指者非指也"。"非指者物莫非非指也"，言物既不是指，當然是非指也。

柱按：此言天下本無此指定之名，故物亦不可真認為是所指之名也。如天下本無無色之馬，而凡馬皆有色，如白馬，故不可謂爲所指之馬也。不可謂指者，以其本非指也。如云白馬不可謂爲馬者，以其本非所指無色之馬也。本非指者，以其莫非指也，如云：白馬本非所指無色之馬者，以無色之馬，莫非是所指者而已，非天下之所有也。

天下無指，而物不可謂指者，非有非指也。非有非指者，物莫非指也。物莫非指者，而指非指也。

舊注：物不可謂指者，無是非也。豈唯無是非乎？亦無無是非也，故曰"非有非指"。以乎無無是非，故萬物莫不相是非，故曰："非有非指者，物莫非指也。" 無是非亦無無是非，兩忘之，故終日是非而無是非，故曰："物莫非指者，而指非指也。"

傅山云："天下無指，而物不可謂指者，非有非指也"，正義。

辛從益云：既云天下無指，則指之名可不立，并非指之名亦不必立。而又謂物不可謂指，抑亦別有指，而物爲非指。然合二語求之，則究何有非指哉？有所是然後明所非，今無指則無是并無非矣。有所非則必有所是，今言物不可謂指，而先之以天下無指，則天下何者是指？則亦非有非指矣。莫非指則無非指之可言，并無指之可言，故不必以指名也。以指名，反圉於有，膠於一指，固非若是矣。

陳澧云：又言客以爲天下無指，而物不可謂之指，然天下亦非有物名爲非指者也。既非有物名爲非指者，愈足以見物莫非指矣。物莫非指，則指非指矣。

又云：以上主之言也。

俞樾云：有非即有是，使有指之而非者，即有指之而是者也。今天下之物，任人之所指而不辭，牛則牛矣，馬則馬矣，是非有非指者也。非有非指，安有是指？

　　王琯云：物由指生，雖不可謂物即指，但未有不由指定而能自能名之物，故曰"非有非指"。末句"而指非指也"，上下文義不完，疑有譌奪。

　　金受申云："而物不可謂指者"應爲"而物不可謂無指者"，相承而脫"無"字。此言天下雖無指，而物獨不可謂無指者，因原有指，非有非指也。"非有非指"云云，此言指之實義，乃因於物而已，故曰"非有非指"。何以故？物莫非指，物雖爲指，而指則原爲虛位，故曰："物莫非指者，而指非指也。"

　　譚戒甫云：由上言之，天下無指而物不可謂指者，卒至物莫非指，則所云非指者非有矣。"非有非指者，物莫非指也"，此句雙結上二小段。"物莫非指者，而指非指也"，此句重申第一節之義，而確定之。

　　右第四節，承第三節歸入正文。

　　伍非百云：此第三節，反駁前意，而文更深一層。言"天下無指，而物不可謂指者，非有非指也"，指爲天下之所無，物爲天下之所有，以有謂無，不可。故曰"天下無指，而物不可謂指"也。然因其不可謂指，遂謂之爲非指，亦不可。何則？非指一義，對指而言。指尚無有，安有非指？故曰："天下無指，而物不可謂指者，非有非指也。"言天下本無"非指"一義之存在。夫天下既無"非指"一義之存在，如是，則所謂物者，仍唯是指而已矣，故曰："非有非指者，物莫非'指'也。"

　　上言物莫非非指，此言物莫非指。非非指義既不成立，而言物莫非指者，豈真以天下之所無，爲天下之所有哉？不過以物本有而不可實指，指本無而可以稱道，隨順言說，而謂之物莫非指耳，非真謂指即是物也。公孫恐人之誤會其言，以爲指即是物也，故重言以申明之曰："物莫非指者，而指非指也。"仍主於指之外，尚有指所不至之物存，特非指所能指耳。

上文一反一正，將"物莫非指""物莫非非指"兩義駁倒。於是使人惶惑失守，究竟指有耶？物有耶？指物俱有耶？指物俱無耶？其義安在？若言物有，天下無指，物無可謂，物之爲有，從何證知？若云指有，天下無物，何謂指者？物既不有，指安從生？若謂指物俱有，指既有指，物又有物，指物分別，各自爲有，如何因緣，説物待指而後有謂，指待物而後可指乎？若云指物俱無，此暫時相待之假相，依何而顯？以指證物之有，以物表指之德，其間關係，應是虛妄。故言兩義皆不立，使人惶惑失守也。

雖然，吾讀公孫書，吾細揣公孫意：（一）"天下無指，而物不可謂指也，不可謂指者，非指也。非指者，物莫非非指也。"（二）"天下無指，而物不可謂非指者，非有非指也。非有非指者，物莫非指也。""非指"與"非非指"兩義，皆從"天下無指"出，是指之有無，大可研究。若指有耶，則物不妨説有，亦可言無。謂指即是物。若指無耶，豈特物無可謂，而指亦無可謂，思議云説道斷矣。指有指無，兩俱不可。説"物有"者，唯有説"指具有無兩面"，對指物之一面爲有指，對不指物之一面爲無指也。如是則非指與非非指兩義俱得成立，而物不是指，指可謂物，亦俱融而無所牴牾。其關鍵説在下文"物各有名"之故。

柱按：例云：天下無馬，即無色之馬。而白馬不可謂馬者，非有非馬也。意謂非有非馬之白馬也。非有非馬者，白馬固莫非馬也。由立名之始言之，白馬固莫非馬也。然白馬莫非馬，而馬非馬也。

然則馬既非馬，白馬亦非馬可知。假設白馬爲馬，則馬非馬，可以算式明之：

假令白馬＝馬

則　　黃馬＝馬
然　　黃馬≠白馬
故　　　馬≠馬

然則白馬是馬之假説不能成立明矣。

天下無指者生於物之各有名，不爲指也。不爲指而謂之指，是兼不爲指。以有不爲指之無不爲指，未可。

舊注：物有其實，而各有名，謂若①王良②善御，隸首③善計，彼物各自爲用，譬之耳目，廢一不可，故不爲是非也。物皆不爲指，而或謂之指者，是彼此之物，兼相是非，而是非莫定，故不爲指也。之，適也。"有不爲指"，謂物也。"無不爲指"，謂指也。以物適指，故未可也。

傅山云："天下無指者"，難。

辛從益云：蓋指者天下之所無，無可名也，而物則有名，故可名者物耳。如耳止主聽，目止主視。凡物皆各有所主，皆各自有名，而不相爲用，不得爲指也。可名者不爲指，而今反名之以指，豈特不可爲指者哉？即可爲指者亦不爲指矣。同一不爲指也，物則有不爲指，物者天下之所有也；指則無不爲指，指者天下之所無也。即以不爲指論，而有無迥別矣，奈何以可名混不可名者乎？

---

①　"而各有名，謂若"原作"而各有名謂，若謂"，據《道藏》本《公孫龍子》刪第二個"謂"字。
②　王良：春秋時晉國人，擅長駕車。《韓非子·難勢》："夫良馬固車，……王良御之而日取千里。"
③　隸首：相傳爲黄帝臣子，發明算數。《劉子·專學》："隸首，天下之善筭也。"

陳澧云：客言吾謂天下無指者，其説由於天下之物，各有其名而不名爲指也。不名爲指，而乃謂之指，則有指之名，又有其本名，則一物兼二名矣。夫物各有本名，不名爲指，而以爲無不名爲指，未可也。

俞樾云："是兼不爲指"，"兼"乃"無"字之誤。天下之物，本不爲指，而人謂之指，是無不爲指矣。下文云"以有不爲指之無不爲指，未可"，"有不爲指"，即承此"不爲指"而言，"無不爲指"即承此"無不爲指"而言，謂以有不爲指之物，變而之於無不爲指，是不可也。"無"與"兼"相似而誤。上文云："指也者天下之所無也"，下文云"指也者天下之所兼"，"兼"亦"無"字之誤。

王琯云：物各有名，名麗於實，其彙繁多，皆有所以成此物之存在，非空洞之所謂"指"者可比，故曰："物各有名，不爲指也。"盈天下者皆物，物既非指，而天下無指矣，故曰："天下無指。"惟由前説，物既不爲指，而又以物由指定而來，而謂之指，是以指而兼不爲指矣。同一物也，一方爲有不爲指，一方爲無不爲指，於理未可，反證不能以指當物之義。末句"以有不爲指之無不爲指"，"之"字應作"與"解，意猶"同"也，言有不爲指與無不爲指相合，未可。回應上文"兼"字之意。

金受申云：此更進一步説無指之原因。指虚指也，名物指也。天下之物，皆有物指，指其物指皆至，故虚指不用，此不爲指也。

俞謂"兼"爲"無"之訛，非是，此言物本各有名，不必爲指，而强謂之指，則指亦非是，物更不可得而知之矣。蓋指易混而不明，若進而爲物指，再進爲現量之實物，則兼爲指。否則徒言指，而不言物指與物，則兼不爲指矣。"以有不爲指之無不爲指，未可"，疑"之"爲"爲"字之譌，草書之爲相近。此二句申明不爲指而謂之指，是兼不爲指之意。"有不爲指"即非指；"無不爲指"即指，以非指爲指，當然不可，故"以有不爲指爲無不爲指，未可"。

譚戒甫云：指者物之德也，名者德之檢也。《尹文子》有"名以檢形"之語。物各有指，亦各有名。然世人皆習物之名，而忘物之指，因謂天下無指。故"天下無指"之説，生於物之各有名，蓋"名"專而"指"不爲指矣。"之指"猶云其指。物既有名，已不爲指，應不謂其指矣。今乃謂其指者，則名不爲指。名不爲指，而指亦不爲指，是兼不爲指也。"以有不爲指之無不爲指，未可"，此"有不爲指"與"無不爲指"對文。"有不爲指"即上"名不爲指"之義。"無不爲指"亦即前"物莫非指"之義。謝希深注："之，適也。"蓋以"有不爲指"，由之以適於"無不爲指"，其相去過遠，故曰未可。

右第五節，引名以況指。

伍非百云：此第四節，言"天下無指者，生於物之各有名不爲指也"。何謂"物各有名不爲指也"？譬如言"冰"，非謂"冷"也。又如言"火"，非謂"熱"也。言有"馬"者，非謂"黄""驪"。言此"石"者，非謂"堅""白"。固知離種種德業，而物無可謂。然謂之是物者，意不在種種德業，而在是物之整個之體也。《則陽》所謂"指馬之百體而不得馬，而馬係於前者，立其百體而謂之也"。即整個之體之謂。馬色馬狀馬毛馬骨，皆所以謂馬，而非所謂之馬也。馬之爲物，固不能離色骨毛狀而表現，然謂之馬者，決非指毛骨色狀等言也，故曰："物之各有名不爲指也。"

或曰：物各有名不爲指，固也。然盈天地間皆物也，盈天地間皆指也。物雖有名不爲指，而指不妨離物自爲指，何得曰天下無指哉？答之曰：所謂物者，對指而言。若以指對非指，指之指。則指亦爲物矣。又以非指指之指對非非指指指之指而言，則非指又物矣。如是遞推，無有窮竟。天下之物，以各有名故，而不爲指。天下之指，以各有指故，而復爲物。物物相承，指指相引，而天下之指皆物矣。天下之指皆物，是天下無指矣。故曰："天下無指生於物之各有名不爲指也。"

物各有名不爲指，指各有指復爲物，如是則物之一方面爲指，一方面爲非指，一物而兼有"爲指""不爲指"兩面，於義似相矛盾，故曰：未可。既云物莫非指，而又云物不爲指，是不能兩立之説也，故曰："以有不爲指之無不爲指，未可。"

柱按：例云：天下無馬者，生於白馬黃馬之各有其名白馬黃馬，不爲馬也。不爲馬而謂之馬，是所謂馬兼諸不爲馬白馬黃馬等者也。以有不爲馬者爲無不爲馬，以白馬黃馬爲莫非馬。故曰未可。"之無不爲指"，"之"當爲"爲"字之誤。

且指者天下之所兼。天下無指者，物不可謂無指也。不可謂無指者，非有非指也。非有非指者，物莫非指。指非非指也，指與物非指也。

舊注：或一物而有是非二名，或彼此更相爲指，皆謂之兼也。是非之名生於物相彼，故曰物不可謂無指。即此萬物無指而又無無指，故曰非有非指也。"非有非指者物莫非指"謂無是非者，生於物莫非指也。是以聖人求人於是非之内，乃得無是非人也。夫謂之指者，非無指也。指既不能與物爲指，故非指也。

傅山云："物不可謂指也"，正義。前云"不可謂指者，非有非指也"，此又云"不可謂無指者，非有非指也"，又深一層。

"指非非指也,指與物非指也",末句"奚待",正是此義。

辛從益云:無物不有,無時不然,天下莫非此指也。天下無者可以該有,而有者恒不能兼有。指者天下之所無,唯指歸於無,所以能兼衆有也。天下無指,特無指可見耳,物豈可謂無指哉?非特不可謂無指,且頭頭是道,並非有所謂非指者。"非有指也",①"非有"下似脱"非"字,玩下文"非有非指者",正緊接此文。"非有非指"云者,無指之可名,並無非指之可名,蓋以物固莫非指也,何從別之爲指?又何從而專名之爲指?

明明物莫非指,則明明有指。既爲指矣,而豈非指也?然泥於物以名指,則又非指矣。指特非有指之名耳,豈竟非指哉?蓋從其主物言之,則謂之指;從其不滯於物者言之,則謂之非指;從其不滯於物而主物者言之,則謂之指非指,又謂之非非指。所以然者何也?指者天下之所無也,所以能指物也,所以非非指也,所以指非指也。反覆推之,義可見矣。

陳澧云:主言指之名,本衆物之所兼也。如客所言,謂天下無指,則可;若謂物無指,則不可。其所以不可者,以天下非有物名爲非指者也。既無名爲非指者,則物莫非指矣。指本是指,非非指也。然以指指於物,則指屬於物,而指非指矣。

又云:"指與物非指也","與"當作"於"。

俞樾云:"指非非指"者,名有定物也,牛則牛,馬則馬也。"指與物非指者",物無定名也,安知牛非馬,馬非牛也?

王琯云:物物既由指定而生,即物物各兼一指,物盡天下,而指爲天下之所兼矣。中段與前文意複。"指非非指者",以對於物而有所指定,即不能以指爲非而否認之。言"指非非指"

---

① "不可謂無指者"下句"非有非指也",辛從益本作"非有指也"。

猶云指即是指也。但以此指與物相印，則所指之物，實非此指，故曰"指與物非指"。

金受申云：此"指"亦"虛指"之指，"虛指"本天下之所兼，如云彼草木人物皆彼也，又安可分哉？即無指皆至之意也。"天下無指者"云云，此更明物與指之分。言天下雖無指，不可謂無物指；既不可謂無物指，則當然有指亦指物指言，故曰："不可謂無指者，非有非指也。"此回應上文"天下無指，而物不可謂無指者，下無字據鄧校加。非有非指也"。反覆言之，意深遠矣。"非有非指者物莫非指"，此補足上文言之也。"指非指也，指與物非指也"，此蓋言指原自指，何可言非？所以言非者，緣庶物衆多，虛指不能遍應。且言非指者必緣物而言非指，無物則無指，故曰"指與物非指也"。與者以也，見《經傳釋詞》卷一。

譚戒甫云："且指者天下之所兼"，此承第五節言。彼云兼不爲指，此云指爲所兼，文正相反，故句首用一且字，義猶抑也。蓋天下之物，既各有名，復有其指，則指者終爲物所兼有矣。"天下無指者，物不可謂無指也"，此承上句，亦與前第四節首句相對而更進言之。天下無指者，乃世人專就物言，以爲有物而無指耳。然實而按之，無指之云，見於有指，有指而後有物。若曰無指，物於何有？物既無有，指復何謂？今既有物，而曰無指，則無指亦不可以謂之矣，故曰"天下無指者，物不可謂無指也"。

"不可謂無指者，非有非指也"，此緊接上句。據前第四節，此"非有非指也"上，當有省文。蓋既不可以謂無指，則仍屬有指，然則所云非指者亦非有矣。"非有非指者，物莫非指"，此句重申第四節語意，言既非有非指，則物皆有指，故曰"物莫非指"。

右第六節，遙承第四節以明物莫非指之義。

又云："指非非指也"，由上觀之，所謂指者指也，非爲非指也。"指與物非指也"，此"與"即《左氏》襄二十五年《傳》"一與一"之"與"，義猶敵也，對也。蓋以指與物對待言之，則指始爲非指矣。

右第七節，承上明非指之義。

伍非百云："且指者天下之所兼"者，今以堅白石爲喻。石，物也。堅、白，指也。言堅者，不定所堅；言白者，不定所白。堅未與石爲堅而物兼，未與石爲堅而堅必堅其不堅。石，物而堅，天下未有若堅而堅藏。白固不能自白，烏能白石物乎？若白者必白，則不白物而白焉。如言堅金，則堅移於金矣。又言白馬，則白移於馬矣。乃至堅木、堅冰、白人、白羽，義亦如是。故曰："指者天下之所兼。"

上言物各有名不爲指，以反證物莫非指之不可。此更進一步言，謂縱令"物莫非指"，而指復爲天下之所兼，則謂"物莫非指"者，何以異於謂"物莫非兼"哉？物各有"獨"不爲"兼"，則"物不是指"可知。

此第五節，言天下無離物而有之指。如是則所謂指者，皆物之指也。天下儘可有無指一境存在，然有物必有指，故曰："天下無指者，物不可謂無指也。"物必有指，盈天地間皆物，即盈天地間皆指也。何處有非指一境？故曰："不可謂無指者，非有非指也。"物不爲非指而必有指，則除指之外，竟無可以謂物，故曰："非有非指者，物莫非指。"如是遞證，物雖有物，藉指而顯；指雖非物，指物則物。故曰："指，非非指也。指於①物，非指也。"

---

① 伍非百認爲"指與物"之"與"同"於"，參見伍非百《中國古名家言·公孫龍子發微》，南充：西山書院，1949年，第21頁；北京：中國社會科學出版社，1983年，第529頁。

讀者注意："指非非指也，指於物非指也"之指，爲"物"之正面，非"非指"之反面。因非指反面之指，乃離物之指，離物之指爲非有者，此指爲物之指，乃物之代表，爲有者也。如無斯指，則無物矣，故言："指，非非指也。指於物，非指也。"
<small>指物之指爲有，離物之指爲非有。</small>

柱按："且"字疑"曰"字形近之誤，此設客難之辭，其辭皆與上下相反。"非有非指也非有非指者物莫非指"，此十四字承上節而衍。末句"指與物非指也"，"非"下當脱一"非"字。此客難曰：例如云馬者，天下之白馬黄馬所共兼也。天下無馬者，有白馬黄馬不可謂無馬也。不可謂無馬者，則馬非非馬也。馬與白馬黄馬，皆非非馬也。

使天下無物指，誰徑謂非指？使天下無物，誰徑謂指？天下有指無物指，誰徑謂非指？徑謂無物非指？

舊注：設使天下無物無指，則寂然矣，誰謂指爲非指乎？誰謂指爲指乎？設使有指而無物可施指者，誰謂有指爲非指乎？誰謂有無物故非指乎？明本無指也。

辛從益云：夫指固不即於物，抑又未始離乎物也。如使天下無物指，則無指之可言，并無非指之可言，何從而有非指之説乎？且指者因物以起名耳，如使天下無物，何從而有指之説乎？又使指自爲指，而於物無與，則是天下有指無物指也，是指於物全無涉也，何從有非指之辨乎？是指別有在，何以有物莫非指之云乎？蓋非之云者，有其非者也。莫非云者，不專所有之謂也。然則物未始無指，指固未始離乎物也。

陳澧云：設使天下無物可指，則指不屬於物，誰謂指非指乎？然使天下無物，則指無可指，何以謂指爲指乎？使天下雖有指，而無物可指，則指不屬於物，誰謂指非指乎？誰謂物莫非指而無物非指者乎？

王琯云：此言指由物生，使天下無物可指，安有指與非指之稱？若有指而無物可指，則指之作用，失所憑借，又安有"非指"與"無物非指"之號？可知指之屬性，與物爲相對的，非絕對的。

金受申云：虛指之非，蓋由有物指。若無物指，虛指亦可以應物。再進而言之，使天下無物，並虛指亦無矣。"天下有指無物指"云云，此亦不論指不指，只論物不物之意。

譚戒甫云：此承第七節言。使天下無物指以相對待，指尚無有，誰徑謂非指邪？若天下無物，即天下無指。天下無指，則指名不立，誰徑謂指邪？若天下有指，而無物指之別，則天下之物皆指，是指名專而物名廢矣。誰復徑謂非指邪？"徑謂無物非指"，此承上文急轉，歸入正文。蓋物名廢而指名專，則可徑謂無物非指。無物非指，即物莫非指也。

伍非百云："使天下無物指，誰徑謂非指？使天下無物，誰徑謂指？"二句舊倒，又衍一指①字，當作"使天下無物，誰徑謂指？天下無指，誰徑謂非指？"此第六節，仍主指爲物之指也。使天下無物，何得有"指"？天下無指，何得有"非指"？縱使天下有指，離物而存在，但無物爲之指，又何能説有"非指"？説有"無物非指"？須知指不至物，其本身即爲非指，何必待與

---

① "衍一指"疑作"衍一物"，因伍非百認爲"使天下無物指，誰徑謂非指？使天下無物，誰徑謂指？"二句舊倒，并改作"使天下無物，誰徑謂指？天下無指，誰徑謂非指？"（伍非百：《中國古名家言・公孫龍子發微》，南充：西山書院，1949年，第21頁；北京：中國社會科學出版社，1983年，第529頁）亦作"衍一物"。不過，若二句舊倒只是"誰徑謂非指"和"誰徑謂指"，則"衍一指"亦可，即將"使天下無物指"改作"使天下無物"。

物相指而後辨明其爲非指耶？故曰："且夫指固自爲非指，奚待於物而乃與爲非指？"此反應上文"指於物非指也"之意，舊本脫一"非"字，致文義牴牾，今以意補。

柱按：此亦客難也。"使天下無物指"句衍"指"字。例云：使天下無白馬黃馬，誰徑謂非馬？馬名既無，焉有非馬？使天下無白馬黃馬，又誰徑謂馬？天下無無色之馬。使天下有馬，無馬類之白馬黃馬，誰徑謂馬非馬？又誰徑謂無"白馬黃馬"而非馬？

且夫指固自爲非指，奚待於物而乃與爲指？

舊注：反覆相推，則指自爲無指，何能與物爲指乎？明萬物萬殊，各自爲物，各有所宜，無是非也。是以聖人淵默恬淡，忘是忘非，不棄一能，不遺一物也。

辛從益云：且吾所謂非指云者，指固自爲非指耳。惟其非指，所以能爲萬物指，奚必藉此物以見，而乃定之爲指哉？則亦不必斤斤焉力辨於物之非指也。是故有指之實，無指之跡，以指名之，則泥於物。苟外物以求指，則又失指之真也。指雖離物，物何嘗非指？指雖在物，指何嘗即指哉？一言以蔽之，則曰指非指而已。

陳澧云：又言指本可不名爲指也，所以名爲指者，因其能指物也，是必待有物可指而乃與之名爲指矣。然何必待有物可指而與之名爲指哉？言不若即其無可指之時，而不與之名爲指也，是則指非指也。

又云：又言指固自爲非指，所以名爲指者，待有物可指而名之爲指也。然何必待有物可指而始名之爲指哉？其意以爲不若任其無物可指，而不名爲指之爲得也。

王琯云："奚"者，取隸屬之意。以必隸屬有待於物，而後生指。於無物之初，指本無著，固爲非指也。大抵指之於物，猶響之應聲，聲絕響斷，物亡指失，響之奚待於聲，猶指之奚待於物也。

金受申云：此結論指之本意。指本原來即爲非指，不必有物，方爲非指。申按"與爲"下脱"非"字，應據補。

譚戒甫云：非指之云，由指而見，則其指固自爲非指。指既自爲非指，二者已相對待，又何待於物而乃與爲指。

右第八節，反覆疏明第一節之理。

伍非百云："而乃與爲指"當作"而乃與爲①非指"。夫，彼也。指之本身，兼有指與非指兩面。以常義言，離物則指自爲指，指物則指爲非指。即上文"指非非指也，指於物非指也"之義。以勝義言，離物之指，既離物矣，物既不有，指義安生？是指亦不得爲指矣。指不得爲指，則指爲非指也。指爲非指，則尚有何指之可言哉？是故有指無物之義，其本身即伏有矛盾。何以故？有指無物，則非指與指兩義，俱不得成立故。即上文"天下有指無物指，誰徑謂非指？徑謂無物非指？"之義是也。

此結論。二指之一面爲指，一面爲非指，故"指不至，至不絕"也。

柱按："且"字亦疑"曰"字形近之誤。此主答客難之辭也。例云：夫馬固自爲非馬，奚待於白馬黃馬而乃以爲馬哉？謂雖有白馬黃馬，而馬自非馬，不得以有白馬黃馬，遂認爲有馬，遂以白馬爲馬也。"乃與"猶乃以也。

---

① "爲"字原闕，據伍非百《中國古名家言・公孫龍子發微》（南充：西山書院，1949年，第22頁；北京：中國社會科學出版社，1983年，第530頁）補。

· 卷　四 ·

通變論第四

　　王琯云：本篇撢究變化之誼，而明其所通，故名"通變"。

　　伍非百云：通變者，通名實之變也，其意與《名實論》相互發明。《名實論》曰："謂彼而彼不唯乎彼，則彼謂不行；謂此而此不唯乎此，則此謂不行。"蓋謂此之謂行乎此，彼之謂行乎彼。既已謂之彼，不得復謂之此；既已謂之此，不得復謂之彼也。大致以實變則名與之俱變，不得復以故實與今實，同一加減。譬如二之爲名，指兩一①之合而言，既謂之二，不得復謂之一也。他日分二得一，但當言其一，又不得以曾經爲二之一體而冒二之名也。此名實通變之大例也。

　　"二無一"即《經説下》"二與一亡，不與一存"之義。公孫各論，多與《墨經》爲敵，唯此篇則相互發明。今録墨辨"二與一亡"之義於後。

　　　　一偏棄之謂，無固是也，説在固。（語出《墨子·經下》）

---

　　① "一"字原闕，因"二"由兩個"一"組合而成，下文亦有伍非百的相同表述"兩一之合"。此外，伍非百《中國古名家言·公孫龍子發微》（南充：西山書院，1949年，第23頁；北京：中國社會科學出版社，1983年，第531頁）亦有"一"字。據補。

《説》曰：二與一亡，不與一在。偏去未有。有之實也，然後謂之；無之實也，則無謂也。不發聲詞若假與義。謂是，則是固義矣。謂他，則是非義。無謂，則無報也。（語出《墨子·經説下》）

謂，名也。是，實也。固是，即固實也。義見《荀子·正名》。名之爲道，所以命實。實既不存，名則去之。方名之未成，是名也不必止於是實也。及名既成，是名也必止於是實也。譬如二之爲名，指二而言。若以一減二，存一，只得謂之一，不得謂之二也，以其二之實已亡也。既亡其實，則無其名。故曰："二與一亡，不與一存。"偏去，損也。損二之一，是曰偏去。二損其一，則無二。兼去其偏，則無兼。故曰："偏去未有。"

《通變篇》曰："二有一乎？曰：'二無一。'"蓋謂二雖兼有兩一，但既謂之有二，即不得謂之一也。反之，若既謂之有一，亦不得謂之二。此偏去無二之説。《經》曰："一偏去①之謂，無固是也，説在固。"

有實者有所謂，無實者無所謂。既無二之實，而猶謂其有二，是謂其無謂者也，不當。故《説》曰："有之實也，而後謂之；無之實也，則無謂也。"

假與義，謂假定界説也。名無固實，約之以命，故曰："不若假與義。"

義雖假借，然約定俗成，謂之是名，則指是實。若轉謂他實，則不得更指此實，而謂尚是有名。故曰："謂是，則是固義矣。謂他，則是非義。"言謂此而此，其謂行此。謂彼而彼，則

---

① "偏去"，前引《墨子·經下》作"偏棄"，蓋因《墨子·經説下》以"偏去"解釋"偏棄"而改。

謂行彼而不復行此也。譬如用二之名，既謂兩一之合，他日謂兩一之分，即不得用二之名也。謂，報也。報，猶應也。呼一則一之實應之，呼二則二之實應之。名與實應，無實則無名，無名則無實。故曰："無謂，則無報也。"

以上引《墨經》"偏去無謂"之說，以明本篇"二無一"之義。此外，義與本篇相參證者，亦附錄於後。

（一）損，偏去也。（語出《墨子·經上》）《說》曰：偏也者，兼之體也。其體或去或存，謂其存者損。（語出《墨子·經說上》）

《莊子》云："凡物之分也，成也。其成也，毀也。凡物無成與毀，復通爲一。"（語出《莊子·齊物論》）此言萬物本無成毀，一物而易之，在此爲失，在彼爲得，而物自若也。而有成毀者，特一物而分之，有去有存。存者分之一體也，去者亦分之一體也。以分去之一體，對分存之一體言，則謂之損矣。故損者對存而有謂也。方而損一隅，則以三隅尚存也。尺（線）而損一端（點），則一端固在也。若無存者，損亦不立。故曰："其體或去或存，謂其存者損。"

凡對待差等之名，皆以相對而生，絕對而無。言上者有待於下，言左者有待於右，故曰相待而生也。去下則上無可言，去右則左無可言，故曰絕對而無也。成虧損益，亦猶是也。言無成虧者，以物之絕對言之，皆有所一體，故分也成也，成也毀也。言有成虧者，以物之相對言之，萬物皆有待，故謂其存者損，謂其損者存矣。此莊墨損益論之不同也。

（二）體，分於兼也。（語出《墨子·經上》）《說》曰：體，若二之一，尺之端也。（語出《墨子·經說上》）

兼，盡也。體者兼之一部分，故曰"體分於兼也"。

（三）偏去莫如少，說在故。（語出《墨子·經下》）《說》曰：

俱一無變。（語出《墨子·經說下》）

故，舊也。一之與二，一者基數，二者合數也。損二之一，故曰"偏去"。二損其一，就合數言之，似少矣。然就基數言之，一固在也，故曰"俱一無變"。

案此與本篇"一無左，左右無變"之義合。

（四）不可偏去而二，說在見與俱、一與二、廣與修、堅與白。（語出《墨子·經下》）《說》曰：見不見離，一二不相盈，廣修相函，堅白不相外。（語出《墨子·經說下》）

不可偏去而二，言一對待之體，相反相成，去此則無彼，去彼則無此，彼存則此俱存，此去則彼俱去。其例有四。

見與俱。見，見也；俱，不見也。譬如吾人舉頭外望，則見有窗，窗外有牆，牆外有山，山外有雲，雲外有蒼蒼之色。若可窮若不可窮，此俗諦之所見也。假令開窗無礙，則不見窗；推牆令倒，則不見牆；乃至山也、雲也、蒼蒼之色也。一切蔽目者皆無有，試問此時有見耶？無見耶？若云有見，所見爲何？若云無見，并無遮蔽。是知見與不見，同一性相，了無差別，故曰"見不見離"。

一與二。一者，基數也；二者，積數也。合兩一而成"二"，分一"二"而得兩一。此一非他，乃分二之一也；此二非他，亦合一之二也。故有一即無二，有二即無一，上文所謂"二與一亡，不與一在"者也。是知一而二，二而一，一二，非一非二，故曰"一二不相盈"。盈，容也，猶今言相加。

廣與修。廣，橫也；修，長也。修廣同具，吾人不能假想一有長無廣之線，亦不能假想一有長無廣之面。雖至極微，廣修同具。分面線者，假立界說，物質不爾，故曰"廣修相函"。

堅與白。義見《堅白篇》。

（五）俱特一體也，說在俱一、唯是。（語出《墨子·經下》）

《説》曰：俱一，若牛馬四足。唯是，當牛馬。數牛數馬，則"牛""馬"二；數牛馬，則"牛馬"一。若數指，則指五而五一。（語出《墨子·經説下》）

此明相對與絶對爲相對之理。俱，二也，共相也。特，一也，對相也。一與一爲相對，二爲絶對。二與一爲相對，三爲絶對。自此以往，相對絶對，分合無窮，式如下：

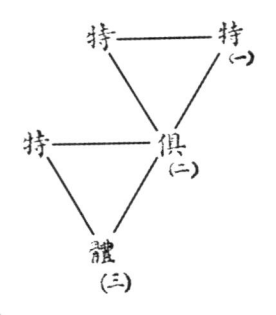

```
      特────────特
                (一)
              ╱
      特────俱
            (二)
              ╲
            體
            (三)
```

此"俱特一體"説也。特與特合爲俱，俱與特合又爲俱，故曰"俱特一體也"。辨同辨異，謂之小同異。萬物無一同者，故有自相。畢同畢異，謂之大同異。萬物無一異者，故有共相。自其自者視之莫不同，自其共者視之莫不異。何謂"俱一"？異而俱之於一也。何謂"唯是"？謂此則唯乎此，謂彼則唯乎彼也。俱一者，大同異也；唯是者，小同異也，知此義者，萬物雖衆，有分合而無異同可也。故曰："俱特一體也，説在俱一、唯是。"

當，猶若也。夫牛馬，異也，然其爲四足則同。自其自相言，牛非馬，馬非牛，牛馬二也。自其共相言，牛四足，馬四足，牛馬一也。譬之數指，分數之則爲一指者五，合數之則五指者一。其所以能合異以爲同者，本於"俱一"之理。其所以能散同爲異者，本於"唯是"之理。故《説》曰："俱一，若牛馬四足。唯是，當牛馬。數牛數馬，則牛馬二；數牛馬，則牛馬一。若數指，指五而五一。"

以上六條皆明"俱特""一二"之義，《墨經》或稱"俱特"，或稱"一二"，或稱"體兼"，或稱"偏周"，或稱"體盡"，其義皆同。以下則述本篇造論大旨。

本篇大旨在説明名實通變之理，而舉"二無一"之例以證之。其義本不甚深，因文句奥衍，譬喻重複，且多用名家術語，故驟不易曉。其第一段以左右明一二之義，第二段以下雜引雞馬黄白之辯，明"左右爲二"之義。其行文以辭解辭，以喻明喻。前辭未曉，更以後辭釋之。正喻未明，復以旁喻解之。以致讀者惛然如入五里霧中，莫明向背。兹特爲述其造論形式如下：

"二無一"，即"一與一爲二"之負面也，其造論意旨有隱顯二面：

（隱）"一與一爲二。"
（顯）"二無一。"

其證明法，第一步正面以

左與右爲二，二者左與右。

證明

一與一爲二。

負面以

二無左，
二無右，

證明

二無一。

第二步將"左與右爲二"變爲負面之"左與右非二",然後舉"牛合羊非馬,羊合牛非雞"以證之。"左與右非二"一義之不當。"左與右非二"之義不當,則"左與右爲二"之義當;"左與右爲二"之義當,則"二無左二無右"之義同之而當;"二無左二無右"之義當,則"二無一"之義成立。其舉有正狂兩式<small>正狂猶真僞也</small>:

牛合羊非馬（正）

羊合牛非雞（狂）

左與右爲二（正）

左與右非二（狂）

第三步舉"青以白非黃,白以青非碧"證"牛合羊非馬,羊合牛非雞"之有可有不可,其舉亦有正狂兩式:

青以白非黃（正）

白以青非碧（狂）

牛合羊非馬（正）

羊合牛非雞（狂）

第四步更舉"君臣"以證"黃碧"。君爲總合,譬之猶黃也;臣爲分體,譬之猶碧也。君若二也,臣若一與一也。此爲正喻,義殊牽強,故曰强壽儔同。

通篇比證,共分四步,一步深一步。二三兩步,又各得二喻,喻兼反正,故最爲難曉焉。讀者苟熟玩前舉論式,本"二無一"之義以求之,則思過半矣。

柱按:天下之物皆原子電子之所結合,在人目視之則混然爲一,其實則各各相鄰,以同一空間不能同時容兩物體也。既是相鄰,則必有間。任何密實,不能無間。譬如玻璃,能通以太（科學家假設的一種在宇宙中無所不在的物質）,則有間可知。故曰"二無一"。不特混合之物不能一，即化合之物亦不能一。H_2合O則爲H_2O，在常識則以爲和合無間矣，而精微以考之，則彼此之電子仍當各排列相鄰而爲有間，故水之化學方程式爲：

$$H_2 + O = H_2O$$

H_2與O雖相化合，而各各電子相鄰之處，仍當有間。假如以太爲生物，自其微眼視之，各電子相間之處固甚大也。然則"牛合羊"其式當爲：

$$牛 + 羊 = 牛羊$$

牛與羊之相間，自人目視之，固甚大。然假令太陽爲生物，自其巨眼視之，則亦混然如一耳。篇中以牛與羊喻大者，以青與白喻微者。

（客）曰：二有一乎？

陳澧云：客問。二物相合，其中尚有一物可分而見者乎？

（主）曰：二無一。

舊注：如白與馬爲二物，不可合一以爲二。

辛從益云：天下一者無辨，而二者則有辨。善辨者無物不二也，況本二者而可一哉？

陳澧云：主答。言既相合則不可分也。

王琯云：任何二物，無真純合一之結果，故曰："二無一。"

譚戒甫云：本論亦問答體，首揭"二無一"三字爲全篇脈絡，立意在證明白馬非馬之一辭，以冀於形名之學而益堅其壁壘者也。蓋所謂通變者，假分形色爲二，即一專以形證，一專以色證也。以形證者，如云"羊合牛非馬，牛合羊非雞"；以色證者，如云"青以白非黄，白以青非碧"是已。全篇文體，備極深玄，猝然讀之，如墮煙霧。苟明乎此，層層若抽繭（jiǎn）剝蕉，自覺譹（huò，迅速）然而解。

謝注："如白與馬爲二物，不可令原誤作"合"一以爲二。"按謝説極爲中肎（同"肯"）。蓋二物猶言二事，言白色與馬形合爲二事，不得謂爲一事。故《白馬論》以有白馬爲非有馬，即此二無一之義。

伍非百云：二爲兩一之合，既謂之二，不得又謂之一也。所謂"二與一亡，不與一在"者是也。若二有一，則二既爲二矣，又有一焉，豈非三乎？如是則陷於詭辯，與"一與一爲二，二與一爲三，過此以往，巧歷不能得"（語出《莊子·齊物論》）之旨相合。一二相盈，爲名家之所破，而詭辯者之所持也。公孫主堅白石二，敵主堅白石三，其立論基礎亦在此。通此論，則《堅白論》亦可通矣。

柱按：此言二物決無爲一之理也。

（客）曰：二有右乎？
（主）曰：二無右。
（客）曰：二有左乎？
（主）曰：二無左。

舊注：左右合一位也，不可合二以爲右，亦不可合二以爲左，明二必無爲一之道也。

辛從益云：二之云者，彼此相判之辭也，一在左，一在右，截然異位。二豈偏附於右？二豈偏附於左？若二有偏附，則是二有一矣。

陳澧云：二既合爲一，則不能分左右矣。

王琯云："二"爲雙數。譬如二物，此一物之右，非彼一物之右；彼一物之左，非此一物之左。分言之，二物各有左右；合言之，左右無可定，故曰："二無左右。"

　　金受申云：公孫龍倡言物之實現，既已言之矣，再進觀之，《公孫龍子》全書，罔不注力於此點。試觀《白馬論》也，《指物論》也，《堅白論》也，《名實論》也，無往而非證明"直觀"之萬能，而齊於唯物。《通變論》者，論其通變之方，而爲《白馬》《指物》《堅白》《名實》等篇作反證。"二無一"，即《白馬論》之"白與馬不可合一"。"二無右左"，即《名實論》之"彼彼止於彼，此此止於此"之意。二不能單言右，亦不能單言左，故無右無左也。

　　譚戒甫云：《〈史記・廉藺列傳〉正義》曰："秦漢以前，用右爲上。"① 按古人尊右，此"有右""有左"，猶云有所軒輊也。蓋世俗所謂白馬爲馬者，乃以馬爲實體，白爲品德，是右視馬形，而左視白色矣。形名家不然，對於白色馬形，感覺平等，全無輕重。故"白馬非馬"，即"二無右"；"白馬非白"，即"二無左"。謝注："左右合二原誤作"一"位也，不可合二以爲右，亦不可合二以爲左，明二必無爲一之道也。"甚是。

　　伍非百云：二者左與右。全稱之曰"二有左右"，可；單稱之曰"二有左"或曰"二有右"，皆不可。蓋一爲偏舉，一爲全舉也。

　　式如下：

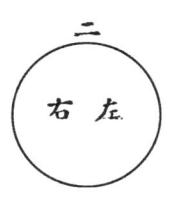

---

① 語出（唐）張守節《〈史記・廉頗藺相如列傳〉正義》爲"位在廉頗之右"所作注解。

柱按：二物既相鄰不能合爲一物，其物不能單爲右物，亦不能單爲左物。

（客）曰：右可謂二乎？

（主）曰：不可。

（客）曰：左可謂二乎？

柱按：傅本"謂"作"爲"。

（主）曰：不可。

舊注：不可分右以爲二，亦不可分左以爲二，明一無爲二之道也。

辛從益云：夫左一右一，相判爲二。二者，左右對也。第右豈可謂二？第左豈可謂二？若左可謂二，右可謂二，是二原在一矣。

譚戒甫云：此承上文反言之。上既謂二無右，乃白馬非馬也，然則謂馬爲白馬可乎？既謂二無左，乃白馬非白也，然則謂白爲白馬可乎？答曰不可者，言獨馬獨白皆不可謂之白馬也。

柱按：右位止可容右物，不可同時容左物，故右不可謂二；左位止可容左物，不可同時容右物，故左不可謂二。

（客）曰：左與右可謂二乎？

（主）曰：可。

舊注：左右異位，故可謂二。

辛從益云：一左一右，相反之形也；左一右一，各擅之名也，所以爲二也。

王琯云：二既無右，則右不可謂二。二又無左，左亦不可謂二。合左與右，疊單成雙，謂之爲二，方當其分。

　　金受申云：左右單體也，《墨經》所謂"端"，亦即"體分於兼"之體。合左右以爲二，即"兼"也。蓋左右生於二，二成於左右。

　　譚戒甫云：謝注"左右異位，故可謂二"，按左與右猶言白與馬，故可謂二也。

　　右第一節，言其常，即"二無一"之定理。

　　伍非百云：如上圖。

（客）曰：謂變非不變，可乎？

（主）曰：可。

　　舊注：一不可謂二，二亦不可謂一，必矣。物有遷變之道，則不可謂之不變也。

　　辛從益云：雖然同是一也，而有變焉。萬類之錯出不齊，即一物而不窮其變。今謂左止於一，右止於一，彼明明是變者，固不得謂之不變矣。

　　俞樾云：既謂之變，則非不變可知，此又何足問邪？疑"不"字衍文也，本作"謂變非變可乎？曰：可。"下文"羊合牛非馬，牛合羊非雞"，"青以白非黃，白以青非碧"，皆申明變非變之義。

　　譚戒甫本"非不變"作"而不變"，云俞疑此有誤，是也；謂"不"字衍文，非也。疑"非"字本係"而"字，形似致誤也。謝注："一不可謂二，二亦不可謂一，必矣。物有遷變之道，則不可謂之不變也。"觀此，謝所據本正作變不變耳。且下文"右苟變，苟不變"，皆即承此而言，知此必係變與不變對文也。茲特改正。

　　此承上節言其變。蓋本篇既以通變命題，自當言變，然變之道實有不變者在，乃得以言通耳。故答曰可也。

伍非百云：變與不變，其義極端拒排，如下圖：

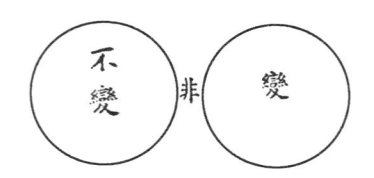

○不變 非 ○變

柱按：俞校衍"不"字是也。由俗言之二爲一，是真變爲一矣，實則二終爲二，而不可爲一，是不變也。"謂變非不變可乎？"各本均有"謂"字，陳本（即陳澧《公孫龍子注》）無。

（客）曰：右有與，可謂變乎？
（主）曰：可。

舊注："有與"謂右移於左，則物一而變爲異類，如鯤化爲鵬，① 忠變爲逆，存亡靡定，禍福不居，皆是一物化爲他類。故舉右以明一，百變而不改一。錢基博云："《百子全書》本脫'一'字。"

陳澧云：如下文所云"羊合牛"，假令羊居右而與牛合，是羊有與也。羊既與牛合，則不得仍爲羊矣，是變也。

譚戒甫云：《說文》："與，黨與也。"按馬爲四足之畜，與牛可同黨類，然則此"右有與"者，猶云馬與牛也。夫"馬與牛爲非馬"及"白與馬爲非馬"之結果雖同，而"馬與牛"及"白與馬"之辭性實異，應謂爲變。故答曰可也。

（客）曰：變隻？
舊注：鯤鵬二物，隻以變爲二矣，何謂不得一變爲二乎？

---

① 《莊子·逍遙遊》："北冥有魚，其名爲鯤。鯤之大，不知其幾千里也。化而爲鳥，其名爲鵬。鵬之背，不知其幾千里也。""鯤"亦作"鯨"。

（主）曰：右。

舊注：鯤化爲鵬，一物化爲一物，如右移於左，終是向者之右。

辛從益云：夫一右也，所謂隻也。隻者既變，是一變爲二也，安見二之不可爲一乎？曰：右之類雖變，而未始離乎右，猶君子之類雖變，而未始離乎君子也。

陳澧云：客問變者祇所與一隻獨變，而右不變乎？主言右既有與，則右亦變矣。

俞樾云："變隻"無義，"隻"疑"奚"字之誤。"變奚"者，問辭也，猶言當變何物也。問者之意以爲右而變則當爲左矣。乃仍答之曰右，此可證明上文變非變之義。

金受申云："隻"字衍文，句下遺"可乎"二字，意或問"曰變，曰右可乎？"答曰："右苟變，安可謂右？苟不變，安可謂變？"

丁鼎丞①云："曰可""曰變隻""曰右"，"可"下"曰"字衍文。"變隻曰右"之"曰"作名字解。

譚戒甫云：按俞疑"隻"爲"奚"誤，甚是；惟謂本作奚字，似尚未諦。蓋"隻"疑"奊"（xié）之誤，奊即奚之或體字耳。《説文》："謑，从言，奊聲。或从奊作譭。"而謑詬（侮辱），

---

① 丁鼎丞（1874—1954）：名惟汾，字鼎丞，山東日照人。早年赴日留學，參加同盟會，歷任山東同盟會主盟人、中央政治學校教育長、國民政府監察院副院長等職，著有《詁雅堂叢著》（包括《毛詩韻聿》《毛詩解故》《爾雅釋今》《爾雅古韻表》《方言譯》《俚語證古》）等。此處及下文所引丁鼎丞語出處不詳。王琯 1927 年所寫《讀公孫龍子後録》有引證丁鼎丞語，且曰："前在九江，鄉先輩丁鼎丞先生取閲原稿，曾指正數事；樹義精卓，亦分別録入。"（王琯：《公孫龍子懸解·讀公孫龍子後録》，上海：中華書局，1930 年，第 1 頁）據此，陳柱所引丁鼎丞語或出自王琯《讀公孫龍子後録》。

《漢書·賈誼傳》作奰訽，知奰奰本或同字，否則亦作假用也。奰隻形近致誤，茲改正。

白與馬非馬，即左與右非右也；馬與牛非馬，即右與右非右也。由是以觀，則其所變者乃右耳。

（客）曰：右苟變，安可謂右？右苟不變，安可謂變？

舊注：右移於左，安可仍謂之右？知其一物，安可謂之變乎？明二可一而一可二也。錢基博云："《百子全書》本'一可二'之'二'作'一'，誤。"

辛從益云：賓曰夫右既變而復謂之右，是變猶不變也，奚其可？

陳澧云：客言如右亦變，則安可仍謂之右？今主云右，是未嘗變也。"苟不變，安可謂變"，主答也。

王琯云：此段自"右有與"至"安可謂變"意言，設一物右端與他物相合，體量雖變，而地位不變，仍當謂之右。如下圖說，以線爲譬，從甲至乙，爲原有之線。甲左乙右，地位早定。從乙至丙，爲新添之線，并接一條。〔即本篇所謂右有與而變隻者〕再從全線觀之，甲仍爲左。乙丙一段，雖經變合，其位置在全線上，仍爲右也。"右有與"謂物之右端，與他物相合。"隻"者單也，謂變而爲一也。後文更爲反詰之辭曰："右苟變，安可謂右？苟不變，安可謂變？"其下疑有答詞，文闕。

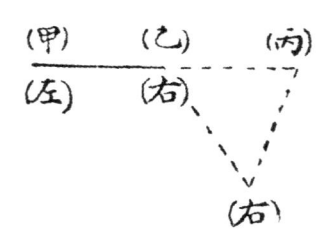

（甲）　（乙）　（丙）
（左）　（右）

（右）

金受申云：此即解釋上條之文。

丁鼎丞云："苟不變"上遺"曰"字。下文"不害其方"，"左右不驪"，即申明"苟不變，安可謂變"之意。

伍非百云："右有與"之"與"字，讀若《莊子·養生主》"人之貌有與也"之"與"，餘文自明。

柱按："右苟不變，安可謂變"，傅本無"右"字。以上一段，大抵發明二物不能合一之理。"變非不變"，當從俞說刪"不"字。"變隻"亦當從俞說作"變奚"。客難謂二物混合，明是變矣，而謂非變可乎？主曰可，謂似變而實非變也。"曰：右有與，可謂變乎？"客難謂二物混合，如一物在左，一物在右，今移右物加於左物之右，則二物之全體與前之左物，可謂變乎？"曰可"，主答此可謂變也。此蓋指混合之全體言之耳。客因難"曰變奚"，謂所變者何也？"曰右"，謂左物之右多一物也，曰是右變矣。"右苟變，安可謂右？"客難主謂左物之右，既與他物合，則左物之右非復昔日之右矣，是變也，安可謂不變？"苟不變，安可謂變？"客復承上文而難之，謂若苟以為不變，則是不變矣，安可又謂變？蓋難變非變之說也。

（主）闕文。

柱按：此當有主之答辭，文闕不可考矣。以意揣之，蓋謂就二物之混合言之似變，就分析言之則非變也。如青與白相合，則似別變為一色矣，此變也，就混合言之也。若分析言之，則青自青，白自白，猶羊加牛而為羊牛，羊仍自羊，牛仍自牛，非真合而變為一物如馬者也。又疑下文"羊合牛非馬，牛合羊非雞"為答辭。

（客）曰：二苟無左，又無右，二者左與右奈何？

陳澧云：客以主之言爲難也。

王琯云：此段接前文"二有右乎？曰：二無右。二有左乎？曰：二無左"語意，爲反詰之辭。下文闡明牛羊馬變化之事，曰："若左右猶是舉。"即所以遙應本文，同證"二無一"之旨。

金受申云：又，或也。"二者"二字衍文。意謂無左或右，則左右二名可廢。

譚戒甫本"二苟無左"句上無"曰"字，云下文"羊合牛非馬"二句，乃論主答此之言，其上當有"曰"字，疑係錯簡，茲移正。

既曰所變者右，則右名不立，安可仍謂之右？若右不變，則左名固在，復何謂之爲變？此"二"即前"二無一"之"二"。所以標此二字者，殆專指白馬言，則"二苟無左又無右"者，猶云苟無白又無馬之二也。蓋左已變爲右，是曰無左，即無白矣。設右亦變，是曰無右，即無馬矣。無白無馬，然則所謂左與右之二者其奈之何？

伍非百云：此答右①雖變，而仍不妨其爲右也。所以謂之右者，以左得名。在左之右，雖增長至無限，皆謂之右可也。至於二之爲二，則合左與右得名。若無左有右，無右有左，皆不得爲二，亦且不可能之事，故曰"二苟無左，亦②無右，二者左與右"也。或云"苟"當作"可"，《說文》苟苟相亂，此本作"可"而誤爲

---

① "右"原作"左"，據下文"仍不妨其爲右也"和伍非百《中國古名家言·公孫龍子發微》（北京：中國社會科學出版社，1983年，第539頁）改。

② 伍非百指出"又無右"之"又"字"義若亦，或即'亦'字之誤"（伍非百：《中國古名家言·公孫龍子發微》，北京：中國社會科學出版社，1983年，第539頁）。

"苟"也。"二可無左，又無右"，亦通。

桂按：此客難主。既云二無左，二無右，何以又謂左與右可謂二也？二者左右奈何？猶云左右有二奈何也。疑此十四字當在上文"曰左與右可謂二乎曰可"之下。下有答辭，闕文不可考。傅本作"二苟無右，又無左，二者左與右奈何？"

（主）曰：羊合牛非馬，牛合羊非雞。

舊注以"曰二苟無左"至"羊合牛非馬"爲一節，解云：假令羊居左，牛居右，共成一物，不可偏謂之羊，亦不可偏謂之牛。既無所名，不可合謂之馬，故二物不可爲一，明矣。又以"牛合羊非雞"爲別一節，解云：變爲他物，如左右易位，故以牛左羊右，亦非牛非羊又非雞也。

辛從益云：此正吾二無一之說所以妙也。蓋二必不可合爲一，而一亦不可分爲二。一雖變，猶一也。吾言二無左又無右，二者左與右，似截然分一左一右而未通其變者，不知吾正通變之極者也。如使吾未計其變，而義止於此，是吾說可破也。奈何羊合牛非馬，牛合羊非雞，吾早計及之。甚矣二無一之說，精且密也。

陳澧云：主答也。

王琯云：後文二節，一釋"羊合牛非馬"，一釋"牛合羊非雞。"

譚戒甫云："曰羊合牛非馬牛合羊非雞"，此"曰"字原錯在上文"安可謂變"句下，茲移此。

論主答曰無白無馬，固可言也。設曰羊合牛非馬，則二無左又無右矣。設又曰牛合羊非雞，則二者相形，其通變之理益見。

右第二節，言其變，所謂專以形證者。

伍非百云：此一問一答也。論者不明"左與右爲二"之義，意中或疑"左與右非二",故公孫就意疑而答之以"牛合羊非馬""羊合牛非雞"兩喻。牛合羊非馬,有以非馬也;羊合牛非雞,非有以非雞也。兩喻一狂一正,公孫兼舉之,以明"左與右非二",為若有獨立性可以相非,如"牛合羊非馬"之例者乎?抑若無獨立性不可以相非,如"牛合羊非雞"之例者乎?兩例皆名家專有之辯題,義見下文。讀者不熟悉名家論式,往往於此節文字不明其問答意旨之所在,以為文氣突兀,上下不連。由公孫將"二者左與右"一語換位為"左與右為二"一語,換質為"左與右非二",然後舉"牛合羊非馬""羊合牛非雞"兩辯題,比而論之,以明此語是非之所在。

　　柱按:各本"羊合牛非馬"句,"羊"上無"曰"字,今據陳校為主答辭,當是脫"曰"字,今增。此疑為上文"曰右苟變安可謂右?右苟不變安可謂變?"之答辭,以算式解之,如下:

$$\text{左不二} \quad \text{右不二} \quad \text{右有與} \quad \text{二無左} \quad \text{二無右} \quad \text{二無一}$$
$$\text{羊} \; + \; \text{牛} \; = \; \text{羊牛} \; \neq \; \text{羊} \; \neq \; \text{牛} \; \neq \; \text{馬}$$

$$\text{左不二} \quad \text{右不二} \quad \text{右有與} \quad \text{二無左} \quad \text{二無右} \quad \text{二無一}$$
$$\text{牛} \; + \; \text{羊} \; = \; \text{牛羊} \; \neq \; \text{牛} \; \neq \; \text{羊} \; \neq \; \text{雞}$$

　　如上式,羊合牛不能為馬,牛合羊不能為雞,故曰"二無一"。羊合牛則羊左牛右,不能單為右之牛,亦不能單為左之羊;牛合羊亦然,故曰"二無右,二無左"。而同時同一左位既置羊不能置牛,同一右位既置牛不能置羊,以同一位置同時不能置二物體也,故曰"右可謂二乎?曰不可",曰"左可謂二乎?曰不可"也。若羊牛左右互置,或左羊右牛,或左牛右羊,則可,故曰"左右可謂二乎?曰可"也。羊合牛則羊右與牛,是為羊牛;牛合羊則牛右與羊,是為牛羊,故曰"右有與,羊牛非羊,牛羊非牛",是變也,故曰"右有與可謂變乎?曰可"也。右多一物，故曰"變奚？曰右"也。右雖變，而羊自羊，牛自牛，終不可爲馬，亦不可爲雞，是"變非變"之理也。前以虛理問答，此以實物證明。

（客）曰：何哉？
（主）曰：羊與牛唯異，羊有齒，牛無齒，而羊牛之非羊也、之非牛也，未可。是不俱有而或類焉。

舊注：牛之無齒不爲不足，羊之有齒而比於牛爲有餘矣。以羊之有餘而謂之非羊者，未可。然羊之有齒不爲有餘，則牛之無齒而比於羊固不足矣。以牛之不足而謂之非牛者，亦未可也。是皆禀之於天然，各足於其分而俱適矣。故牛自類牛而爲牛，羊自類羊而爲羊也。

辛從益云：凡物之變，不反其性，不背其方，故一雖變而非有二。今立一右於此，牛右也，羊左也，或牛或羊，其變者也。牛不可爲羊，羊不可爲牛，變之不同者也。牛不遠於羊，羊不遠於牛，變之相類者也。羊牛之異者，一有齒，一無齒，此小不類者耳，必以此而謂羊非牛也，牛非羊也，未可。蓋齒與無齒，不必遽①判牛與羊也，異者可以同也。

陳澧云：主言牛羊之異，在有齒無齒，然既合而爲一，若徑謂羊非羊，牛非牛，②未可也。以其雖不皆有齒，而實相類也。

---

① "遽"原作"遠"，蓋涉上文"牛不遠於羊，羊不遠於牛"而誤，辛從益《公孫龍子注》之《寄思齋藏稿》本（第20頁）、《豫章叢書》本（《叢書集成初編》影印本，北京：中華書局，1991年，第39頁）皆作"遽"，據改。

② "羊牛之非羊也、之非牛也"，陳澧《公孫龍子注》（《續修四庫全書》本，第326頁）作"羊之非羊也，牛之非牛也"，故陳澧注曰："羊非羊，牛非牛。"

孫詒讓云：唯與雖通，此書常見。"羊有齒，牛無齒，而羊牛之非羊也、之非牛也，未可。是不俱有，而或類。"案"而羊牛之非羊也之非牛也"，《子彙》本及錢本並作"而羊之非羊也，牛之非牛也"，與謝注似合。然以文義校之，疑當作"而牛之非羊也，羊之非牛也"，下文云："羊有角，牛有角，牛之而羊也，羊之而牛也，未可。是俱有而類之不同也。"文正相對。《墨子·經說下》篇云："以牛有齒，馬有尾，說牛之非馬也，不可。是俱有，不偏有偏無有。"《墨子》說牛非馬不可，猶此說牛非羊，羊非牛不可，文異而意同，可互證也。明刻與錢校皆非其舊。

王琯本"而羊牛之非羊也之非牛也"從孫校作"而牛之非羊也羊之非牛也"。解云：此段釋"羊合牛非馬"，以羊與牛雖異，但以羊之有齒，牛之無齒，爲羊牛相左之徵，則不可。因齒不俱有，而類或同焉。

金受申云："而牛之非羊也，羊之非牛也，未可。"按"非"字係"爲"字雙聲之譌，又草書爲非形近。此言羊合牛非馬，牛合羊非雞者，以其各物之特徵，而證明相非之故，亦如白與馬非馬[①]之說。至於牛之不可爲羊，羊之不可爲牛，則以其不皆具特徵也。

錢基博云："羊有齒牛無齒而羊牛之非羊也之非牛也未可"，馬驌《繹史》"而"字之下作"羊之非羊也牛之非牛也"，嚴可均校《道藏》本亦同，《百子全書》本作"牛之非羊也羊之非牛也"。然按注文詞意，當以"羊之非羊也牛之非牛也"爲是。

---

① "非馬"，金受申《公孫龍子釋》（上海：商務印書館，1928年，第40頁）作"非白馬"。

譚戒甫云：唯者特也，獨也。羊有齒牛無齒者，羊有上下齒，牛有下齒無上齒也。《大戴禮·易本命篇》："戴角者無上齒"，《淮南·地形訓》亦有此語。係專指牛言。《古今樂錄》① 載梁《三朝樂》之《俳辭》，中有"馬無懸蹄，牛無上齒"之語，可證。蓋牛以角顯，韓愈所謂"角者吾知其爲牛"（語出韓愈《獲麟解》），即是。此牛無齒，乃指無上齒言；以其無全齒，故曰無齒耳。"而牛之非羊也羊之非牛也"，按此二句，各本多作"而羊之非羊也牛之非牛也"，與謝注所據本相合，《道藏》本作"而羊牛之非羊也之非牛也"更誤，茲據崇文《百子》（《百子全書》）本。

此"非"字猶言異也，即不同類之意。蓋羊牛既不俱有齒，似可謂不同類矣。然而未可，以羊牛皆爲四足獸，雖不俱有，或可目爲同類也。

柱按："而羊牛之非羊也之非牛也"，《道藏》本、《守山閣》本如此，陳仁錫本、傅本、嚴可均校《道藏》本、陳澧本均作"而羊之非羊也牛之非牛也"。

羊有角，牛有角，牛之而羊也，羊之而牛也，未可。是俱有而類之不同也。

舊注："之而"猶"之爲"也。以羊牛俱有角，因謂牛爲羊，又謂羊爲牛者，未可。其所以俱有角者，天然也，而羊牛類異，不可相爲也。

辛從益云：牛羊之不異者，羊有角，牛亦有角，此正其相類

---

① 《古今樂錄》：南朝陳僧人智匠（生卒事跡不詳）所撰，成書於陳光大二年（568），凡十二卷或十三卷，記錄漢魏六朝音樂材料，今已失傳，有輯佚本。

者耳，使以此而無分於牛羊也，未可。蓋此角與彼角，究之有辨，異者固即其同焉者也。是牛羊之一而變也。

陳澧云：羊牛同有角，其合而爲一，若徑謂之牛，則其半是羊；徑謂之羊，則其半是牛，亦不可也。以其雖有角而實不同也。

王琯云：更以羊之有角，牛之有角，爲羊牛相同之徵，亦不可。因角雖俱有，而類或不同焉。

譚戒甫云：謝注："'之而'猶'之爲'也。以羊牛俱有角，因謂牛爲羊，又謂羊爲牛者，未可。"按謝説非是。此"而"字當讀爲"與"。《周語》注："與，類也。"（語出韋昭《國語解》爲《國語·周語》"少曲與焉"之"與"字所作注解）即其義耳。蓋牛羊雖俱有角，然未可即謂羊牛爲同類，以羊牛大小迥殊，實異類也。故曰"是俱有，而類之不同也"。按上二段言不俱有爲同類，而俱有爲不同類，生起下文。

柱按：以上兩節，明萬物畢同畢異也。羊有齒，牛無齒，是羊牛之異也，而爲獸則同。由是以推，則人與羊牛雖異，而爲動物則同。更由是以推，則萬物畢同矣。羊有角，牛有角，是羊牛之同也，而其角各有不同。由是以推，則一羊之角，左右未必畢同；一牛之角，左右未必不異。更由是以推，則萬物畢異矣。就異求同則萬物畢同，就同求異則萬物畢異。一説如《道藏》本作"羊之而非羊也，牛之而非牛也"。

此段蓋謂羊有齒，牛無齒，是羊牛異也。故羊牛合體，據羊牛不俱有之異，以爲羊而非羊，牛而非牛，則不可。蓋明明有羊，明明有牛也。羊有角，牛有角，是羊牛之同也。故羊牛合體，據牛羊之同以爲名，則羊也而以牛名，牛也而以羊名，則亦不可。蓋羊牛類各有不同也。

羊牛有角，馬無角；馬有尾，羊牛無尾，故曰羊合牛非馬也。非馬者無馬也。無馬者羊不二，牛不二，而羊牛二，是而羊而牛非馬可也。若舉而以是，猶類之不同，若左右，猶是舉。

舊注：馬與牛羊"與"，《道藏》本作"舉"，今據陳仁錫本、《守山閣》本正。若此之懸，故非馬也。豈唯非馬乎？又羊牛之中無馬矣。羊一也，不可以為二矣；牛一也，不可以為二矣。則一羊一牛，并之而二，可。是羊牛不得謂之馬。若以羊牛為馬，則二可以為三，故無馬而後可也。所以舉是羊牛者，假斯類之不可以定左右之分也。左右之分定，則上下之位明矣。

辛從益云：若夫馬則不然矣。牛羊俱有角尚不能無辨，而馬況無角也，而馬況有尾也，故曰羊合牛非馬也。右雖變而不入於左也，故曰二無一也。牛羊自牛羊，馬自馬，牛羊之中無馬也，故曰二無一也。羊止一羊，牛止一牛，豈有馬雜其中哉？羊可與牛為二，牛可與羊為二，而豈馬所可與哉？蓋左變仍左，右變仍右，牛羊類雖不同，而終不類馬。舉是以明左右之說，奚有疑焉。

陳澧云：羊牛有角而馬無角，馬有尾而羊牛無尾，故羊牛合而為一，既非羊非牛更非馬也。所以非馬者，無馬在其中也。所以無馬者，以其雖非兩邊皆羊，雖非兩邊皆牛，而實為羊牛二物合成，仍是羊牛而非馬也。

王琯云：物各有類，即類求別。羊牛有角，馬無角；馬有尾，羊牛無尾。凡羊牛之所有者，馬或無之；馬之所有者，羊牛或無之。互有盈朒（nù，不足），於以別類，故曰："羊合牛非馬。""是而羊而牛"，"而"訓若，訓與，俱見《經傳釋詞》。此句上一"而"字，應作若解；下一"而"字，應作與解，為古人上下文同字異義之例。釋其詞為"若羊與牛"，猶前文"羊合牛"

本段意接上文，謂非馬之旨，非別有一馬，與羊牛並存，明此非彼，乃羊牛之合，結果無馬焉。羊一也，原不爲二；牛一也，亦不爲二；合羊與牛，乃爲二數。若因牛羊之合，別爲一馬，是以二作一矣。一二不同率，於實未符，於理未安，① 故曰"非馬"。"若舉而以是"，"舉"，《墨經》："擬實也。"（語出《墨子·經上》）《經說》："告以之名，舉彼實也。"（語出《墨子·經說上》）"若"字疑衍，似涉下文"若左右"句而誤。此倒裝句法，如言"以是爲舉"。

"猶類之不同"，"猶"與"由"通，《墨經》與本書屢見。此二句言上舉"羊合牛非馬"之誼，皆由屬類不同之故。末句"若左右猶是舉"，意以左右變化諸端，亦同此舉。因左右各爲一類，合計爲二，并此二類，不能得一。蓋任何物體相合之結果，其左右仍隨之俱在，始終爲二。左右既不能合，焉有合成之所謂"一"者之存在？〔即前文"二無一"及"變非變"諸義。〕亦如羊牛二者之合，不能爲一馬，類不同故也。《墨子·經說下》"牛不二，馬不二，而牛馬二，則牛不非牛，馬不非馬，而牛馬非牛非馬，無難"，與此段文義，互有出入。

金受申云："若舉而以是，猶類之不同，若左右猶是舉。"按舉皆解作例，意謂"如此例，猶類之不同之謂，若左無右，右無左，與此例同"。按牛羊或類也，牛羊與馬，則不類也。

譚戒甫云：羊牛無尾，謂無鬃毛長尾，與前"牛無齒"辭例正同。《墨子·經說下》云"牛與馬惟異，以'牛無齒''馬有尾'，說'牛之非馬'也不可。是俱有，不偏有，偏無有。曰

---

① "於理未安"後原衍"於理未安"四字，據王琯《公孫龍子懸解·通變論第四》（上海：中華書局，1930年，下冊，第7頁）刪。

'牛與馬不類',用'牛有角''馬無角',是類不同也。"①

按據《墨經》之說,知此上三段皆形名家駁名家之文,可分爲二事。(一)名家謂俱有,不可説牛之非馬;而形名家謂不俱有而或類焉。名家謂不俱有爲類不同,而形名家謂俱有爲類不同。(二)名家謂俱有,不偏有偏無有,不可説牛之非馬。若反言之,不俱有而偏有偏無有,宜可以説牛之非馬矣。今形名家以羊牛與馬既不俱有,而又偏有偏無有,亦可以説羊合牛非馬也。然則白馬非馬之論,名家奈何難之?

謝注:"馬與牛羊若此之懸,故非馬也。豈唯非馬乎?又羊牛之中無馬矣。羊一也,不可以爲二矣;牛一也,不可以爲二矣。則一羊一牛,并之而二,可。是羊牛不得謂之馬。若以羊牛爲馬,則二可以爲三,故無馬而後可也。"按謝説是。此因羊牛之中無馬,故非馬亦可謂之無馬。無馬者,羊不與馬爲二,牛不與馬爲二,而羊與牛或牛與羊爲二,故而羊而牛非馬可也。而羊而牛,即前"牛之而羊,羊之而牛"之省文,亦即牛與羊或羊與牛之義耳。

舉者舉其辭也。"而"當讀爲"能"。是者指事代詞(Demonstrative Pronoun),斥上"羊合牛非馬"句言也。"猶"當假爲"由",古以同聲通用。"若左右"之若,如也,取譬之詞。此承上文謂能以"羊合牛非馬"舉者,由於羊牛與馬不同類。反之若爲同類,則不能以是舉之矣。蓋舉羊合牛非馬,實足以况白與馬非馬之説,而白與馬前既以左右爲况,則羊與牛亦可以左右爲例矣,故曰"若左右"。(本段是譚戒甫對"若舉而以是,猶類之不同,若左右"句的解釋)

---

① 下文伍非百注亦引此段言論,不過兩人標點不同,且有文字差異,如"牛與馬惟異"之"惟"字,伍非百注作"雖"。

右第三節，以上論羊合牛非馬。

伍非百云：此釋"羊合牛非馬"之說也，與《墨經下》"狂舉不可以知異，說在有"之義同。《墨經說》曰："牛與馬雖異，以牛有齒，馬有尾，說牛之非馬也不可。是俱有，不偏有，偏無有。曰牛與馬不類，用牛有角，馬無角，是類不同也。若不舉牛有角，馬無角，以是爲類之不同也，是狂舉也。猶牛有齒，馬有尾。或不非牛而非牛也可，則或非牛或牛而牛也可。"

牛非馬之義明，則羊非馬之說亦可類推。牛羊皆以有角之故而非馬，馬以有尾之故而非牛羊。分比之固非，合比之亦非也，故曰"牛合羊非馬"。

"非馬者無馬也"以下，此釋"牛合羊非馬"與"左與右非二"兩說之不能相比也。牛合羊非馬，有以非馬也。左與右非二，非有以非二也。如言"牛非馬"可，"羊非馬"可，"牛合羊非馬"亦可。何則？以其在未合之前固非，在既合之後亦非也。"左非二"可，"右非二"可，"左與右非二"則不可。何則？以其在未合之前雖非，在既合之後則不非也。此例一同而一不同，不可相提並論，故曰："若舉而以是爲類之不同，若左右，是狂舉。""是狂舉"三字舊作"猶是舉"，按"猶""狂"之形訛又誤倒。

柱按：此謂羊與牛合，既不能謂非羊，亦不能謂非牛；既不能謂之羊，亦不能謂之牛。謂羊或牛尚不可，況可爲馬乎？"是而羊而牛非馬也"，傅本"馬"下有"可"字。

牛羊有毛，雞有羽，謂雞足一，數足二，二而一故三；謂牛羊足一，數足四，四而一故五。羊牛足五，雞足三，故曰牛合羊非雞。非有以非雞也。

司馬彪云：雞兩足，所以行動也。行由足發，動由神御。雞雖兩足，須神而動，故曰三足。①

舊注：上云羊合牛，今曰牛合羊者，變文以見左右移位，以明君臣易職，而變亂生焉。人之言曰：羊有足，牛有足，雞有足，而不數其足，則似各一足而已。然而歷數其足，則牛羊各四而雞二，并前所謂一足，則牛羊各五足矣。夫如是則牛羊與雞異矣，故曰非雞也。非牛羊者雞以爲非雞，而牛羊之中無雞，故非雞也。

辛從益云：觀夫牛羊之於馬，可以知左右之甚別矣。夫馬尚不混於牛，而況雞乎？一毛一尾，別也；一二足，一四足，別也。人之言曰：臧三耳。兩耳，耳也，合所以聽者爲三耳。夫耳一於聽，則耳無別也。然則足一於行，亦無別也。是混二爲一之說也。是不然，聽者雖一而耳固各別也，行者雖一而足固有別也。雞則有三足矣，牛羊則有五足矣，五與三相去懸絶。然則左與右之判，無絲毫之可紊，而二誠不可爲一也。牛羊之絶然非雞，乃物理自然，豈有意以非之哉？

陳澧云："牛羊有毛，雞有羽。"牛羊與雞，類之不同，此其一也。雞二足，牛羊四足，而別有所以能行者爲一足，故雞足三，牛羊足五。此即臧三耳之説也。牛羊與雞，類之不同，此又其一也。"非有以非雞也"，謂但以類之不同，非別有非雞之故也。

章士釗云：無雞一足，一雞較無雞多兩足，故一雞三足。無雞

---

① 語出西晉司馬彪《莊子注》爲《莊子·天下》"雞三足"所作注。另"行動"二字之間疑闕"而非"二字，據下文"行由足發，動由神御"，則"雞兩足"只是"行"，而非"動"，陸德明《經典釋文·莊子音義》（《四部叢刊》本）、郭慶藩《莊子集釋》（北京：中華書局，2012年，第1099頁）、王先謙《莊子集解》（北京：中華書局，1987年，第297頁）引此句時皆作"行而非動"。

一足者，謂未有雞而一足者也，非謂無雞爲一物，而是物一足也。①

　　王琯云："而"訓與，已見前文。"二而三"，即二與三。"四而一"，即四與一。本段釋"牛合羊非雞"。言牛羊有毛，雞有羽，毛之與羽，體狀各異，其不同者一。雞足三，牛羊足五，數率相懸，其不同者二。有二不同，故曰："牛合羊非雞。"雞三足者，謂雞有足，此足名也。就而數之，則有足二，此足實也。名一實二，合而成三。牛羊足五，理同此舉。末句"非有以非雞也"，前一"非"字，指"牛合羊非雞"之"非"字而言，謂其所非者確有非雞之實故也。原文詞句不完，似有脫佚。

　　金受申云："非有以非雞也"，"以"，因也。意謂非有原因而非雞，蓋天然之非雞也。按上以牛羊"或類""不類"正名，此以毛羽足數正名也。

　　譚戒甫本以上節"猶是舉"三字在此句之首。注云："猶是"即"由是"。此言上文既舉羊牛與馬，由是又舉牛羊與雞。所謂牛羊有毛，雞有羽者，即不俱有毛與羽而類之不同也。

　　謝注："上云羊合牛，今曰牛合羊者，變文。"又云："人之言曰：羊有足，牛有足，雞有足，而同"如"不數其足，則似各一足而已。然而歷數其足，則牛羊各四，而雞二，并前所謂一足，則牛羊各五足，而雞三足原缺"雞三足"字，今補。矣。夫如是則牛羊與雞異矣，故曰非雞也。"按謝說是。謂者言及之也，數者指言之也。而猶與也。蓋足爲雞與牛羊所俱有，然於牛羊則謂之數之皆同也；其於雞與牛羊，則謂之雖同而數之乃異。然則牛羊爲類，而雞爲非類矣，故曰牛合羊非雞。

　　按此與上節相對，文較簡略，而徒以足言者，原欲辨明牛羊

---

① 語出章士釗《名學他辨》（載《東方雜誌》第十七卷第二十號，1920年）。

與馬概爲四足而毛，謂之數之皆同，仍得以爲同類。若雞足非其比，獨爲異類矣。故下文云云。

右第四節，以上論牛合羊非雞。

伍非百云：此釋牛合羊非雞之説也。與《墨經下》"俱牲"條，文義小異，可參看。見前。

按"牛羊足五"，"雞三足"，在數字上觀之似異，在論式上觀之則同。何則？皆以"數足"與"謂足"相加故也。同爲"數足"與"謂足"相加，而在兩同點上相非，其爲相非之義不成。"牛合羊非雞"句下應有"羊合牛非馬，有以非馬也，牛合羊非雞"三句，蓋因重句複牒而誤奪。羊合牛非馬可，何則？其性質異也。牛合羊非雞不可，何則？其性質同也。蓋羊合牛非馬，以有角與無角比，此乃異類相非，可以相非者也。牛合羊非雞，以數足與謂足比，此乃同類相非，不可以相非者也。故曰"羊合牛非馬，有以非馬也；羊合牛非雞，非有以非雞也"。

柱按："雞有羽"，辛從益本"羽"作"尾"。以上言羊合牛，此云牛合羊，以見左右之位雖變，而爲羊爲牛仍不變也。

與馬以雞，寧馬。材不材其無以類，審矣。舉是，謂亂名，是狂舉。

舊注：馬以譬正，雞以喻亂。故等馬與雞，寧取於馬。以馬有國用之材，而雞不材，其爲非類審矣。故人君舉是不材而與有材者並位，以亂名實，謂之狂舉。

辛從益云：若夫君子之擇物也，又當審其類焉。既於類之中通其不類，復於類之外審其非類。牛與羊不類也而實類，以非牛羊者定之也。馬則非類矣。故羊合牛以與馬較，則寧取牛；牛合羊以與雞較，則寧取羊，類與不類也。然合牛羊馬以與雞較，則又寧取馬，以馬固非牛羊類，而雞則更非牛羊類也。馬非類而尚材，雞則非類而又不材。擇禍莫若輕，寧舍小人而取君子，姑去大不然而存小不仁。不然而概舉之，豈不狂亂哉？

陳澧云：言雞雖不材，仍非二物合成，若牛羊合而謂之雞，是謂狂舉也。

孫詒讓云：舉之當者爲正，不當者爲狂。經說通例，凡是者曰正曰當，非者曰狂曰亂曰悖。①

章士釗云：界說，《墨經》謂之舉。所界而當謂之正舉，所界不當謂之狂舉。②

王琯云："與"猶謂也。《大戴禮·夏小正傳》曰："獺（tǎ）獸祭魚，其必與之獸，何也？"又《曾子事父母篇》（《大戴禮記》篇名）曰："不與小之自也。""與"均作"謂"解，可證。

金受申云：意謂以馬比雞寧取馬，不問其材不材，然其不相類審矣。雖則不相類，而謂不能相比者，是狂舉。又云：按此條反證上三條，謂雖"或類""不類""毛羽足數不同"，爲不相類，然不能謂不能相比。

錢基博云："舉是謂亂名是狂舉"，馬驌《繹史》作"舉是亂名是謂狂舉"。按注云"故人君舉是不材而與有材者並位，以亂名實，謂之狂舉"，則"謂"字明在"狂舉"二字之上。

譚戒甫云：謝注："非牛羊異原誤作"者"雞以爲非雞，而牛羊之中無雞，故非雞也。"又云："馬以譬正，雞以喻亂。故等馬與雞，寧取於馬。"按"以"者用也。馬爲羊牛之同類，

---

① 語出孫詒讓《墨子閒詁》爲《經說下》"若舉牛有角，馬無角，以是爲類之不同也，是狂舉也"句所作注解。

② 語出章士釗《章氏墨學》（載《甲寅周刊》第一卷第二十三號，1925 年），是其爲《墨子·經下》"狂舉不可以知異"句所作解讀。

雞爲牛羊與馬之異類，與其以異類用雞，毋寧以同類取馬。然其所以用非雞者，非有用於非雞也。蓋用非雞之不當，以況非馬之當。故特舉不當之非雞，以反證當之之非馬，故曰"寧馬"也。

末二句"舉是亂名是謂狂舉"，各本多作"舉是謂亂名是狂舉"，"謂"字錯誤在上也。《子彙》本、《守山閣》本、《繹史》本、傅本皆不誤，兹據乙正。

上文既言"與雞寧馬"，則馬爲材，雞爲不材也。夫馬與雞本不爲類，況材與不材者邪？其無以類明矣。然既謂之無以類，應不復舉，竟乃舉之，名必不正。蓋名不正者謂之亂名，則舉之不當者亦謂之狂舉。兹特表出者，俾益曉然於白馬非馬之爲正舉矣。

《墨子·經説下》云："若舉牛有角，馬無角，以是爲類之不同也，是狂舉也。猶牛有齒，馬有尾。"彼云類之不同，即此云其無以類，然其所謂狂舉者，則大異耳。

右第五節，總結上之三四兩節。①

伍非百云："與馬以雞寧馬"，謂取上舉"羊合牛非馬""牛合羊非雞"兩辨題相較，寧取"羊合牛非馬"之一辨題也。羊合牛非馬，有以非馬也，當非而非，正也。羊合牛非雞，非有以非雞也，不當非而非，謬也。今舉兩者形式偶同、内容不同之辨題，而共非之，一正一不正，故曰"材不材其無以類，審矣"。言正舉與狂舉不能相提並論也。今舉而同非之，是謂亂名，是謂狂舉，故曰"舉是謂亂名是狂舉"。

以上舉"羊合牛非馬""牛合羊非雞"兩辨題，證明"左與

---

① "節"原作"條"，據譚戒甫《形名發微》（國立武漢大學講義，1932年，第27頁）改。

右非二"一辨題之不當也。"左與右非二"非有以非二也,與"牛合羊非雞"非有以非雞也同。"左與右非二"非有以非二也,與"羊合牛非馬"有以非馬也不同。"羊合牛非馬",正;"牛合羊非雞",不正。今"左與右非二"之例,與"羊合牛非馬"同,不與"牛合羊非雞"同,① 則"左與右非二"之不爲正而爲狂可知矣。

　　柱按:羊與牛合,謂之羊不可,謂之牛不可,以羊有齒、牛無齒,不相類也。然而同爲有角類。若夫馬與羊牛,則馬無角,羊牛有角;馬有尾,羊牛無尾,則不同類矣。然而同爲獸類。若夫雞與牛羊,雞有羽,牛羊有毛;雞足三,牛羊足五,類益遠矣。故羊合牛既非馬,牛合羊尤非雞。若竟誤以牛羊合可以爲雞,不如以羊牛合而爲馬爲較近,故曰"與馬以雞,寧馬"。何者?以其類較近也。"與""以"古通,與馬以雞,猶云以馬與雞也。"是狂舉",傅本"是"下有"謂"字。②

　　(客)曰:他辯。
　　舊注:前以羊牛辯左右共成一體,而羊牛各礙於一物不相盈,故又責以他物爲辯也。

---

　　① "今'左與右非二'之例,與'羊合牛非馬'同,不與'牛合羊非雞'同",伍非百《中國古名家言·公孫龍子發微》(南充:西山書院,1949年,第31頁)除"羊合牛非馬"作"牛合羊非馬",其他文字皆同。然這兩種説法皆與上下文意不符,因上文言"'羊合牛非馬',正;'牛合羊非雞',不正",下文言"'左與右非二'之不爲正而爲狂",故"左與右非二"與"羊合牛非馬"不同,與"牛合羊非雞"同。伍非百《中國古名家言·公孫龍子發微》(北京:中國社會科學出版社,1983年,第542頁)作"今'左與右非二'之例,與'牛合羊非雞'之例不同,而與'牛合羊非雞'之例同",符合上下文意。
　　② "字"原作"乎",傅山《霜紅龕集》(太原:山西人民出版社,1985年,第938頁)作"是謂狂舉","是"下有"謂"字,非"謂乎"。據改。

章士釗云：他者，第三位之稱，意謂備第三物以明前兩物相與之誼，即羅輯之 Middle terms 也。①

王琯云：本篇以二無一爲主旨，先以左右暨牛羊馬雞諸端證之，此而不足，另以他物爲辯，故曰"他辯"。其所指之"他"，即"青以白非黄，白以青非碧也。"

（主）曰：青以白非黄，白以青非碧。

辛從益云：即以色喻，何獨不然？青之與白也，猶羊之與牛也，不類而類者也。青以白非黄，猶羊合牛非馬也，一類一非類也。白以青非碧，猶牛合羊非雞也，此則非類之甚者也。

陳澧云："以"猶與也。青與白分置二處，則非黄非碧也。此所辯舉黄之說與前所辯同意，舉碧之說則更進一意，碧爲青白合成也。

王琯云："以""與"聲相通。《禮（儀禮）·燕禮》："君曰：以我安。"注："猶與也。"

譚戒甫云：他辯者，或人問辭也。以猶與也。青與白非黄，白與青非碧，專就色言，與前"羊合牛非馬，牛合羊非雞"專就形言者相對爲文。蓋謂羊合牛非馬，牛合羊非雞，既已辯矣，而其他之辯，復何如？故答曰：青與白非黄，白與青非碧也。

右第六節，亦言其變，所謂專以色證者。

伍非百云：他辯者謂另舉一例以明之也。蓋以上舉二例，語太專門，且又喻兼反正，未易可曉，故再舉他例以明之。"青以白非黄，白以青非碧"，即主應客請而另舉之他例也。以，與也。

---

① 語出章士釗《名學他辨》（載《東方雜誌》第十七卷第二十號，1920 年）。其中，middle terms 爲傳統邏輯術語，曾譯作"媒詞"，章士釗在文中主張譯作"他詞"，今通譯爲"中項"。

"青以白非黃"，"白以青非碧"，與上舉"牛合羊非馬"，"羊合牛非雞"之例同。

柱按：羊合牛不能爲一，人所易知；白合青不能爲一，人所難知。故先説羊合牛不能爲一，以明白合青不能爲一也。

（客）曰：何哉？

（主）曰：青白不相與而相與，反對也。不相鄰而相鄰，不害其方也。不害其方者，反而對各當其所，若左右不驪。"青白不相與而相與"句，章士釗本①"青白"下增"與黃碧"三字。"反對也"句，譚本作"反而對也"。

舊注：夫青不與白爲青，而白不與青爲白，故曰不相與。青者木之色，其方在東；白者金之色，其方在西。東西相反而相對也。東自極於東，西自極於西，故曰不相鄰也。東西未始不相接，而相接不相害，故曰相鄰不害其方也。驪，色之雜者也。東西正相反而相對，各當其所居，若左右之不相雜，故不害其方也。

辛從益云：青東白西，相反相對，位不相鄰，② 而色則相近，不害其方也，猶之右不一右而不害其爲右也。位雖相反，而各對其所，而終不與黃碧對也，猶之右雖變，而終不雜於左矣。

陳澧云：東之西，即西之東，故曰不相鄰而相鄰。"不害其方者，反而對各當其所"，釋上云反對及不害其方之故。

---

①　章士釗本指章士釗《名學他辨》（載《東方雜誌》第十七卷第二十號，1920年）。

②　"鄰"原作"類"，據辛從益《公孫龍子注》之《寄思齋藏稿》本（第22頁）、《豫章叢書》本（《叢書集成初編》影印本，北京：中華書局，1991年，第44頁）改。

孫詒讓云："驪"並"麗"之借字，故下文云"而且青驪乎白，而白不勝也"。謝以爲"色之雜者"，非是。篇内諸"驪"字義並同。

王琯云：言青與白相合，不能爲黃；白與青相合，不能爲碧。因青自青，白自白，色質各別，原不相與；不相與而相與之，適成反對，更不能併爲黃與碧也。但青白二色，以質求合，固無黃無碧；以位相鄰，則於方無害。如下圖：

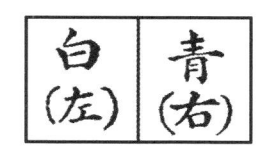

```
┌────┬────┐
│ 白 │ 青 │
│(左)│(右)│
└────┴────┘
```

青右白左，各當一方，雖相接鄰，而畛域自封，固無所侵害也。"鄰"與"與"字訓有差。"鄰"者雙存，而地位相毗；"與"者合併，而體質屢雜。故青白二色可以相鄰而不可相與，因相與則彼此反對，相鄰則於方無害也。末數語申明上文"於方無害"之旨。謂青白二色，於相與之時，雖屬反對；而於相鄰之時，則各當其位。所以者何？二色相鄰，必有左右，左右不驪，其位當矣。當則於方無害。孫詒讓曰："'驪'並'麗'之借字。"按孫説是也。"麗"，《正韻》〔即《洪武正韻》，官修韻書，成書於明洪武八年（1375）〕："附也。"此言"不驪"，爲彼此不相附麗之意。若一附麗，便成"相與"，二色反對矣。下文"一於青不可，一於白不可"，即承此意而發。"一"之與"麗"，意本連貫，相一即相麗矣，故曰"不可"。

金受申云：不相鄰可以相比，而不可以相與。相比不害其方，不害其量；相與則無以明其量矣。今圖解於下：

甲
Ⓐ Ⓑ

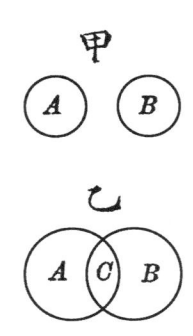

乙
Ⓐ Ⓒ Ⓑ

甲圖表相鄰，然不害其 AB 二量。乙圖表相與，然則 C 量將何以處之？

　　錢基博云："若左右不驪"，《百子全書》本脫"若"字。

　　譚戒甫云："反而對也"句原缺"而"字，茲據下文"反而對"句增。謝所據本似亦有"而"字，觀注便知。惟謝讀不相與句，不相鄰句，似非原義。

　　"青白不相與"者，青自青，白自白，唯異而相反也。"相與"者，青與白或類而相對也。謝注："青者木之色，其方在東；白者金之色，其方在西。東自極於東，西自極於西，故曰不相鄰也。"按東之西爲白，而西之東爲青，故曰相鄰也。"不害其方"者，猶云雖青與白合，而東西二方依然如故，不相害也。

　　青在東而白在西，雖青白之相反而相對，亦即東西之相反而相對也。故曰不害其方者，反而對也。東西青白各有定所，各當厥居，故不相害。謝注："驪，色之雜者也。"按引申之，驪爲凡雜之稱。蓋前云白馬非馬，所謂色形非形也；推之亦可謂形形非形，故曰羊合牛非馬也。又云白馬非白，所謂色形非色也；推之亦可謂色色非色，故曰青以白非黃也。然白馬曾以左右比，乃其常也。今曰羊合牛非馬，則右與右非右矣；青以白非黃，則左與左非左矣，此其變也。常則左右並言，故前舉羊牛曰"若左右"。

變則一全以右，一全以左，不相雜廁，故曰"若左右不驪"也。

柱按：相鄰者，如羊合牛，或羊左牛右，或羊右牛左，仍羊自羊，牛自牛，而不能合爲一物，而別其名爲馬或雞也。此物之大者，人所易知也。相與者，混而爲一物之謂。青與白相合則人皆以爲相與混合而爲一矣，不知其質雖極微，而同一位置，同時不能容二物質，則青白相合，其質仍如羊牛之各爲左右，而不能相與也。而世俗以爲相與，是相反之説也。"反而對各當其所"，當作"反對而各當其所"。夫青白不相與也，而世俗以爲相與，是反對也。不相鄰而相鄰者，由粗言之，則二物可謂相鄰；由精言之，則二物無論如何相近，必有相間不能鄰。今乃謂之相鄰，是以不相鄰爲相鄰也，是亦相反之説也。然以爲相鄰而已，不以合爲一也，故左右仍不相麗，故曰"反對而各當其所，若左右不驪"。"若"猶而也。

故一於青不可，一於白不可，惡乎其有黄矣哉？黄其正矣，是正舉也。其有君臣之於國焉，故强壽矣。

舊注：青白各靜其所居不相害，故不可合一而謂之青，不可合一而謂之白。夫以青白相辯猶不一於青白，安得有黄矣哉？然青白之中，雖無於黄，天下固不可謂無黄也。黄正色也，天下固有黄矣。夫云爾者，白以喻君，青以喻臣，黄以喻國，故君臣各正其所舉，則國强而君壽矣。

辛從益云：故有青有白，類之不一者也。以青廢白，以白廢青，固不可，然於非類之黄何與哉？青與白，正色也。青與白雖非黄，然黄猶正色也。黄色本正，緣作者偶以青白喻類，以黄碧喻非類，似有輕黄之意，故用君臣强壽語以斡旋之，欲觀者不以辭害意。

陳澧本以上節"若左右不驪"句連本節，注云：舊注：

"驪，色之雜者也。"按若青白分置左右而不雜，則不能使白變青，青變白，又安能變黃哉？黃是正色，非二色合成，猶君臣有上下之辨，則其國强而久不變衰也。

　　章士釗①云：青白黃碧，如甲乙丙丁，乃偶舉之符，毫無意義。曰與曰鄰，二詞同意。方者方向，亦疑龍圖爲方形，以相解說。不害其方，謂與所圖無牾，而方向之意，亦自藏於其中。故曰左右不驪。驪者，雜也，亂也。左右不亂，於方向無誤，即於圖形不背，試擬其圖當爲：

（一）| 青 | 白 | 黃 |

（二）| 白 | 青 | 碧 |

　　一圖青以白非黃，白爲他詞，居中。二圖白以青非碧，青爲他詞，居中。一圖青黃不相與，藉白以相與。二圖白碧不相鄰，藉青以相鄰。青黃白碧，分立於兩端，反而對，各當其所，曰左曰右，知有中義。此其表著他詞，皎然已明。一圖白毗於青，而黃不毗於青，是一於青不可。二圖青毗於白，而碧不毗於白，是一於白不可。黃不一於青，故青非黃。碧不一於白，故白非碧。黃碧皆居負斷，故曰惡乎其有黃碧也？但在事實，若青，白也，而白非黃；或白，青也，而青非碧。式爲：

　　　　甲　白非黃，　青爲白，　故青非黃。
　　或
　　　　乙　青爲白，　白非黃，　故黃非青。（此須換位）

------

①　下文所引章士釗語出自其《名學他辨》（載《東方雜誌》第十七卷第二十號，1920年）。

皆不悖。白青碧倣此。曰無黃碧而爲正，誠哉正也。惟若以事實論，青非白，而白爲黃；或白非青，而青爲碧。式爲：

   丙 青非白， 白爲黃， 故青非黃。
  或
   丁 白非青， 白爲黃， 故青非黃。

皆悖。白青碧倣此。……龍創爲青白之説，以證白馬論，而不知其不足爲證，則泥於爲方之道也。①

  王琯云：此段再釋"青以白非黃"，接上文言青白二色，各當其位。合白而一之於青，其青不純，不可謂青；合青而一之於白，其白不純，不可謂白。二色既不能一，烏有第三者所謂"黃"之存在？殆黃之爲色，其質精純，非由他色和合而成，舉以擬實，故爲正舉。下文以碧非正舉，爲之解曰："正舉者名實無當，驪色彰焉。"是碧因驪故，爲非正舉，可證此以黃爲正舉，乃由色之純也。末數語，謝希深曰："白以喻君，青以喻臣，黃以喻國。"按本段以黃爲正舉。此言若以其義，施諸君臣國家，則名正實舉，國家必強而壽。"壽"即國運久長之意。謝釋"君壽"，非也。"其有君臣之於國焉"，"其有"二字無解，疑涉上文"其有黃矣"而誤。究爲何字之訛，已不可考。

  金受申云：謝説是也。然疑"其有君臣之於國焉"之"有"字，爲"若"字之譌，蓋以喻君臣，非以君臣喻青白也。

  譚戒甫云：左與左既非左矣，然則青與白二也而非青，"故一於青不可"。白與青二也，而非白，故"一於白不可"。青白而非青非白，更何有乎黃邪？故曰"惡乎其有黃矣哉"，言無有也。

---

① "道"，章士釗《名學他辨》（載《東方雜誌》第十七卷第二十號，1920 年）作"過"。

古謂中央土，其色黄，故爲正色。蓋前言白與馬非馬，變爲羊合牛非馬，則白與馬變而非馬不變也。此言青以白非黄，其白不變，則馬與非馬必變矣。今設馬變爲青，而非馬變爲非黄者，以黄爲中正之色，間乎青白之間，而爲四方色之主，故舉之也。如是舉之，是曰正舉。正舉與前狂舉，義相反也。

"有"當讀爲又。"壽"當讀爲儔。《荀子·勸學篇》楊注："疇，與儔同，類也。"（語出楊倞爲《荀子·勸學篇》"草木疇生"之"疇"字所作注解）則强儔猶云强爲比類也。謝注："白以喻君，青以喻臣，黄以喻國。"據此則青以白非黄，又可以君與臣非國，强爲比類也。①

伍非百云：此釋"青以白非黄"之説也。青、白皆獨立之色，黄亦獨立之色。青與白相合，青自青而白自白，謂之青合白且不可，安得有黄哉？故曰："青白不相與而相與，反對也；不相鄰而相鄰，不害其方也。不害其方者，反而對，各當其所，若左右不驪。故一於青不可，一於白不可，惡乎其黄矣哉？"與，謂合和也；鄰，謂比並也。與，當今化學之所謂"化合"；鄰，當今化學之所謂"混合"。化合者，本質消失，另生新物也；混合者，本質存在，各有處所，各佔一空間。故言"不害其方"。方，處所也。又曰："反而對，各當其所。"所亦方也。各當其所，故"左右不驪"。驪，色之雜也。左右，謂方所也。此言青白二色之相與，只能爲混合，不能爲化合。"黄其正矣，是正舉也"，謂上文所舉"青以白非黄"之例爲正。蓋"青以白非黄"，有以非黄也，非所當非，故曰正舉。

----

① 譚戒甫以"曰：何哉？曰：青白不相與而相與"至"故强壽矣"爲第七節，且言"以上論青以白非黄"。（譚戒甫：《形名發微》，國立武漢大學講義，1932年，第28頁）

若，舉喻之詞。此節所舉爲異喻。"其若君臣之於國焉"，"若"舊作"有"，形譌。謂若國之有君臣也。"君臣"爲名家所舉"同異共別"之一例。義見《墨經》"侗，異而俱之一也"，《說》曰："侗。二人而俱見是楹也，若事君。"謂異而俱之於一，猶二臣而俱事一君也。臣之於君，臣多而君一，臣分而君合，臣異而君同，略與兩一合而成"二"，左右共而爲二之義同，故曰："其若君臣之於國焉，故强壽矣。"故讀若姑。壽，通儔，類也。數臣而共一君，其"合異以爲同"一點，與兩一合而成二之例略同。然君臣各有本體，一二同一實質，雖類而有不類者在，非絕對的同也，故言"强壽"。

柱按：此亦再申明不能相與之義。同一位置，不能同時容兩物質，故青白二質必不能相合爲一。誠以將白而併之於青，不可；將青而併之於白，亦不可。然則又烏能成爲第三者之黃邪？黃其正矣，謂黃爲正色。龍意蓋以黃爲純粹物質之代表，以碧爲混合物質之代表，故以黃爲正舉，以碧爲非正舉。"其有君臣之於國焉"，"其有"疑"其猶"聲近之誤。謂白與青合不能爲青，不能爲白，亦不能爲黃，其猶君臣之於國，君臣合不能爲君，不能爲臣，亦不能爲國也。君自君，臣自臣，國自國，各不雜亂，故能强且久也。壽猶久也。"黃矣哉"，章士釗校作"黃碧哉"。"是正舉矣"，"矣"傅本作"也"。

而且青驪乎白而白不勝也。白足之勝矣而不勝，是木賊金也。木賊金者碧，碧則非正舉矣。

舊注：白，君道也，青，臣道也。青驪於白，謂權臣擅命，雜君道也，君道雜則君不勝矣，故曰"而白不勝也"。君之制臣，猶金之勝木，其來久矣。而白不勝，爲青所驪，是木賊金而臣掩君之謂也。青染於白，其色碧也。臣而掩君，其道亂也。君道之所以亂，由君不正舉也。

辛從益云：若夫碧則豈特色不類青白哉，而且非正色矣。碧也者非青非白，青雜於白而白爲青掩，因加白以足之，似白勝矣。而終不勝者，白既雜青，不可復反白也。是之謂青木賊白金，反五行之正理，豈正色哉？

陳澧云：青雜乎白，白似足以掩青色而卒不能掩，遂成碧色，非正色也。

孫詒讓云："白足之勝矣"，"之"當作"以"。

王琯云：此言白不勝青，青能賊白，若使相驪，則混而成碧，爲質已雜，非正舉也。青屬木，白屬金，白不勝青，木賊金故也。此五行生剋說。《墨經》"五行毋常勝"，《經說》雜引火爍金、金靡炭諸事。又《墨子·貴義篇》，亦引日者帝殺黑龍之說，似墨家一派，已啓其端。推其淵源，更或遠出夏商之世。

金受申云：此係言二色不可相驪，驪白不勝之也，則非正舉。此可以證明"辯無勝"之非，與墨子主張相同。蓋白之不勝，即非正舉，非如《莊子·齊物論》無是非之論者。更可知公孫龍主張原質實現，不主張有所簡綜，觀下條益明。

錢基博云："碧則非正舉矣"，《百子全書》本脫"矣"字。

譚戒甫云：而且者，更端之詞也。孫詒讓云："'之'當作'以'。"按二字可通用。此言白以青非碧，猶前云牛合羊非雞，皆非正舉。蓋青白黃赤黑爲五色，碧則雜色，非色之正，與青白不同其類，故曰白以青非碧也。青驪乎白者，猶云白雜以青，故白不勝青。白足以勝青，而不勝，則金勝木者反而木賊金矣。蓋五行生剋之說，謂金勝木者其常，而木勝金者其變，此白雜乎青變而爲碧，亦猶是也，故曰非正舉也。

右第八節，以上論白以青非碧。

伍非百云：此釋"白以青非碧"之説也。青與白相驪，白不勝青，白爲青奪，青爲白沮，而另成一色，非青非白，其名曰碧。此碧非他，即青白之混合色也。精而析之，青白兩色仍在，故有青白則無碧，有碧則無青白。青白與碧，是一非二，與上所舉青白與黃，各各獨立者不同。"青以白非碧"，非有以非碧也，不當非而非，不正，故曰"碧則非正舉"。

木賊金數語，蓋當日陰陽家言。以五色配五行，以五行相勝之説，應用於五色相間之理。以五正色生五間色，推出五行之變化。其詳讓諸陰陽專家，兹不贅。此五色五行變化説，乃當日常談，公孫不過偶述其語，以明"青白爲碧"之理，非有其他深義，讀者不必於五行學説上求甚解也。

柱按：此言青與白非碧，即使視之成碧，亦爲混合之物，非化而爲一，故曰"碧則非正舉"。"舉"下傅本有"矣"字。

青白不相與而相與，不相勝則兩明也。爭而明，其色碧也。

舊注：夫青白不相與之物也，今相與雜而不相勝也。不相勝者，謂青染於白，而白不全滅，是青不勝白之謂也。潔白之質而爲青所染，是白不勝青之謂也。謂之青而白猶不滅，謂之白而爲青所染。是白不勝青之謂也。謂之青而白猶不滅，謂之白而爲青所染。兩色並章，故曰兩明也者。白爭而明也，青爭白明，俗謂其色碧也。錢基博云："《百子全書》本云：'潔白之質而爲青所染，是白不染青之謂也。謂之青而白猶不滅，謂之白而爲青所染，兩色並章。'《道藏》本'白不染青'之'染'作'勝'。又緟① '是白不勝青之謂也。謂之青而白猶不

---

① "緟"原作"繐"，錢基博《名家五種校讀記・公孫龍子校讀》（臺北：廣文書局，1970年，第3頁）作"緟"，此處指"是白不勝青之謂也。謂之青而白猶不滅，謂之白而爲青所染"與上文重複，"緟"有重複義，據改。

滅，謂之白而爲青所染'，三語明是衍文，當從《百子全書》本。"

辛從益云：夫一青一白，不相並者也，碧則青白相並矣。兩者相並，爭勝爭明，失五色本然之性，豈若青與白之自然者哉？故曰白與青非碧也。此正彼非正，此相對彼相爭也。

陳澧云：不雜則二色皆明，雜則爭明而爲碧。

王琯云："爭而明"，應作"爭而兩明"，脫一"兩"字，下文"暴則君臣爭而兩明"可證。此言青白二質，原難相與，強以求合，終成隔膜。且各有其特殊之性，青不化白，白不掩青，兩莫能勝，勢必青白並彰，各求色之自明，是兩明矣。兩明而不克相涵，必出於爭，結果則以無青無白，混而成碧，失二者之真矣。按本段與上段，均釋"青以白非碧"，大旨以青白自青白，二者相賊兩明，乃復成碧。然此碧者，非青白渾然化成之色，係相賊兩明之一種象徵。青白在此象徵之中，仍復各自爲別，保其原素，絕不能以此象徵之碧，爲"青以白"滲變之正當結果，故曰"非碧"也。

金受申云：此即上甲乙圖解也。不相與而並立，兩明也。不相與而相與，其色碧，而非正舉。

錢基博云："其色碧也"，嚴可均校《道藏》本"也"作"矣"。

譚本全用謝注，唯注文"故曰兩明也者"句，"也"字下補"兩明"二字；"青爭白明"句，乙作"青白爭明"。

伍非百云：兩明謂青白兩色，互不相掩，爭顯並著，故形成碧色，故曰"爭而兩明，其色碧也"。此釋碧色形成之故。

柱按：青白本不相與，故原不能成爲碧，而世就其渾然之粗者視之，則以爲相與而成碧矣。

與其碧，寧黃。黃其馬也，其與類乎！碧其雞也，其與暴乎！

舊注：等黃於碧，寧取於黃者。黃，中正之色也；馬，國用之材也。夫中正之德，國用之材，其亦類矣。故寧取於黃以類於馬。馬喻中正也。碧，不正之色；雞，不材之禽。故相與爲類。暴之青而白色碧之材白猶不勝亂。柱按：此十九字疑有誤，陳澧本引作"故相與爲暴之類"。

辛從益云：黃雖非青白類，然猶正色，猶之馬雖非羊牛類，然猶材也。碧則非類且不正，猶之雞不但非牛類，且不材也。若以論之人，黃雖不得爲有道，猶未大遠於道；碧則不止非道，且暴甚矣。

陳澧云：前所辯言雞雖非牛羊合成，然爲物不材。此言碧爲青白合成，則與不材者等也。

傅山云：前云以馬與雞寧馬，此云以碧寧黃。以碧貼雞，以黃貼馬。

王琯云：黃爲正色，得物質之純；碧爲間色，非白非青，相賊兩明。故寧捨碧取黃，以明事務之真，而正名實焉。前以材不材，辨馬雞優劣。此以黃比馬，碧比雞，言黃色純正。施於名實，猶馬之稱材，同得其用，故曰"與類"。碧以間色，有乖名實，猶雞之不材，均足爲害，故曰"與暴"。

金受申云：此承篇首雞馬不類之說，而取黃其同類也。

譚戒甫云：謝注："等黃於碧，寧取於黃。"按黃正色，碧雜色，取正爲例，故寧黃也。"其與異乎"之"異"，原作"暴"，疑形近致誤，茲以意改。

謝注："黃，中正之色也；馬，國用之材也。夫中正之德，國用之材，其亦類矣。故寧取於黃以類於馬。馬喻中正也。"又云："碧，不正之色；雞，不材之禽。故相與之爲異類。"按此句各本多作"故相與爲類暴之",惟《子彙》本作"故相與爲暴之類",然亦誤,兹臆改。按類猶云同,異猶云不類,相互見意。此謂白以青非碧,不如青以白非黄之正,猶之牛合羊非雞,不如羊合牛非馬之正也。蓋黄與青白爲五色一類,馬與羊牛爲四足一類,皆爲正舉,故曰黄、馬,與類。而碧爲雜色,其類與黄異,謂之非正舉;雞爲二足之禽,其類與馬異,謂之狂舉,故曰碧、雞,與異也。

伍非百云:"與其碧寧黄"即前文"與馬以雞寧馬"之義,言以"青以白非黄""白以青非碧"兩辨題相較,寧取"青以白非黄"之一辨題也。

"黄其馬也,其與類乎!碧其雞也,其與暴乎!"此四句,乃合前兩度問難所舉四辨題而比論之也。與馬以雞寧馬,與黄以碧寧黄。黄與馬兩例爲正,碧與雞兩例非正。故言黄馬之與,爲類;碧雞之與,爲暴。暴、類,義見後。兹先明黄馬碧雞之辨,如左:

式

一 ⎧(甲) 牛合羊非**馬** (正)
  ⎩(乙) 羊合牛非**雞** (不正)

二 ⎧(丙) 青以白非**黄** (正)
  ⎩(丁) 白以青非**碧** (不正)

甲丙爲正舉,乙丁爲狂舉,各從其例,故曰:"黄其馬也,其與類乎!碧其雞也,其與暴乎!"暴與類,亦名家術語。見《墨經・經下》:"推類之難,説在……麗與暴。"《説》曰:"爲麗不必麗,不必麗與暴也。"麗與暴即類與暴,類麗一聲之轉。

暴,相争也。類,相並也。言黄馬兩例,相並而不相争,當非而非者也;雞碧兩例,相争而不相並,不當非而非者也。故言黄馬之"與"爲類,碧雞之"與"爲暴。與謂與件,指與雞馬碧黃相對之牛羊及青白而言。

柱按：羊合牛固非馬，亦非雞，然以其爲可以爲雞，不如以其可以爲馬，蓋馬與羊牛同爲獸類，其類較近，而雞則益不類也。白合青固非黃，亦非碧，然以其可以爲碧，不如以其可以爲黃，亦以黃與白青同爲正色，其類較近，而碧則益不類也。

暴則君臣爭而兩明也。兩明者昏不明，非正舉也。

舊注：政之所以暴亂者，君臣爭明也。君臣爭明，則上下昏亂，政令不明，不能正其所舉也。

辛從益云：夫所謂暴者何也？君臣爭明也。惟兩爭明，所以兩皆不明，豈人道之正哉？今碧之色，適有類乎是。白君青臣，爭明爭勝，天下受禍，故曰暴也。

王琯云：此言君臣各有定分，分定名正，競心自泯。若如上言之，兩明爲暴，裁制力失，蕩分踰閑，各求逞私，結果必以爭明而轉益不明。舉以擬實，蓋非正舉也。按前言黃爲正舉，能致國強壽；此言碧非正舉，能致國昏亂。一正一負，因名實之正否，通利害於國家，可覘(chān)公孫立言之旨。

金受申云：所謂爭而明者，乃相與，非相鄰之謂也。故相與則昏，昏則非正舉也。其所謂君臣者，譬侔之辭，非以章明君臣之大義也。

譚戒甫云：句首"異"字，原亦誤作"暴"，茲照前改之。

此專承"異"言之。按前以君臣比青白，又謂青白爭而兩明，其色碧也，碧爲黃之異類。然則所謂異者，猶之君臣爭而兩明也。惟兩明之云，既非青明，又非白明，乃青白爭明而成碧色，究亦昏暗不明而已。故曰"非正舉也"。

伍非百云：前言數臣而共一君，謂之正舉；此言君臣爭而兩明，謂之非正舉。臣與臣合而統於君，猶一與一併而總爲二也。若臣不統於君，君不統其臣，君臣各自獨立，是謂相爭而兩明。猶左右各自爲左右，二又各自爲二，亦兩明也。又如青白自爲青白，碧又別自爲碧，亦兩明也。兩明則駁淆，故曰"昏不明"。

　　柱按：君臣猶甲乙也。青合白爲碧，則青與白兩色爭明而爲碧。而謂之青不可，謂之白亦不可，故曰"兩明者昏不明"。

非正舉者，名實無當，驪色章焉，故曰兩明也。兩明而道喪，其無有以正焉。

　　舊注：名者命實者也，實者應名者也。夫兩儀之大，萬物之多，君父之尊，臣子之賤，百官庶府，卑高等列，器用資實，各有定名。聖人司之，正舉而不失，則地平天成，尊卑以序，無爲而業廣，不言而教行。若夫名乖於實，則實不應名，上慢下暴，百度昏錯，故曰驪色章焉。驪色之章，則君臣爭明，內離外叛，正道衰者，名實不當也。名實之不當，則無以反正道之喪也。

　　辛從益云：天下之物，一彼一此，一左一右。左不一左，右不一右；左不離左，右不離右。各率其性，各安其位，不可一也，不可雜也。雜則非正，非正者名實無當。碧色是也，既不可謂青，又不可謂白，爭勝而爭明，至於名實混淆。左右尊卑，是非邪正，莫之能辨。道喪於渾同，術乖於析亂，而天下且以二爲一矣。茫茫斯世，其孰從而正之？不變者一左一右也。其變者，左之類不一，右之類不一也。左自與左爲類，右自與右爲類，雖變而實不變也。左之類於右有擇，右之類於左有擇，變者非不變也。左之類且自分而右，況可爲左乎？右之類且自分而左，況可謂右乎？變者終不變也。一可變爲二，二終不變爲一，故曰二無一，此之謂通變。

傅山云：下篇（《堅白論》）末句"天下故獨而正"，是此篇總括。末不得不淺，而泄其餘事於君臣，聊復自證。法王人王，必正而尊，尊而無偶。其碧也驪也，皆非正。非正①則不尊，不獨，何以正天下？似術非術，似爭非爭。"通變"兩名，明取《易·繫》"化而裁之""推而行之"② 二義以命篇者。始曰"無一"，終曰"兩明而道喪，無有以正"，其義則前之"一"即後之"兩"之對。然則此"一"即老氏"得一"③ 之一，是所貴者在一。而開口作問辭："曰二有一乎？""曰二無一"，是知有顯然之二，而不知有用二之一，卒出一黃於青白之間，猶以青白喻二而黃喻一耳。又何不可以"不偏之謂中"④ 之語醳（同"釋"）此乎？但"中"字爲冏圇理學家所霸，安肯少以其義分之於諸子乎？而其才高意幽，又不能使儒家者如讀其所謂布帛菽粟之文，一眼而句讀而大義可了。鄙儒概以公孫龍輩之言置之詈（h，罵）之以自尊，其實不敢惹耳。然此子著精闢微，亦不屑屑於儒家者之許我可也。

陳澧云：所以言非正舉者，實是碧名爲青、名爲白皆不可，唯雜色明著耳。兩明則正道喪。

王琯云：此接前言非正舉者，如青白兩明，混成驪色，失青白之實；實失則名亂，於名實均無所當。夫所以正天下者以名，

---

① "非正"二字原闕，據傅山《霜紅龕集》（太原：山西人民出版社，1985年，第939頁）補。
② 《易·繫辭》："形而上者謂之道，形而下者謂之器，化而裁之謂之變，推而行之謂之通，舉而措之天下之民謂之事業。"
③ 《老子》第三十九章："昔之得一者：天得一以清，地得一以寧，神得一以靈，谷得一以盈，萬物得一以生，侯王得一以爲天下正。"
④ 南宋朱熹《中庸章句》在解釋"中庸"時引北宋程頤語："不偏之謂中，不易之謂庸。中者，天下之正道；庸者，天下之定理。"

名悟實乖，所以正之之道疏矣。"章"，明也。"驪色"猶閒色。前釋"驪"借爲"麗"，附意。二色相附，乃爲閒色，閒而自明，故曰"兩明"。按公孫原意，以實必求真，因實正名，名實各以本義自身之真否定其標準。一切是非，即以是項標準爲轉移。兩名者，各爭其明，自是非人，前言之標準，乃無所施其効用，悖名亂實，害莫大焉，故篇末尤惓惓於斯。

又按莊生《齊物論》曰："故儒墨之是非，以是其所非，而非其所是，欲是其所非，而其所是，① 則莫若以明。"又曰："是亦彼也，彼亦是也，彼亦一是非，此亦一是非，果且有彼是乎哉？果且無彼是乎哉？……是亦一無窮，非亦一無窮也。……故曰莫若以明。"此言是非本身，原爲相對，無絶對之可言。任何方法，不能求得是非之準則，故曰："莫若以明。"既不能明，則一聽是非之自然，而不加可否，故曰："和之以是非，而休乎天鈞，是之謂兩行。"（語出《莊子·齊物論》）

莊生之兩行，與公孫之兩明，其性質不無相類，而一則以兩行爲正，一則以兩明②爲賊，結果莊生乃於其觀念不同之惠施，加以攻擊，曰："彼非所明而明之，故以堅白之昧終。"（語出《莊子·齊物論》）嗚呼！施龍諸子之求明，與其拒絶兩明，而信真理之絶對存在，乃不爲莊生所許，由此可窺兩派主義精神之衝突焉。

金受申云：《通變論》分四段：（一）論二體不能合一；（二）以或類而不俱有，俱有而類不同，推論二體不能合一；（三）以物可相鄰，而不可相與，推論二體不能合一；（四）論萬物有修短，不能齊物。

---

① "而其所是"，《莊子·齊物論》作"而非其所是"。
② "明"原作"行"，據王琯《公孫龍子懸解·通變論第四》（上海：中華書局，1930年，下冊，第15頁）改。

譚本全用謝陳二注，唯於謝注刪"君父之尊"至"器用資實"二十字，及"無爲而業廣，不言而教①行"十字，又云：

右第九節，總結上之七、八兩節，且申正名之指。

伍非百云：驪，雜也。名實無當，謂名實不合也。通變公例：實變則名與之俱變。今如一一之與二，左右之與二，牛羊之與雞，青白之與碧，"臣之與君"一例除外。皆名變而實不變。實既不變，則名二而實一，安得以名之異遂疑實亦異哉？故實本不異，而以名異互相非者，不成其爲相非，以其名實之不合也，而强謂之合者，謂之非正舉狂舉。名實無當，徒見淆亂，兩爭不下，故又謂之"驪色章"，謂之"兩明"。兩明則失其名家所以爲"名實符"之道，而是非莫能定矣，故曰："兩明而道喪，其無有以正焉。"

---

① "教"原作"數"，據上文所引舊注和《道藏》本《公孫龍子》改。

· 卷　五 ·

堅白論第五

　　傅山云：義實與《齊物》同，剝處似刑名家法家，而歸宿則非刑名非法，還似道家者言。

　　胡適云：《堅白論》大旨是說若沒有心官做一個知識的總機關，則一切感覺都是散漫不相統屬的；但可有這種感覺和那種感覺，決不能有連絡貫串的知識，所以說"堅白石二"。若沒有心官的作用，我們但可有一種堅的感覺和一種白的感覺，決不能有一個堅白石的知識，所以說"無堅得白，其舉也二；無白得堅，其舉也二"。①

　　王琯云：一石之中，涵堅與白，自常識視之，堅也白也，合而成石，初無疑意。公孫則言白與石可合，以目察石，而能得白②也；堅與石可合，以手撫石而能得堅也；堅白石三者不可合，因目得其白，不得其堅，手得其堅，不得其白。目察手撫，前屬視覺，後屬觸覺，共爲二事，混而成一，則失其真。復次，

---

　　① 語出胡適《中國哲學史大綱（卷上）》第八篇第五章《公孫龍及其他辯者》。
　　② "白"原作"堅"，據前文"白與石可合"與王琯《公孫龍子懸解・堅白論第五》（上海：中華書局，1930年，下册，第1頁）改。

以目察石，以手撫石，最初但有簡單之感覺，不知爲白爲堅。繼由神經傳達於腦，經一度之默證，其得於目者，始發生白之觀念；得於手者，發生堅之觀念。此二觀念，復加聯合，方能搆成堅白相涵之全石。其事微忽迅速，常人之識蓋於堅白二念聯成之後，渾言其全。公孫之論，系於堅白二念未合之初，析言其微。推本還原，義自瞭然。

伍非百云：《堅白論》者，辨"堅白盈"與"堅白離"之論也。古代堅白有盈離二派，公孫則屬離派。此文以"堅白石三"與"堅白石二"對詰，而要其旨歸在盈離二點。知盈離之義者，可與進而談堅白矣。

持盈説者以爲堅白與石，三位一體，析名則三，指實則一。推而廣之，乃至堅金與堅冰同質，白馬與白人共色，紛紜萬彙，莫非統一。以是論觀，得其"大同"，所謂"天地萬物皆吾一體"者也。如是者其發爲言語，施諸政教，無往而非見其同也。是謂堅白盈。持離説者以堅之與白，各各獨立，堅自爲堅，白自爲白。堅白與石，亦復如是。精而析之，乃至堅不自堅，待捶而堅；白不自白，因光而白。而此光者，與所捶者，一知見内，各各殊趣。以是論觀，得其"畢異"，所謂"肝膽楚越"①"交臂而失"（語出《莊子·田子方》："吾終身與汝交一臂而失之。"）者也。如是者其發爲言語，施諸政教，無往而非見其異也。是謂堅白離。

魯勝有云："取辯於一物，而原極天下之隆污。"② 旨哉言也！

---

① 語出《莊子·德充符》："自其異者視之，肝膽楚越也。"其意思是從相異的觀點看，本來相近的肝膽如同相遠的楚越。

② 語出西晉魯勝《墨辯注·叙》（載《晉書·隱逸傳》）。"辯"原作"辨"，據（唐）房玄齡等撰《晉書》（北京：中華書局，1974年，第8册，第2434頁）和伍非百《中國古名家言·公孫龍子發微》（南充：西山書院，1949年，第46頁；北京：中國社會科學出版社，1983年，第564頁）改。

豈合數百年之聰明才辯，而僅游心竄句於一石也哉？《史記》稱公孫龍善爲堅白同異之辯，①是堅白論亦公孫得名之一，與白馬論俱有聲當世。顧白馬雖非公孫獨創，然爲說較晚出，而堅白則早。《論語》孔子有"堅而不磷，白而不涅"②之語，雖未據所出，頗類離堅白之喻。《莊子·天地篇》孔子問老聃曰："辯者有言：離堅白，若縣寓。"則已明謂有主離堅白之辯者矣。

至於別墨，此風尤著，五侯之徒，南方之墨者苦獲、己齒、鄧陵子之屬，俱誦《墨經》，以堅白同異之言相訾，久爭不決。③而惠施日以其智，敵人之辨，尤好論堅白。莊子謂之曰："天選子之形，子以堅白鳴。"（語出《莊子·德充符》）又曰："以堅白之昧終。"（語出《莊子·齊物論》）下逮荀卿韓非，皆喜非誹堅白。荀卿有言："堅白無厚之說，非不察也，然而君子不辨，止之也。"④又曰："堅白之說，入焉而溺。"⑤

韓非云："堅白無厚之辭章，而憲令之法息。"（語出《韓非子·問辯》）是堅白論之在當時，相習成風，有言滿天下之概，而惠

---

① 見《史記·孟子荀卿列傳》："趙亦有公孫龍，爲堅白異同之辯。"本書卷首《事略》有引。

② 語出《論語·陽貨》："不曰堅乎，磨而不磷；不曰白乎，涅而不緇。"其中，"磷"意指薄，"涅"意指染黑，"緇"意指黑。整句話的意思是堅的東西磨不薄，白的東西染不黑。

③ "苦獲"原作"若獲"，據《莊子·天下篇》改。另此處有關別墨的論述源自《莊子·天下篇》，其原文爲："相里勤之弟子，五侯之徒，南方之墨者苦獲、己齒、鄧陵子之屬，俱誦《墨經》，而倍譎不同，相謂別墨，以堅白同異之辯相訾，以觭偶不仵之辭相應，以巨子爲聖人，皆願爲之尸，冀得爲其後世，至今不決。"本書卷首《學平上》有引。

④ 語出《荀子·修身篇》，其原文與此處引文略有差異，將原文"夫堅白同異、有厚無厚之察"引作"堅白無厚之説"。

⑤ 語出《荀子·禮論》，原文爲："堅白同異之察，入焉而溺。"

施、公孫龍特其著者也。自惠施以上，其説多不傳，其爲盈離不可得知。今可知者，離派有公孫龍子，盈派有墨翟，二家之説最顯。兹引墨説，以爲讀公孫龍子者反證之資。

（一）堅白不相外也。《説》曰：得二，異處不相盈，相非，是相外也。《經上》《經説上》。

此正破"堅白相外"之説。言堅白二而處於一，乃析之至盡而不可離者也，故曰"不相外"。得二，即"無堅得白，無白得堅"之説也。拊得其堅，視得其白，故曰"得二"。言堅白同處於一，不異不非，故曰"得二，是異處不相盈也，是相非也"。相非則相外矣。堅白不相爲内外，堅即白，白即堅。今若相爲内外，是堅非白，白非堅，而堅外有白，白外有堅也，不可，故《説》曰："得二，異處不相盈，相非，是相外也。"

（二）攖，相得也。《説》曰：尺與尺，俱不盡。端與端，俱盡。尺與端，或盡或不盡。堅白之攖，相盡。體攖，不相盡。《經上》《經説上》。①

此舉五種之攖以明相盡不相盡之變也。攖者，謂兩相兼容，彼此俱得。堅之中有白，白之中有堅，堅白之攖，乃析之至盡而不可離者也。必也，離堅則無白，離白則無堅矣，故曰："堅白之攖相盡。"

（三）不可偏去而二，説在見與俱、一與二、廣與修、堅與白。《説》曰：見不見離，一二不相盈，廣修相得，堅白不相外。《經下》《經説下》。

此言不可偏去者，有此四例也，見與俱、一與二、廣與修、堅與白，俱見《公孫龍子·堅白篇》。義詳後，兹不贅。

---

① "《經上》《經説上》"原在下段"故曰堅白之攖相盡"之後，據此處六條引文體例置於《墨經》原文後面。

（四）於一，有知焉，有不知焉，説在存。《説》曰：石，一也；堅、白，二也，而在於石，有知焉，有不知焉，可。《經下》《經説下》。

此亦盈派之説，見《公孫龍子·堅白論》賓難引。

（五）一不堅白，説在盈。《説》曰：無堅得白，必相盈也；無白得堅，必相盈也。舊脱二句，今補。《經下》《經説下》。

此亦不可偏去而二之義。言堅白二者，去其一則一與之俱去，存其一則一與之俱存也。故曰："一不堅白。"《説》曰："無堅得白，必相盈也；無白得堅，必相盈也。"正破公孫"無堅得白，其舉也二；無白得堅，其舉也二"之説。

（六）苟是石也白，敗是石也盡，與白同。是石也，雖大，不與大同。《大取篇》。

以上六條，見《墨子·經上》《下》及《大取》，皆主"堅白盈"，與離派爲鍼鋒相對之文。至於二家之説，孰偏孰正，予昔作《墨辯解故》，於"堅白不相外"條，曾略辨之，茲並附於後。

中國名家盛傳堅白之説。公孫龍造論達恉，與當時辯者相應，史稱其移人之意，屈人之口，則其指必有可觀。微言日没，後世莫名其趣，今取爲明之。公孫龍《堅白論》曰："'堅白石三，可乎？'曰：'不可。'曰：'二，可乎？'曰：'可。'曰：'何哉？'曰：'無堅得白，其舉也二；無白得堅，其舉也二。'曰：'得其所白，不可謂無白；得其所堅，不可謂無堅。而之石也之於然也，非三也同"邪"，問詞？'"

又曰："視不得其所堅，而得其所白也者，無堅也；拊不得其所白，而得其所堅者，無白也。"《辯經》曰："堅白不相外也。"《説》曰:"堅白之攖相盡。"又曰:"堅白二而在於石。"堅白皆舉石以喻。然公孫之於堅白也,相外也;《墨經》之於堅白也,相内也。以理觀之,《辯經》之説爲正。公孫龍不達於知物之故,與所以爲名實之别,故離形名而非白馬,分彼此而辨名實,其弊皆原於堅白。試議乎其將。

夫人之所以知物者,物感之也。物之感人者非一端,而人之感之也非一途,故緣耳而感聲,緣目而感色,緣口而感味,緣鼻而感臭,緣體而感觸。在物有聲色臭味觸之分,在官有眼耳鼻舌身之别。今有一石,吾知之,非知其石也,拊之而知其堅,視之而知其白而已。此白也、堅也,同時緣官而感於吾心者,謂之"叢感",因名此叢感曰"石"。他日又見有白者如其白,堅者如其堅,同時緣官而感於吾心,遂知其爲"石"也。此知物之故也。

物之感於官者爲真,而名之加於物者非真,故石可無也,而堅白不可無也。有物於此,視之澤然而黄,嗅之鬱然而香,撫之攣然而圓,食之滋然而甘,名之曰橘。今去其澤然黄者而無施以他色,奪其鬱然香者而無畀以他臭,毁其攣然圓者而無賦以他形,絶其滋然甘者而無予以他味,舉凡可以感接者皆褫(chǐ,奪去)之而勿被以他,則是橘之所有者爲何耶?橘喻見嚴譯《穆勒名學》。

故物之分感於吾者,實也;統此叢感而命之者,名也。無實則名不起,無名則實不著,此所以爲名實之别也。公孫龍之論堅白,可謂不達於理矣。視不得其所堅而得其所白者,無堅也,是偏於視感也;拊不得其所白而得其所堅者,無白也,是偏於觸感也。不以"叢感"合堅白爲一石,而以"偏感"離堅白爲二石,故曰:不達於知物之故。感堅,一也；感白，一也；石則叢感之名也，本無也。堅白爲真，石非真。公孫龍乃以"堅白石三"發問，又論堅石二、白石二，名實混矣，故曰：不達於所以爲名實之別。

《墨經》言"堅白不相外"，及説"相攖至盡"之理，剖精析微，深思哉！迥乎不可及也。公孫言雖失正，然"詭辭數萬以爲法"（語出楊雄《法言·吾子篇》），亦雄辯哉！予悲公孫龍堅白之論不行於世，而或者又以《墨經》之説妄擬於龍，故備論及之，後之君子，得觀覽焉。

盈派之説既明，請進而讀盈離對諍之《堅白論》。

柱按：此篇之意在欲明人之視與撫均不能得石。先言不能有堅白石，以堅與白離也，次言白與石離，又次言目與白離，則視不能得石明矣。撫亦準此。

（客）堅白石三，可乎？

傅山云：總是自己難自己，不必看作兩人説。難得無處走底境界，自有一種開通明白受用。

（主）曰：不可。

陳澧云：客問而主答也，下仿此。

譚戒甫云：本篇亦問答體，即以或人之意發端。揣或人之意：以謂白色合馬形不爲有馬，而必曰白馬，則堅性、白色、石形，何獨不可以爲三？可乎，猶言可也。然公孫子以爲不可，謂之爲"離堅白"。

"離堅白"亦形名家所持最大論題之一。其語常散見於諸子各書。惟《莊子·胠篋篇》作"頡滑堅白"。《釋文》（陸德明《經典釋文》）："頡滑，謂難料理也。"而《徐無鬼篇》有"頡滑有實"之語。《釋文》引向①云："頡滑，謂錯亂也。"又《荀子·儒效篇》："堅白之同分隔也。"原作"堅白同異之分隔也"，疑誤，說詳舊作《荀子集解補正》。言頡滑，言分隔，皆即離字舊詁。

白馬說，名家言離白，而形名家言不離。堅白說，名家言不離，而形名家言離。翩其反而，古今罕匹。

公孫此論，特引名家之說，以爲客難之辭，反覆駁詰，求申其恉。今考客難之辭，皆在《墨子》經說四篇中，近人多混而一之，互證其說，相去千里。

（客）曰：二，可乎？

陳澧本"二"作"一"，云"'一'當作'二'"。

（主）曰：可。

（客）曰：何哉？

（主）曰：無堅得白，其舉也二；無白得堅，其舉也二。

舊注：堅也白也石也，三物合體而不謂之三者，人目《道藏》本作"人自"，嚴可均云："'人自視石'，'自'當作'目'。"柱按：陳仁錫本、《守山閣》本均作"人目"。視石，但見石之白，而不見其堅，是舉所見名與白二物，錢基博云："'名'字，嚴可均校《道藏》本、《百子全書》本均作'石'，此譌。"故曰無堅得白，其舉也二矣。人手觸石，但知石之堅，而不知其白，是舉石與堅二物，故曰無白得堅，其舉也二。

傅山云：無堅但得白，似謂白要連石說，猶白石。又似堅白

---

① 向指向秀（約 227—272），字子期，河內懷縣（今屬河南）人。"竹林七賢"之一，曾注《莊子》，久已失傳，今散見於陸德明《經典釋文》中。

兩字拆不得，無堅但白，也要説堅白。"舉"字對"廢"字看稍明。無白但得堅，也要連石説，猶堅石。又似謂無白得堅，也要連説堅白。

辛從益云：白其色也，堅其性也，石其質也，合色性質而成一物。然白不必堅，堅不必白。以目治者，得白而無堅，故白與石二也。以手治者，得堅而無白，故堅與石二也。烏乎其有三？

起只虚説，實意在下。

陳澧云：主言目不見堅而得白，白與石爲二；手不知白而得堅，堅與石爲二，不能得三也。

王琯云：目得白而遺堅，舉白合石，只有白石，其數二也。手得堅而遺白，舉堅合石，祇有堅石，其數亦二也。并堅與白，涵之石中，目手不能交得，無堅白石之存在，即不能合名爲三。

金受申云：謝注是也。此即《墨經》"堅白不相外也"之意。堅白爲名家最重要之正名方法，其意義爲破除抽象觀念，而注意具體觀察。其意云何？蓋云此爲堅白石，抽象觀念也；此處有一白石，具體觀察也。抽象觀念謂石白且堅，可也；具體觀察只可謂石與堅，或與白，而不可謂石白且堅也。質言之，即公孫龍子趨重物之實現之驗也。

譚戒甫云：賓曰："堅白石二，可乎？"答曰："可。"曰："然則何以不爲三而爲二邪？"謝注："堅也白也石也，三物合體，而不謂之三者，人目視石，但見石之白而不見其堅，是舉所見石與白二物，故曰無堅得白，其舉也二矣。人手觸石，但知石之堅而不知其白，是舉石與堅二物，故曰無白得堅，其舉也二矣。"《荀子·修身篇》楊注引曰："謂目視石，但見白，不知其堅，則謂之白石。手觸石，則知其堅，而不知其白，則謂之堅石。是堅白終不可合爲一也。"按文略異。傅山云："無堅但得白，似謂白要連石説，猶白石。無白但得堅，亦要連石說，猶堅石。"按謝、傅說皆是。此言堅白相離，所舉亦異。故得白色時與石形合而爲二，得堅性時亦與石形合而爲二，故曰"其舉也二"。

伍非百云：客主堅、白、石，三。公孫主堅、石，二；白、石，二，而離堅白也。

人目視石，但見石之白，而不見其堅，是舉所見之白，與石爲二，故曰："無堅得白，其舉也二。"人手拊石，但知石之堅，而不知其白，是舉所知之堅，與石爲二，故曰："無白得堅，其舉也二。"

柱按：此謂目得石之白而不得其堅，舉白合石，只有白石，白一石一，其數二也；手得石之堅而不得其白，舉堅合石，只有堅石，堅一石一，其數二也。

（客）曰：得其所白，不可謂無白；得其所堅，不可謂無堅。而之石也，之於然也，非三也？

舊注："之石"猶此石。堅白共體，不可謂之無堅白。既得其堅白，不曰非三而何？

傅山云：此"所"字似非語詞，"所"字暗謂"石"字，石爲白堅之所也。離了石，無處著白堅矣。故曰"之石之于然"。此"于"字猶"爲"字，又似與上"而"字同。

辛從益云：或"得其所白"，則是本有白矣。又"得其所堅"，則是本有堅矣。而此一石也，固已具有此二項，則堅白石豈非三邪？

陳澧云：客言目既得白，手既得堅，則不可謂無堅白矣。而此石之與堅白非三邪？"非三也"之"也"讀爲邪。

俞樾云："也"讀爲邪。"非三邪"乃問者之辭。"之石"猶此石也。言既得其堅，既得其白，而堅也白也，此石實然也，之非三邪？

王琯云："之石""之"字，假借爲"是"。"也"與"耶"通借互用。此節爲賓難之詞。以堅白同圍於石，既得白矣，於得堅之時，雖不同時得白，不可謂之無白；既得堅矣，於得白之時，雖不同時得堅，不可謂之無堅。凡上所云，皆此石之實，有以使然。夫既兼有堅白矣，合之於石，寧非三邪？

譚戒甫云：謝、傅、俞三家之説皆是。"然"者猶云當然。蓋謂明明得白得堅，不可謂無白無堅。此堅白與此石當然合而爲三耳。"非三也"句，謂堅白石實三也。

伍非百云："而之石也之於然也，非三也？"之石猶云此石。此節爲賓難之詞。以堅白同處於石，既得其白，又得其堅，堅白與石，豈非三邪？故曰："而之石也之於然也，非三也"也"同"邪"？"

"然"，讀若《小取》"摹略萬物之然"，猶云"如是"，指上"得白有白，得堅有堅"之義。言加此石於堅白并有之中，豈非三邪？

柱按：此客難之辭。謂堅白同涵於石，目既得白矣，於手得堅之時，雖不得白，不能謂無白；手既得堅矣，於目得白之時，雖不得堅，不可謂無堅。此石之自然而然者，豈非三邪？

（主）曰：視不得其所堅，而得其所白者，無堅也；拊不得其所白，而得其所堅者，得其堅也，無白也。

舊注：堅非目之所見，故曰無堅；白非手之所知，故曰無白也。

傅山云：視不得所堅，此就色上見白說，故曰視但可見色之白；拊不得其所白，此就質之重處説，故曰拊但知其質之堅。

辛從益云：物之命形，因人而見。白者我之白也，堅者我之堅也。目見白而不見堅，謂本無堅可也；手知堅而不知白，謂本無白可也。

俞樾云：此當作"視不得其所堅，而得其所白，得其所白者無堅也；拊不得其所白，而得其所堅，得其所堅者無白也"，文有脱誤。

王琯云：此爲答辭。以萬彙表德，其接於官覺者，各因所司而示異。以目視石，祇能得白，不能得堅，於目視之中，固無堅也。以手撫石，祇能得堅，不能得白，於手拊之時，固無白也。分而求之目手，一堅一白，所得各異。既爲異矣，寧能混一。末句"而得其所堅，得其堅也"，證之上文，疑當爲"而得其所堅者"，遺一"者"字，衍"得其堅也"四字，涉上句錯簡。

譚戒甫云：第二句各本多作"拊不得其所白，而得其所堅，得其堅也，無白也"，俞校云云亦通，惟《子彙》本、傅本、《繹史》本均作"拊不得其所白，而得其所堅者，無白也"，兹從之。

謝注："堅非目之所見，故曰無堅；白非手之所知，故曰無白也。"按謝説是。此段爲論主答辭。蓋謂無堅無白者，非無堅無白也，不過目不能同時得白又得堅，手不能同時得堅又得白耳。所得既異，故堅白離也。

右第一節。

伍非百云：此爲答辭，就客所言"不可謂無堅，不可謂無白"之義而破之。言汝所主張不可無之堅，何以視之而不得，可知其無堅也；汝所主張不可無之白，何以拊之而不得，可知其無白也。視不得堅，拊不得白，而謂有堅有白，可乎？

读者注意，本节就客言而随顺驳诘之，非根本义。公孙并非主张无白无坚者。此云无白，此云无坚，箴对客难，张其语病耳。下文论"外藏""自藏"义，渐入盈離本恉。

柱按：各本均作"拊不得其所白而得其坚得其坚也无白也"，唯陈仁锡本、傅山本、辛从益本、陈澧本、伍非百本作"拊不得其所白而得其所坚者无白也"，与王琯校同，当从之。此一节主答辞，言目视时知白而不知坚，是石于目无坚也；手拊时知坚而不知白，是石于手无白也。故就目言，只有白石；就手言，只有坚石；必目与手合而後有坚白石。然公孙龙之恉，于占有空间者，既以为二不可以为一，如上篇《通变论》所云云矣。而占有时间者，亦二不可以为一。故目与手之知觉，无论如何相接，必有相间，则方知白不知坚，方知坚不知白，故不可云坚白石也。

（客）曰：天下无白，不可以视石；天下无坚，不可以谓石。坚白石不相外，藏三可乎？

旧注：白者色也，寄一色则众色可知。天下无有众色之物，而必因色乃色，故曰天下无白，《道藏》本作"石"，严可均云："当作白。"柱按：陈仁锡本、《守山阁》本均作"白"，当从之。不可以视石也。坚者质也，寄一质则刚柔等质例皆可知。万物之质不同，而各称其所受。天下未有无质之物，而物必因质乃固，故曰天下无坚，不可以谓石也。石者形也，举石之形则众物之形例皆可知。天下未有无形之物，而物必因形乃聚，然则色形质者相成于一体之中不离也，故曰坚白石不相外也。而人目之所见，手之所触，但得其二，不能兼三。人自不能兼三，不可谓之无三，故曰"藏三可乎"，言不可也。

辛從益云：難者曰拊雖不得白，白者自若也；視雖不得堅，堅者自若也。使天下舍白，將何以視石？天下舍堅，將何以謂石？堅白石三者合而爲物，本不相外，奈何藏之爲二？

陳澧云：客言如使天下無白色，則不可以視石，而見其白矣；如使天下無堅質，則不可謂石堅矣。既有白色，有堅質，則堅白石相合而不相外，則謂一體之中，藏堅白石三者矣，其可乎？

王琯云：白爲石之色，無色不可以視石；堅爲石之質，無堅不可以得石。是堅白石三者，絕不相外。今以白石并舉，堅石并舉，僅及其二，藏其第三者，可乎？此節賓再詰難。

譚戒甫云："不可以循石"，"循"字原作"謂"，疑二字草書形似致誤。"謂"字無義，下文作"循石"，循與拊同，可證。茲徑改之。

賓難曰：有白方可視石，天下無白，復何能視？有堅方可循石，天下無堅，復何能循？然則白也堅也不能謂之無矣。且堅、白與石三者不相排外者也。如視石得白而無堅，非堅與白相外也，實堅隱藏於白石而不令人見耳。又循石得堅而無白，非白與堅相外也，實白隱藏於堅石而不令人知耳。故曰"藏三可乎"，猶言可也。

按今《墨子·經上》所存名家之說曰："堅白不相外也。"《說》云："於石無所往而不得，得二。"又《經下》云："有指於二而不可逃，說在以二參。"《說》云："兼指之，以二也；衡指之，參直之也。"其義正與此同。知公孫特引名家之言，以資駁辯耳。

伍非百云：此爲賓難。客意不明公孫意中"石物"之說，以爲僅就堅白有無辯論，故又云："天下無白，不可以視石；天下無堅，不可以謂石。堅白石不相外藏，三可乎？"以爲白爲石之白，堅爲石之堅，若無堅白，安得有石？今有石、有堅、有白，堅白石三者不相外藏，謂之三，不亦可乎？外藏，謂"藏而藏"也，與下文"自藏"義相反。

又按此與《墨經》"堅白不相外"意同而趣異。《墨經》"堅白不相外"，以"堅白二"言；此文"堅白不相外藏"，以"堅白石三"言。彼處重在一"外"字，此處重在一"藏"字，故下文就"藏"字駁之。

柱按："藏三可乎"，辛從益本作"藏之可乎"，與各本異，而義似較長。客以同是一石，而目視之爲白，手捫之爲堅，故堅白石不相外。今乃謂視白無堅，是藏其堅矣；捫堅無白，是藏其白矣，豈其可乎？故曰"藏之可乎"。

（主）曰：有自藏也，非藏而藏也。

舊注：目能見物而不見堅，則堅藏矣；手能知物而不知於白，則白藏矣。此皆不知所然，自然而藏，故曰自藏也。彼皆自藏，非有物藏之之義，非實觸但得其二實藏也。"非有物藏之之義"句，陳澧本引至"非有物藏之"止，"之義"以下有挩文。

辛從益云：曰石固有堅也，有白也，然遇目而堅自藏，觸手而白自藏，非人爲藏之也，又非物實藏之也。石待人以見，故有堅藏、白藏之限。人見石以手目，故有藏堅、藏白之分。二者相隱於自然，蓋有莫之爲而爲者，故曰"非藏而藏"。

俞樾云：視得其白而不得其堅，是堅自藏也；捫得其堅而不得其白，是白自藏也。自藏者非有人藏之而藏也。既非有人藏之而藏，則又何人能得之乎？

王琯云：目不得堅，而堅藏；手不得白，而白藏。是目手各有所限，不能交遍。其藏也，係自然而藏，非故欲藏之，始藏也。此節主再答辯。

譚戒甫云：謝説是。此非藏而藏，即謂非有一石爲其所藏之地而藏之之意。

伍非百云：此主答。言汝所云"外藏"者，其義非是。此乃自藏，非外藏也。何則？堅白石不相外藏者，謂堅白同域於石，三位一體，相攖至盡。殊不知堅自爲堅，白自爲白，石自爲石，三者各各自藏，竝非外藏。自藏者，無所藏也；外藏者，有所藏也。無所藏者，"藏者"與"所藏"爲一；有所藏者，"藏者"與"所藏"爲二。如客云，堅白同域於石，是藏者藏於所藏之中，而有藏者，有所藏者。堅、白爲藏者，石爲所藏者。然就堅白自身言，堅藏於堅，不與白共；白藏於白，不與堅共。堅白與石，各各自藏，不相爲藏，故曰："有自藏也，非藏而藏也。"自藏謂獨自存在，藏而藏即外藏也。

柱按：此主仍以目視手拊時間不能相接答之。蓋視時白見而堅藏，拊時堅見而白藏，兩者時間必有間隔，不相連接，故無論何時，必藏其一，乃自然之藏，非人所能藏也。藏者，不見也。就人而言，則爲不見；就石而言，則爲藏。

（客）曰：其白也，其堅也，而石必得以相盛盈，其自藏奈何？

舊注：盈，滿也。其白必滿於堅白之中，錢基博云："《百子全書》本'堅白'之'白'作'石'，依下文'其堅亦滿於白石之中'，互文見義，則此句自當作'其白必滿於堅石之中'。"其堅亦滿於白石之中，而石亦滿於堅白之中，故曰必得以相盈也。二物相盈必矣，奈何謂之自藏也？

傅山云：其指石。若説白是爾白也，堅是爾堅也，石[①]必自

[①] "石"原作"白"，據傅山《霜紅龕集》（太原：山西人民出版社，1985年，第942頁）改。

多其白堅以爲氣勢而驕滿之矣。莫非自露處,那得云自藏?

辛從益云:難者又曰:白者其白也,堅者其堅也,雖因人分見,而石之爲石必原兼是二者。故白必滿於堅之中,堅必滿於白之中,三者互體,未嘗偶缺,何云自藏也?

俞樾云:"盛",衍字也。謝注云:"盈,滿也。其白必滿於堅石之中,其堅亦滿於白石之中,而石亦滿於堅白之中,故曰必得以相盈也。"是其所據本無"盛"字。

王琯云:本節賓再詰難。言白堅二事,同涵石內,既得其石,白堅連舉,藏無所寄,何由自藏?"盈"有函意。《墨經》:"盈,莫不有也。"梁任公釋"相盈"爲"相函",義極允當,茲從其釋。

譚戒甫云:"以相盈"原作"以相盛盈",今據俞校刪去。

此賓仍持堅白不離之說,以謂堅白必得相盈於石,蓋明明有石爲之藏地也,奈何其爲自藏邪?

《墨子·經說上》曰:"堅白之攖相盡。"《經說下》曰:"撫堅得白,必相盈也。"義亦同此。

伍非百云:此又客難。客聞自藏之說,不解其意,以爲石得堅白而後成石,石與堅白,三位一體,安能離而自藏?故曰:"而石必得以相盈,其自藏奈何?"疑堅白不得自藏也。

自藏有二義:

(一)純粹的自藏。如堅藏於堅,白藏於白,是也。此義唯單一個體適用之。有二個以上之相攖,則非純粹的自藏義。公孫龍所謂"自藏"者屬此。

(二)相對的自藏。如堅白石相盈之藏也。在一定之範圍內爲自藏,過此則爲外藏。客所舉"不相外藏"者屬此。

上文客所舉"堅白石不相外藏"之義,是對堅白石三者以外，謂之不外藏；在堅白石三者以内，互相爲外藏。此文客所疑不得自藏者，仍舉後義，以爲堅白不相外藏可也。其相互間則未嘗不有藏者與所藏者也，安能爲純粹之自藏哉？

柱按：辛從益本作"必得以相盈"，"相"下無"盛"字，與俞校同。此客再難以爲同是一石，滿函堅白，不能於視藏堅，於拊藏白也。

（主）曰：得其白，得其堅，見與不見，與不見離，一一不相盈，故離。離也者，藏也。

舊注：夫物各有名，而名各有實，故得白石者自有白之實，錢基博云："'白石'作'白名'，依上文'物各有名，而名各有實'與下文'得堅名者亦有堅之實'，則此互文見義，自當作'得白名者自有白之實'。"得堅名者亦有堅之實也。然視石者見白之實不見堅之實，不見堅之實，則堅離於白矣，故曰見與不見謂之離，則知之與不知亦離也。於石一也，堅與白二也，此三名有實則不相盈也。名不相盈則素離矣。素離而不見，故謂之藏。《吕氏春秋》曰：公孫龍與孔穿對辭於趙平原家（事見於《吕氏春秋·審應覽·淫辭篇》，參見本書卷首《事略》），"與"下原有"亂"字，嚴可均校本無，今删。藏三耳，蓋以此爲篇辯。

傅山云：就與石爭之人言，若說我得其白，得其堅，則白堅不在石上矣。是我見白見堅不見石，則見與不見離。有所不見者是離。其如見堅離白，見白離堅，離堅留白，離白留堅，爾即奪其白堅而有之矣。石初不援堅白以自多也，故爾得而離之。究竟不相外者在石上。所謂離者，乃其藏也。得見白其白，得見堅其堅，見其白則不見堅矣。所見之白、所不見之堅，實相附離也。所不見之堅離在一偏，即當與所見之一爭盈矣，而卒不相盈，故能相附離，自然藏於中，猶言石能藏堅白也。堅字亦然，省。

辛從益云：曰堅白石雖相盈，而人之所見不相盈也。或得其堅之滿，則不見有白之滿；或見其白之滿，則不見有堅之滿。見與不見，彼此相離，烏乎其相盈？夫堅得則白離，白得則堅離，離即藏矣。

陳澧云：主言見白不見堅而堅離。白既與堅離，則三者離其一矣。此一者不能盈於石，故離也。所以離者，以其藏而不見也。

俞樾云："不見離一"句，當作"見不見離一"。蓋言得白失堅，得堅失白。有可見之堅，即有不可見之白；有可見之白，即有不可見之堅。有見者，有不見者，是見與不見離也。故必合見不見言之，乃不相藏耳。今舉其見之一，則離其不見之一；舉其不見之一，則離其見之一。是無論見不見，而皆離其一也。離其一則有所者一而已，一則不能相盈，故離也。

孫詒讓云：《墨子·經下》篇云："不可偏去而二，說在見與俱、一與二。"《說下》篇云："見不見離，一二不相盈。"正與此同。此"一一不相盈"，亦當依《墨子》作"一二不相盈"。後文云"於石一①堅白二也"，即此義。

胡適校作"得其白，得其堅，見與不見離。見不見離，一。二不相盈，故離。離也者，藏也。"解云：從前的人把這一節的"離"字解錯了。本文明明說"離也者，藏也"，古人的"離"字本有附麗的意思。《易·彖傳》說："離，麗也。日月麗乎天，

---

① "一"原作"二"，《堅白論》後文爲"於石一也，堅白二也"，故當作"一"，孫詒讓《札迻》［清光緒二十年（1894）刊、光緒二十一年（1895）重斠正修版］卷六亦作"一"。據改。

百穀草木麗乎土。"《禮記》有"離坐離立，勿往①參焉"的話。白是所見，堅是所不見，所見與所不見相藏，故可成爲一個堅白石。若是二，便不相盈了。所以兩者必相離，相離即是相盈，即是相藏。但是吾人何以能知所見與所不見兩者相盈呢？《公孫龍子‧堅白論》的末節說，這都是神的作用。若沒有這心神的作用，決不能有堅白的知識，但能視而知白，拊而知堅罷了。②

王琯云：原文"見與不見離"下之"不見離"三字，疑涉上文而衍。原文"一一"當如孫校作"一二"，但"一"字似不應連上讀，擬校如下文：

"得其白，得其堅，見與不見離。一二不相盈，故離。離也者，藏也。"

此段申詳"藏"意。以目得其白，手得其堅，白可見，堅不可見。於目見之時不能得堅，是與不見離矣。何以故？一二不相盈故。於石一也，堅與白二也，是爲一二。由石之一，不能盈有堅白之二，則不得不離。離而不可得見，猶如匿藏，故曰"藏"也。

錢基博云："見與不見與不見離一"，馬驌《繹史》、《百子全書》本第二"與"字作"離"字，爲"見與不見離不見離一"。

譚戒甫云：此謂由見以得白，而堅即以不見離；由知以得堅，而白即以不知離。今白由見而得，則堅由不見而離，故曰"見與不見離"。堅既由不見而離，是見而在者一，而不見而離者亦一耳，故曰"不見離，一"。兩一相外，必不相盈。既不相

---

① "往"字原闕，《禮記‧曲禮上》曰："離坐離立，勿往參焉。"胡適《惠施公孫龍之哲學》（續）（《東方雜誌》第十五卷第六號，1918年，第94頁）亦有"往"字。據補。

② 語出胡適《惠施公孫龍之哲學》（續）（《東方雜誌》第十五卷第六號，1918年，第94頁），胡適《中國哲學史大綱（卷上）》第八篇第五章《公孫龍及其他辯者》亦有類似解讀，略有刪改。

盈，則兩一相離，故曰"一不相盈，故離"。離即隱藏之義，故曰"離也者，藏也"。蓋所謂自藏者如是。

《墨子·經説上》曰："異處不相盈，相非即"排"字，是相外也。"《經説下》曰："見不見離，一二不相盈，堅白。"此在名家，本爲反證之辭，然適與本段同者，以形名家立説固如是耳。

右第二節。

伍非百云："見與不見與不見離一一不相盈"應作"見與不見離一二不相盈故離"。《墨經》曰："一二不相盈。"是其證。此主答，重申自藏義。辨者以堅白石不相外藏，竝非自藏，不自藏之義明，則堅白石三之説成立矣。而主答以堅白之所以能自藏者，正因其相離之故，抑惟其離，所以不外藏而自藏也。若果不自藏而外藏，則必另有一"與件"與之相盈而後可。另有一"與件"與之相盈，此相盈者是應見則俱見、拊則同拊、得則同得，而後可。何以事實，仍轉不爾？

例如白，當其見白，竝不見堅；及其拊堅，竝不拊白。是白離於堅而獨有也。若云見與不見爲一，既有見，又有不見，見與不見，明爲二物，其爲一之義不成。蓋未有一而分見不見二性者也。見不見二，各各獨立，何得言相盈及不相外藏哉？故曰："見與不見離。"見與不見離，喻如"一二不相盈"之例。

"一二不相盈"亦當時辨者之談，所謂"二無一"者也。謂一與一相加成二，所謂二者，乃兩一之總合也。既云一，不當再云二；既二，不當再有一也，故云"一二不相盈"。言石之白、石之堅，有見與不見，見與不見離，只能分言堅石二，或白石二，不能以堅白石三者相加而爲堅白石三也。

堅石、白石，各自獨立，故曰："一二不相盈，故離。"

此文"一二不相盈"，與《墨經》"一二必相盈"，均爲當時兩派相傳之術語，針鋒相對，不可混觀。《墨經》"一二必相盈"，在證明盈性。此文"一二不相盈"，在證明離性。惟其離，故見者與不見者，各各保存其獨立性，而自己存在自藏。其所以能自己存在自藏者，正以其離之故，故曰："離也者，藏也。"言所以主離者，正以其自藏之故也。若不自藏，安得爲離？此文辯"自藏"與"相離"兩義，相應相成，而客疑當可釋然矣。

柱按："見與不見與不見離一一不相盈"，陳仁錫本、傅山本、《守山閣》本、陳澧本作"見與不見離不見離一一不相盈"，辛從益本作"見與不見離一一不相盈"。此主仍以目之白與手之堅兩事之時間，必相離而不能同時相盈答之也。時間既相離而不能相接，故必見一而藏一，故曰："離也者，藏也。"

（客）曰：石之白，石之堅，見與不見，二與三，若廣修而相盈也，其非舉乎？

舊注：修，長也。白雖自有實，然是石之白也；堅雖自有實，然是石之堅也。故堅白二物與石爲三。見與不見共爲體，其堅白修廣皆與石均而相滿，豈非舉三名而合於一實？

傅山云：若不理前之其白其堅及得白得堅之論，但曰石之白、石之堅，似可以破一之之説。然而見白時不見堅，見堅時不見白，見堅白時又不見石，則見與不見又有二與三矣。益欲廣長其辨，與石相盈，石不用自舉，而爾自舉，其一之非三矣。若炤初起"曰"字一難一答，曰"石之堅"一段，卻又是堅白石三之主意。謂有石、有堅、有白，見此不見彼，分明是有二與三。若橫豎相多，其舉之三，非乎？

辛從益云：難者曰：石，一也；石之白，一也；石之堅，一也。以人所見而言則爲二，不以人所見而言則實三。若總舉石之廣長觀之，則堅白與石通體相竟，何嘗缺一乎？

陳澧云：客言石有白色，有堅質，衹以人有見有不見，故爲二爲三。然有色必有質，有質必有色，猶物有廣必有修，有修必有廣。舉其一則其二在其中矣，豈得爲未舉乎？

王琯云：此節賓再詰難。言石白可見，石堅不可見。白石堅石爲二，白堅與石爲三，若二若三，如廣修之相盈也。舉以擬實，寧非正舉？廣寬修長，合成平面。既言平面，不能離廣取修，不能離修取廣，猶石含堅白，既取此石，即不能舍堅言白，或舍白言堅也。

譚戒甫云：本段蓋賓承主論以反駁之之辭。夫白者，石之白；堅者，石之堅。以可見之白與不可見之堅合而爲二，二又與石合而爲三，如廣修之於一平羃（㎡），相盈不離也。"其非舉乎"，猶言舉之正是也。此"舉"字即《墨子·經上》"舉，擬實也"之"舉"。

《墨子·經下》曰："不可偏去而二，説在見與俱、一與二、廣與修。"其辭雖與此稍異，而爲義全同。"不可偏去而二"者，意謂堅白二者彼此不可偏去也。不可偏去，即相盈而不離耳。"見與俱"，即"見與不見"。見，就白言；不見，就堅言；俱，合堅白言也。"一與二"，亦即"二與三"。"一與二"者，石之一與堅白之二也；"二與三"者，堅白之二又以二與石之一合而爲三也。"廣與修"即此"廣修"。

伍非百云：此客難，重申前意，而再舉喻。"石之白，石之堅，見與不見"三句述主語。二謂堅白也。三謂堅白石也。言石之白，石之堅，雖有見與不見之分，然無論其所舉爲堅白或堅白石，皆爲不相外藏。其相盈也與"廣修相盈"之理同。"廣修相盈"亦當時名家術語，謂二物相盈不離。廣，面也。修，線也。天下未有有廣無修之面，亦未有有修無廣之線。廣修相盈，與堅白石不相外,其類正同。廣即是修,修即是廣,猶之堅即是白,白即是堅,堅白即石,石即堅白也。故曰:"若廣修之相盈也,其非舉乎?"言舉廣修之例,以喻堅白,豈非正舉也哉?名家以合理者爲正舉,此文"其非舉乎"之"舉"字,乃"正舉"二字之省文。廣修相盈,爲不可偏去之一例,乃盈派常語,與堅白並稱。《墨經》曰:"不可偏去而二,說在見與値、① 一與二、廣與修、堅與白。"《説》曰:"廣修相盈,堅白不相外。"廣修堅白,皆爲不可偏去者,去一則其二與之俱去,存一則其一與之俱存也。

又按此文"廣修相盈"與"堅白相盈"爲同喻,"一二不相盈"與"堅白相盈"爲異喻。故上文主舉"一二不相盈"證明離性,此文賓即舉"廣修相盈"證明盈性。皆針鋒相對之語。此文與《墨經》字句均略有脱譌,非細細對勘,不能悟其奧蘊。

柱按:此客以廣修相乘而成平面,喻堅白相盈而爲石。言平面不能舍修取廣,亦不能舍廣取修,故言石不能離白取堅,亦不能離堅取白也。故言平面則必兼舉修廣,言石亦必兼舉堅白,故可云堅白石也。

(主)曰:物白焉不定其所白,物堅焉不定其所堅。不定者兼,惡乎甚石也?

---

① "見與値"通常作"見與俱",如前文孫詒讓、譚戒甫以及伍非百對《堅白論》的總體解讀中所引。然此處作"見與値",伍非百在《墨辯解故·(附)墨辯校勘記》中給出了校改依據,其言:"'俱'當爲'値',形之訛也。《莊子·知北游》'明見無値',郭象注:'闇至乃値。'是値爲不見,猶言有所障也。蓋無値不成見,無見不成値。無所不見,即無一而見也。'見値'二義,相反相成,與'廣修''一二'同爲不可偏去之類。"[伍非百:《中國古名家言·墨辯解故·(附)墨辯校勘記》,北京:中國社會科學出版社,1983年,第291頁]

舊注：萬物通有白，是不定白於石也。夫堅白豈唯不定於石乎？亦兼不定於萬物矣。萬物猶且不能定，安能獨於與石同體乎？

傅山云：不定其爲堅爲白，兼堅白而有。惡乎甚，猶何物最甚，似謂物之白與堅者尚無一定之所，而最合堅白而牢者石而已。"甚"字又恐是"其"字。

辛從益云：曰堅無與於石，白無與於石也，何相盈之有？物之白者不必定石，堅者不必定石，堅白兩未知所定，安知其爲石也？此破堅白與石相盈之説也。夫堅白猶無與於石，而況堅之於白、白之於堅，豈相連哉？

陳澧云：主言萬物有白，不定爲何物之白；萬物有堅，不定爲何物之堅。有此二者不定，惡乎定其爲石也？"甚"當作"其"。

王琯云：白爲通色，不能以白而定其所白者爲何物。堅爲通質，不能以堅而定其所堅者爲何物。則是白也，堅也，性各不定。兼二不定，而謂其必定，并名其所定者曰石，則根本乖舛矣，安有石爲？石既不立，烏知堅白之相盈於中邪？此節主再答辯。"不定者兼"與《指物篇》"是兼不爲指"同一句法。

錢基博云："惡乎甚石也"，《百子全書》本"甚"作"其"。

譚戒甫云："惡乎其石也"，"其"字各本皆作"甚"。傅山云："'甚'字又恐是'其'字。"按崇文本（即崇文書局《百子全書》本）正作"其"，兹特照改。

謝注是。此即論主承上文"石之白、石之堅"言，謂物白、物堅兩皆不定，復何能定於石邪？

伍非百云：此主答，出正意。言堅白皆具普遍性，離物而有，不拘囿於一物。假有體者，僅拘囿於一物，則可謂其體即若物矣，而堅白則非其例。如白有白人、白馬、白羽之白，堅有堅金、堅木、堅冰之堅，何必定於石哉？故曰："不定者兼，惡乎其石也?"言堅白各有獨立性而自存也。

柱按:"物堅焉不定其所堅","不"上陳澧本衍"而"字。"甚石也",辛從益本"甚"作"其",與陳校同,各本均誤作"甚"。此主答客廣修之難也。有廣修而後有平面,故言平面不可取廣去修,亦不可取修去廣。石則不然,先定石而後言白或言堅,非以堅白而定其爲石也。所以者何?物有白而白不定爲石,物有堅而堅亦不定爲石也。夫既先定爲石而後言堅言白,則手知堅時而不知白,目見白時而不見堅,其相離明甚。

(客)曰:循石,非彼無石。非石無所取乎白石。不相離者,固乎然,其無已。

舊注:賓難主云:因循於石,知萬物亦與堅同體,故曰循石也。彼謂堅也,非堅則無石矣,言必賴於堅以成石也。各本作"名",據譚本改。非有於石則所取於白矣,言必賴於石然後以見白也。此三物者相因乃一體,故曰"曰"上《道藏》本有"之"字,嚴可均云:"衍'之'字。"柱按:陳仁錫本無"之"字,《守山閣》下"之"作"又",今刪"之"字。堅白不相離也。堅白與石猶不相離,則萬物之與堅白固然不相離,其無已矣。

傅山云:"循石,非彼無石,非石無所取乎",全用莊生文法。"白石不相離者"句,"白"下似脱一"堅"字,説是一底。

辛從益云:難曰:所謂白者必有所附,豈空言哉?今所附者石也,則彼儼然有石矣,非石而何名也?石之爲名,其固然者也。白與石之不相離,亦其固然者也。有是石即有是白,相因而見,惡可已乎?此復申相盈之説也。明乎白與石之不相離,則堅與石之不相離,可例推矣。

陳澧云:客言以手循石,思天下非有此物,則天下無石矣。

無石又何所取乎白石？并其不相離而無之矣。其意謂若言相離，惟無石而後可耳。

王琯云："循"通揗，今撫揗字，以"循"爲之。《漢書·李陵傳》："數數自循其刀環。"注（顏師古注）："摩順也。"此節賓又難主。言石由堅白而成，若無堅白，其質已去，以手撫石，石復何有？然因有石故，白始有托，方成白石。設若無石，所托先失，白石何取？準是以談，堅白與石，彼此相待，無堅白則無石，無石則無堅白。名雖有三，實祇一體，故曰"不相離"。"不相離者固乎然"猶言"固然其不相離"。"其無已"三字無解，疑有脱譌。

譚戒甫云：此賓承第一段相盈之説而爲之辭。"循石"之循，當與上文"拊不得其所白"之拊同義。古書每拊循二字連文可證。《晏子春秋·問下篇》第四云："堅哉石乎落落！視之則堅，循之則堅，内外皆堅。"循之則堅，猶云以手拊石而得堅也。"固乎然"，猶云固於然。於然，義見前。"其無已"，猶云無盡時。蓋謂堅白固自然不離於石而無盡時也。

伍非百云：此客難，救濟流遁，仍歸宗於"堅白石三"不相離之説也。循，讀若《莊子·秋水》"請循其本"之循。循，謂反本索源之論也。凡辯往反駁詰，必有流失之處。《小取》曰："遠而危，流而離本，不可不察也。"救濟危離有二術。一曰"他辯"，本證不明，請另舉一例以明之也。如《通變篇》本在辯"二無一"之義，而舉左與右爲二。因證明左與右爲二，而舉同喻之牛合馬非馬、異喻之羊合牛非雞。宗爲正體，喻爲變體，本已不甚密合，而又語涉專門，易滋歧誤，所謂遠而危者也，故客請另舉一例曰"他辯"。下文公孫即舉青以白非黄、白以青非碧兩例以明之。雖仍爲變體，而語較普通矣。若使客不請"他辯"，而公孫仍高談其雞馬之論，則人將惑於辯，疑於辭，而左右之義愈不明，故論者必更端而意乃顯，此"他辯"之義也。二曰"循本"，言有枝葉，枝復生枝。如本論因辯堅白石二而漸至於離堅白而無石,所謂流而離本也。若不歸宗反始,將至逐末追流,永無凝定。而反往論難之間,主反爲客,客反爲主,胥不可定,故循循其本,仍從"第一論宗"辯起也。譬如惠莊濠梁之辯(事見《莊子·秋水》),莊以"異體相知"立宗,莊子曰:"樂哉魚乎!"惠子曰:"子非魚,安知魚之樂?"莊子曰:"子非我,安知我不知魚之樂?"惠子曰:"我非子,固不知子矣;子固非魚也,子之不知魚之樂全矣。"如惠子之言,可謂流而離本也。本辯"異體不知",今乃承誤"異體有知",豈非離本哉?若不循本,則口給無已,故莊子曰:"請循其本。"意謂子先謂我不知魚樂云者,是子已能知我矣。子能知我,故我能從濠上知魚也。此即"循本"之義也。①

本篇客言堅白石三,公孫言二,雖意許離石,而辭未明言,論鋒所至,幾於離堅白而無石。在客聞之,以爲離本,故請循石,謂先辨石之有無也。若石爲有,則堅白當然不得離。

彼謂石也。言無彼石之質,則無此"石之物"。無此石物,則此白也將何所附麗?白無所附麗,更安得有白石哉?既石自有石,白自有白,白與石相盈,成此白石,所謂不相離者也。白與石盈,終古如斯。極之前有此石,即有此白;窮之後有此白,即有此石。故曰"固乎然,其無已"。固乎然,謂原來如此。其無已,謂永遠如此也。

案"旡已"② 義見《莊子》,乃無窮之意,猶今言"不盡

---

① 此段伍非百自注中諸"辯"字原皆作"辨",據《道藏》本《公孫龍子·通變論》原文"他辯"和伍非百《中國古名家言·公孫龍子發微》(南充:西山書院,1949年,第52頁;北京:中國社會科學出版社,1983年,第574頁)改。

② "旡已"原作"无已",本段中其他六處"旡已"原也作"无已"。"旡"音jì,意指飲食引起的氣逆梗塞,與"无"含義不同,此處指無窮,故當作"旡已"。不過歷史上也常將"无"寫作"旡",可參見劉照劍:《"无""旡"字辨》,《中國書法》2019年第8期(總第359期),第200—201頁。

數"。《知北游》:"物出不得先物也,猶同"甴"其有物也无已。聖人之愛人,終无已者,亦乃取於是也。"《則陽》:"若知之若不知之,若聞之若不聞之,其可喜也終无已,人之好之也亦无已,性也。聖人之愛人也,人與之名,不告則不知其愛人也。若知之若不知之,若聞之若不聞之,其愛人也終无已,人之好之亦无已,性也。"

(主) 曰:於石,一也;堅、白,二也,而在於石。故有知焉,有不知焉;有見焉,有不見焉。故知與不知相與離,見與不見相與藏。藏故孰謂之不離?

舊注:以手拊石,知堅不知白,故知與不知相與離也。以目視石,見白不見堅,故見與不見相與藏也。堅藏於目而目不見堅,《道藏》本作"藏於目而目不堅","藏"上無"堅"字,"不"下無"見"字,今據陳仁錫本、《守山閣》本增。誰謂堅不藏乎?白離於手而手不知白,《道藏》本作"白離於手不知於白","手"下無"而手"二字,"知"下多"於"字,今據陳仁錫本、《守山閣》本正。誰謂白不離乎?

傅山云:此又謂三者,自開一步。知見各是一半。若但寬看知見兩字,不必再索矣;若細窮知見兩字,尚有深義。是說藏而藏者,還是三底主意。藏久而熟,熟則忘本附離而不覺其附離,遂謂之不離矣。

辛從益云:曰堅白附物以見,所附之石一物也,堅與白又二物也,而堅白混在一石,故有知堅知白之分,見堅見白之限。知有所離,見有所藏,藏則離矣。其一石也,見堅則白藏,是白離於石也;見白則堅藏,是堅離於石也,何相盈之有?

陳澧云:離與藏互言之。

王琯云:既言堅白而同在一石,撫堅可知,撫白不可知,其不知者與知者相離矣。使果不離，曷不同時并知？視白可見，視堅不可見，其不見者與見者相藏矣。使果不藏，曷不同時并見？此節主述堅白互相離藏之理，以答客難。"藏故"意言因藏之故。

錢基博云：馬驌《繹史》、《百子全書》本"有見焉"句下多"有不見焉"一句，依上文"有知焉有不知焉"觀之，明係此脫。柱按：錢說是也，今據增。

譚戒甫云："石一也"，原作"於石一也"，"於"字傳作"于"疑衍文，或後人妄據《墨經》校增耳。《經下》云："於一，有知焉，有不知焉，說在存。"《說》云："於○①石，一也。堅、白，二也，而在石。故有知焉有不知焉，可。"下略彼"於"字乃牒經"於一"之標題，與正文無涉。此據增之，無義。茲徑刪之。

此論主遠承前文"見與不見，二與三，相盈"之說，而駁之也。謝注甚是。

按前校語所引《墨經》，謂堅白之在石，祇曰有知焉有不知焉可也。但形名家不然，以謂此須有知不知，有見不見。蓋知與不知離，見與不見離，故曰離堅白也。

右第三節。

伍非百云：此主答賓難，仍主離。言雖藏不害爲離。因藏故離，因離故藏。例如堅白二而在於石，拊之知其堅而不知其白也，視之見其白而不見其堅也。明明二物，知堅無白，見白無堅，知與不知相與離，見與不見相與藏。唯其藏也，所以離也，故曰："藏故，孰謂之不離？"離，謂相離。藏，謂相藏。唯其各自藏，所以說相離。此言就知與不知言，固離；就見與不見

———

① 《墨經》中的《說》文在解釋《經》文時，通常牒舉《經》文首一字或兩字以爲標題，表明《說》文在解釋哪條《經》文。譚戒甫用○間隔牒經標題字和解釋性文字。

言，亦離也。

柱按：一知一不知，二者分離，故謂之離。一見一不見，不見故謂之藏。故藏與離義雖不同，而其明堅白不能同時名於一石則一也。

（客）曰：目不能堅，手不能白，不可謂無堅，不可謂無白。其異任也，其無以代也，堅白域於石，惡乎離？

舊注：目能視，手能操，目之與手，所在各異，故曰其異任也。目自不能見於堅，《道藏》本作"目有自不能見於堅"，今據陳仁錫本、《守山閣》本正。不可以手代目之見堅；手自不能知於白，"手自"，《道藏》本作"乎自"，嚴可均云："'乎自'當作'手自'。"今據陳仁錫本、《守山閣》本正。亦不可以目代手之知白，故曰其無以①代也。堅白相域不相離，"域"，《道藏》本作"城"，今據《百子全書》本改。安得謂之離？言不相離。"言不相離"，舊脫"言"字，據譚本增。

傅山本"不可謂無堅"句作"不可謂無任"。注云：此"任"字似是"堅"字之訛。堅白域於石，堅白爲石所域也。

辛從益云：難曰：堅白乃石之自具者，何與人手目哉？目雖不能知堅，豈可謂無堅乎？手雖不能見白，豈可謂無白乎？手目雖有分任，豈不可以相代？蓋目以濟手，手以濟目，兩相爲用，所謂代也。堅白本併在一石，烏乎其離？

陳澧云：客言目手異用，能相代耳，然堅白自在石之內，未嘗離也。

王琯云："任"訓職，訓用。"異任"言手目之職責作用不同。此節意言目不得堅，手不得白，係以手目之職司各異，不能相

---

① "以"字原闕，據《道藏》本《公孫龍子》中的舊注和《堅白論》原文中的"其無以代也"補。

代。其實堅白統域一石。雖不同時兼得，然不可因其不能視也，謂之無堅；或以其不能撫也，謂之無白。此又反駁主言堅白相離之理。

金受申云：此條言堅白石非真相離，其所以云離者，蓋任之異，而不能相代也。

譚戒甫云：此又賓難之辭，仍統承上文言之也。此謂目雖不能知堅，然不可以謂之無堅；手雖不能見白，然不可以謂之無白也。域猶言局限，謂堅白二德，局限於一石，不相離也。

伍非百云：此賓難。任，職責也。《經說下》曰："舉重不與鍼（同"針"），非力之任也。謂握者之觭[1]倍，非智之任也。若耳目。"[2] 即"異任"之義。此節言目不得堅，手不得白，係以手目之職司各異，不能相代。其實堅白統域一石，雖不能同時以目或手兼得之，而可同時以意連絡手與目之所得而兼知之，安得以

---

[1] "觭"原作"頎（yī，又讀qī）"。《墨子》之《道藏》本和畢沅校注本皆作"頎"，孫詒讓《墨子閒詁》曰："'頎'，當爲'觭'，形近而誤。其讀當爲奇。……《莊子·天下篇》云'觭偶不仵'，《經上》云'倍，爲二也'。觭倍者，觭爲一，倍爲二，與'觭偶'義同。或云'倍'即'偶'之譌，亦通。此言握物而使人射其奇偶之數，雖或億中，不足以爲智，故云'非智之任也'。"[孫詒讓：《墨子閒詁》定本，《墨子大全》第16冊，北京：北京圖書館出版社，2002年影清宣統二年（1910）本，第512頁] 伍非百《墨辯解故》附《墨辯校勘記》節引孫說，且謂"孫說甚是，唯觭字舊文不必改"（伍非百：《中國古名家言》，北京：中國社會科學出版社，1983年版，第292頁），其《墨辯解故》（同上，第156頁）和《公孫龍子發微》（同上，第576頁）均作"觭"。據改。

[2] 對這段《墨子·經說下》文字的理解可參考伍非百《墨辯解故》中的解說，其言："力能舉重，不能舉鍼，無害爲力；以舉之非重，不舉非輕，無關力也。鍼所以刺病，事關醫術，不關勇力。智能測物，不能射覆（猜物遊戲），無害爲智；以中之非悊（同"哲"），不中非愚，無關智也。喻如耳目：耳不能視，無害爲聰；目不能聽，無害爲明。"（伍非百：《中國古名家言·墨辯解故》，北京：中國社會科學出版社，1983年，第156-157頁）

手不見遂謂之無白，目不知遂謂之無堅也哉？

（主）曰：堅未與石爲堅而物兼，未與爲堅而堅必堅其不堅。石、物而堅，天下未有若堅而堅藏。

舊注：堅者不獨堅於石，而亦堅於萬物，故曰未與石爲堅而物兼也。亦不與萬物爲堅，而固當自爲堅，故曰未與物爲堅而堅必堅也。天下未有若此獨立之堅而可見，然亦不可謂之爲無堅，故曰而堅藏也。

傅山本"曰"上有"非"字。注云：才曰堅，則不必輒與石爲堅而成一物矣。強以未與爲堅者而堅之，必其非堅者爲堅。何也？有堅之物也。物猶意也。"而堅必堅"者，自堅者言之而必堅也。"其不堅"，此"堅"字可句。"石物而堅"，此"堅"字亦可句。"天下未有若堅"，謂"石物而堅"，是平空以一物爲堅而堅之，是石非其堅之物。

辛從益云：曰堅無與於石也，雖他物亦有堅，是堅未與石爲堅也。堅自堅，物自物，堅又無與於物也。蓋雖無石與物，而所以必堅之性自在，此天下所不得見之堅也，然則堅固與石離也。

俞樾云："物兼未與"當作"兼未與物"。此言堅自成其爲堅之性耳，非與石爲堅也。豈獨不與石爲堅，兼亦未與物爲堅也。而堅必堅其不堅者，如土本不堅，陶焉則堅；水本不堅，冰焉則堅，如此則其堅見矣。今以石之爲物而堅，天下未有堅於此也。堅其堅者，堅轉不見，故曰堅藏也。

王琯云：此釋堅藏。俞説大致允協。原文"天下未有若堅"意言石本無堅，得堅而堅成，其所以成堅之堅性，不可出示，故曰"未有若堅"，亦即所謂"堅其堅者，堅轉不見"之意。俞説"未有堅於此也"，未審。

譚戒甫云：俞樾云"按'物兼未與'當作'兼未與物'。此言堅自成其爲堅之性耳，非與石爲堅也。豈獨不與石爲堅，兼亦未與物爲堅也。而堅必堅"云云。按俞說是，惟"物"字似可不必乙轉，以"物兼未與爲堅"及"兼未與物爲堅"文義本同耳。但謝所據本似有兩"物"字，因其注中兩"故曰"下皆引原文，讀作"未與石爲堅而物兼"句絕，"未與物爲堅而堅必堅"句絕。今各本正文皆無第二"物"字，蓋無者是也。

自此以下，皆論主之辭。

此一小段專就堅言。蓋所謂堅者既未與石爲堅，即萬物亦兼未與之爲堅也。"而堅必堅，其不堅石物而堅"，與下文"若白者必白，則不白石物而白焉"相對成文。而堅即若堅，而猶若也。其不即將不，其猶將也。二句承上石與物言。蓋謂若堅者必堅，則將不堅於石與物而亦堅，猶云將不堅於石與物而亦爲獨立之堅也。"天下未有若堅而堅藏"句，乃轉辭。謝注："天下未有若此獨立之堅而可見，然亦不可謂之爲無堅，故曰而堅藏也。"

柱按：此言堅自有其成堅之道，不必與石；不特不與石，且不與物也。如H_2O爲水則不堅，爲冰則堅，其爲H_2O一也，則堅與物離明矣。夫然，則堅與石離益明矣。堅既如此，白亦宜然。

白固不能自白，惡能白石物乎？若白者必白，則不白物而白焉。黃黑與之然。石其無有，惡取堅白石乎？故離也。離也者因是。

舊注：世無獨立之堅乎，亦無孤立之白矣，故曰白故不能自白。《道藏》本作"白白"，嚴可均云："當作自白。"柱按：陳仁錫本、《守山閣》本均作"自白"，今正。白既不能自白，安能自白於石與物？故曰惡能白石物乎。各本作"惡能自物乎"，今據陳澧本引正。若使白者必能自白，則亦不待白於物而自白矣。豈堅白乎？黃黑等色，亦皆然也。若石與物必待於色然後可見也。色既不能自爲其色，則石亦不能自顯其石矣。天下未有無色而可見之物，故曰石其無有矣。石既無矣，堅白安所托哉？故曰惡取堅白石。反覆相見，則堅白之與萬物莫不皆離矣。夫離者，豈有物使之離乎？莫不因是天然而自離矣，故曰因是也。

　　傅本以上節末"而堅藏"三字連此節首句爲句。注云：如是之堅者且又藏其白與堅等，其所謂白未必真白也，自以爲白耳。是不能自己見其是非黑白，尚焉能白所石之物乎？石物即上"石物而堅"之"石物"也。

　　辛從益云：若夫白，固附石物以見，然白所附之物，非必專於石。石所附之色，亦不必專於白也。若因白之偶在是物而即以是物爲白，則是物偶或不白，而亦將白之矣。黃黑之附物猶是也。是俱偶然者耳。石其無有黃黑者乎？而烏必爲堅白石也？是白與石本相離也。吾所謂離因此。

　　陳澧云：如是則白亦藏也。堅與石既藏，則倘無石即無堅白石矣。惟其藏，故離也。謂之離者，因其本是離也。

　　俞樾云：此與上文言堅，文字不同，而意則相近。言使白而不能自白，安能白石之爲物乎？若白者必能白物，則就不白之物而白焉。或即黃者而與之，或即黑者而與之，人必曰黃者白矣，黑者白矣。如此則其白見矣。然石則無有，此黃黑之色又何從而取之乎？白其白者，白轉不見，故離也。

　　王琯云：此節釋白離。言白而不能自白，即不能白石與物。白而果能自白，則不借他物，可單獨自白。若黃若黑，其理同然。如此白既外石而立，天下未有無色而能見之石，則石復何有？又安取於堅白石乎？此以白能自白，證與石相離之理。

譚戒甫云："則不白石物而白焉"句，舊缺"石"字。查下文"惡取堅白乎"原作"惡取堅白石乎"，多一"石"字，或爲此處錯簡。此段與上段對文，此句與上"其不堅石物而堅"句亦對文，均承石物言，故知此句應有"石"字。茲由下文移正。

此一小段專就白言。前言堅未與石物爲堅者以堅藏耳，非謂堅可獨立也，故謝注此云："世無獨立之堅乎，亦無孤立之白矣，故曰白固不能自白。既不能自白，安能各本此處皆衍"自"字。白於石與物？故曰惡能白石物乎。各本"白石"皆誤作"自"。若使白者必能自白，則亦不待白於物而自白矣。豈獨此原誤"堅"。白乎？黃黑等色，亦皆然也。"按謝說甚是。蓋此謂白非獨立，其不與石物爲白者以白藏耳。

"惡取堅白乎"原作"惡取堅白石乎"，"石"字即上文錯簡，前已移正。

此一小段總束堅白言之。其猶尚也。蓋堅白既藏，石尚無有，則堅白亦無從而取之矣。堅白既無從取，故堅白離也。因是，即承上"有自藏也"之義。謝注："若石與物必待於色然後可見也。色既不能自爲其色，則石亦不能自顯其石矣。天下未有無色而可見之物，故曰石其無有矣。石既無矣，堅白安所托哉？故曰惡取堅白乎。"乎"字原誤作"石"，今改。反覆相見，則堅白之與萬物莫不皆離矣。夫離者，豈有物使之離乎？莫不因是天然而自離矣，故曰因是也。"按謝說是。惟其前段祇承正文白言，不承堅言，未免偏缺耳。

右第四節。

伍非百云：此主答，本論精意在此，分二節說明之。

第一節"堅未與石爲堅"至"而堅藏"，釋堅之獨立性。"堅未與石爲堅而物兼",即上文"物堅焉不定其所堅"之義也。不定者兼,故曰:"堅未與石爲堅而物兼。"謂凡物之具堅性者,得有堅之一現象也。倘堅不附麗於石,而堅仍不妨有其獨立性。何則?以有不堅之物,加於堅性,即得堅之一現象也。如冰,是其例。故曰:"未與石爲堅,而堅必堅其不堅。"

堅其不堅,謂取不堅之物,而加以堅性,即成堅矣。上"堅"字動詞,下"堅"字名詞也。石本爲超於堅不堅之一物,而因加以堅性,所以成堅,並非"堅即石,石即堅"也。倘使石不堅,而堅性仍不妨自有,故曰:"石物而堅,天下未有若堅而堅藏。"若,彼也,指石而言。藏,存也。謂天下之石,即或偶然不堅,而天下不妨仍然有堅之一物,如堅金、堅木仍可離堅石而有。即使堅金、堅木亦不存在,而天下仍不妨有堅,特隱而不顯耳,如水未結冰以前是。

第二節 "白固不能自白"至"黃黑與之然"句,釋白之獨立性。"石物"二字連讀。石物,猶言石之爲物也。此謂若白者不能自白,何以能白石物?若白能自白,則不必附麗於物,而單獨自白。天下既有外石而獨立之白,是白爲自白之白,不必附於物而後有白矣。不但白色如此,其他種種色相亦復如是,故曰"黃黑與之然"。

堅既不與物爲堅而堅藏,白又不與物爲白而白離,堅白俱有自性,請問石果安在?故曰"石其無有"。夫客所謂堅白域於石者,是合堅與白而言石也。今去堅與白,則石無有矣。石既無有,安能成立"堅白石三"之論?故曰:"惡取堅白石乎?"言客既主"堅白石三"之宗,而又持"堅白不相離"之因,是不兩立之説也。何則?堅白二而合爲石,石一而析爲堅白,有堅白則無石,有石則無堅白,石與堅白有變相而無並存。今若説堅白並有，則必無石而後可。説堅白並有，而又有石，是犯重複加減之過。故謂客所立"堅白石三"之宗，與所舉"堅白並存"之因，不兩立也。唯其如此，故欲認取有石，不得不取"堅白離"之説。取"堅白離"之説，則離堅得白，而持"白石二"；或離白得堅，而取"堅石二"，俱可成也。故曰"故離也"。

柱按：此節言白與石離。夫白既與石離，則所見之白已非白石，況於堅乎？

力與知，果不若，因是。

舊注：果謂果決也。若，如也。夫不因天然之自離，而欲運力與知，而離於堅白者，果決不得矣。故不如因是天然而自離也。

辛從益云：異任相代之説，此特以人爲言耳，非其自然者也。若使吾之手目，並用於石，既得其堅，又得其白，則堅白石何嘗不三？然是力與知之説也。天下之以力與知見者，多艱難而迂拙，豈若吾説因其自然爲徑易而果決哉？

傅山云：故堅白石三者相離而有之。知其爲相附離而有者，則亦因是而白之，而堅之，而石之，何必爭其爲白也，爲堅也，爲石也？不爭而因之，則知力俱無是處。

陳澧云：言欲以知力爭，必謂不離者，不若因其本是離，即謂之離。

王琯云：謝釋"果"謂"果決"，非也，按即結果之意。言上述堅藏白離之旨，以智力求之，結果終不外是，不若因其自然之爲愈也。"知"通"智"。

譚戒甫云：力與知，即力與智也。謝注："果謂果決也。若，如也。夫不因天然之自離，而欲運力與知，而離於堅白者，果決不得矣。故不如因是天然之自離也。"按下文言神不見，神不知，故此先言力與智之不若，生起下文。《淮南子·泰族訓》云："神明之事，不可以智巧爲也，不可以功力致也。"此蓋謂神尚無主，遑言力與智哉？

伍非百云：三句承上，再論堅白。力與智，即堅與白之根也。若，比也。"力與知，果不若"者，言力不與智比，今而後知其果然也。"因是"猶言因此之故。力，對堅而言；智，對白而言。因力而得堅，因智而得白，根與境對故。境既爲二，根亦爲二，根境緣故。此舉智力與堅白互證。因"堅""白"之離，而知"智""力"之離，而各得。因"智""力"之離，愈證"堅""白"之離，而自存也。

且猶白以目以火見，而火不見，則火與目不見，而神見。神不見而見離。

舊注：神謂精神也。人謂目能見物，而目以因火見，是目不能見，由火乃得見也。然火非見白之物，則目與火俱不見矣。然則見矣。錢基博云："《百子全書》本脫此四字。"然則見者誰乎？精神見矣。夫精神之見物也，必因火以目錢基博云："《百子全書》本'目'誤作'見'。"乃得見矣。火目猶且不能爲見，安能與神而見乎？則神亦不能見矣。推尋見者，竟不得其實，則不知見者誰也，故曰"而見離"。

傅山云：初看似"神不見而見"爲句，再三看亦可以"而見離"爲句。又是《莊子》文。

辛從益云：且白因目以見，目亦藉火以見。若値夜闇無火，則目無由見。然則火與目俱非能見，而所以見者特神爲之。神又非能無因而見也。神所不及見，則見已與神離。神早與物離矣，可云白與石相盈而不離乎？

陳澧云：言不但堅白石離而已，且目也火也見也，無一不離者也。

孫詒讓云：《墨子·經說下》篇云："智以目見，而目以火見，而火不見。"此當亦作"且猶白以目見，目以火見，而火不見"。今本挩"見目"二字，遂不可通。

王琯云：孫說是也。猶通由。火即光明之意。言白由目見，而目不自見，由光乃見。光不見白，由光而見之目，又何能見？是俱不見矣。若是操其樞者心神，以神見矣。然神之爲用，究屬空靈，人不能見神也。不可見，故見離。見離，故白離。

金受申云：今科學家言目能見物者，以有光故，目不能獨見物也。公孫龍證明物之見由神，此即提倡現量之根據，又爲"臧三耳""雞三足"立論之根本。故一曰"火與目不見而神見"，再曰"神不見而見離也"。

譚戒甫云：傅本"以目"下重一"目"字。且者，進言之也。此一小段就見白言，故曰猶白，若先爲之例也。謝注甚是。

柱按：白既離石，見又離白，而神又離見，則所見竟非見矣。

堅以手，而手以捶，是捶與手知而不知，而神與不知。神乎！是之謂離焉。

舊注：手捶與精神不得其知，則其所知者彌復不知矣。所知而不知，神其何爲哉？夫神者生生之主，而心之精爽也。然而耳目殊能，百骸異通，千變萬化，神斯主焉。而但因耳目之所能任，百骸之自通，不能使耳見而目聞，足操而手步。又於一物之上，見白不得堅，知堅不得白，而況六合之廣，萬物之多乎？故曰神乎神乎，其無知矣。神而不知而知離也。推此以尋，天下則何物而非離乎？故物物斯離，不相雜也。各各趨變，不相須也。

不相須，故不假彼以成此。不相雜，"雜"，各本均作"離"。柱按：上文"物物斯離，不相雜也。各各趨變，不相須也"，繼之云"不相須，故不假彼以成此"，是承"不相須也"句爲文。然則"不相雜，故不持此以亂彼"，亦承上文"不相雜也"句爲文可知，故"不相離"當爲"不相雜"。作"離"者，形似，且涉上而誤。故不持此以亂彼。

是以聖人即物而冥，即事而靜。即事而靜，故天下安存。即物而冥，故物皆得性。物皆得性，則彼我同親。天下安存，則名實不浮也。"浮"，《道藏》本作"存"，今據陳仁錫本、《守山閣》本作"浮"。

傅山云："堅以手"三字對前"白以目"。"知而不知"對上"不見而見"之義，而變其文，所以爲古文。

辛從益云：且堅必以手而後知，然堅與手尚不相知也，必待手捶，而手與捶又不自知也。是捶與手知而不知，特神知之，而手捶之與神又不相知也。動乎其天，而手因之，而捶因之，是神不與知也。夫堅有待於手，手有待於捶，捶有待於神，而神又不與知。神乎！神乎！猶此爲物之所離，而天下莫能見者乎？知其爲離，則知石之見爲堅，石之見爲白，皆神爲之耳。堅何與於石，白何與於石哉？故究極於神，而離之說明矣。而天下之混性色質而一之三之者，皆可以此正之矣。

此篇眼目在"藏""離""神"三字。蓋物之相聯以神，非物之自聯，故物本離也。惟離，故有見有不見，所以爲藏。惟藏，故彼得則此離，此得則彼離。此堅白石可二不可三之指也。若夫廣修相盈之說，豈惟堅白石不可三，抑亦不可二矣。何也？既云相盈，則堅白石固一物也，何二何三之有？

陳澧云：此言手與捶皆離，即神亦離也。知堅必以手，而手必捶之，手以捶而知，手本不知也。捶之知乃手知，亦非捶知也。是捶與手皆知而不知也。捶與手既皆不知，則知者神也。然不以手捶，則神亦不知也，如是則神亦離也。

王琯云：此節文意不完，疑有挩譌，大旨仍如上文。前述白離，此述堅離。意言堅以手知，手以捶知，捶不知堅，其由捶而知之手，安能知堅？故曰："捶與手，知而不知。"若是，則神知矣。然神知無形，何由知神？故曰："神與不知。"不知則知離，知離則堅離。統上堅白二義，歸知見於神，而神又無從知見，藉證離旨，則所謂離者，皆神之作用也。故曰："神乎！是之謂離焉。"

金受申云：此條應有衍文，當作"堅以手，而手以捶，是捶與手知，而不知神與，不知神與，是之謂離焉。離也者天下，故獨而正。"蓋云堅之知由於手捶，知於神與，不知神與，物必相離，相離離一，故獨而正。此迫歸結於神與，而證明直覺也。

譚戒甫云：此一小段，就知堅言。捶，《說文》："以杖擊也。"引申蓋亦上文柎循之義。然公孫似以手對目、捶對火言，故既曰"手以捶"，又曰"是捶與手知也，而不知"，而猶然也。意謂手與捶均不能知，則神其知矣，而神與不知。謝注："手捶與精神不得其知，則其所知者彌復不知矣。"是也。此與上段文本相對，然語較簡略。

《墨子·經下》云："知而同"能"不以五路，說在久。"《說》云："智即"知"，下同。〇以目見，而目以火見。而火不見，惟以五路智。久，不當以目見，若以火見。"其意蓋即所謂神見神知耳。然形名家反是，以謂神不能知見也。

"神乎！是之謂離焉"，此句總束上二小段言之。蓋形名家謂神不見不知，即知見離。知見離即堅白離矣。故曰"神乎"，言無神也。所謂離者如是而已。

柱按："堅以手而手以捶，是捶與手知而不知，而神與不知，神乎"二十二字，甚多挩衍，"乎"字當爲"手"字形似之誤衍，應據上文訂正爲：

> 堅以手知，手以捶知，而捶不知，則捶與手不知，而神知。神不知而知離。

而下以"是之謂離焉"總束上文。此節言堅既離石，知又離堅，而神又離知，則所知竟非知矣。

離也者天下故獨而正。

傅山云："離焉離也者"是一句，謂離而不離也。末句"離焉離也者天下故獨而正"，通篇大旨可見。篇中"離"字作去聲讀，如附離之離。末路精義不遠，髣髴（fǎng fú，彷彿）得之，可喜也。此之堅非"善閉無關楗而不可開"（語出《老子》第二十七章。"楗"，《老子》通行本作"楗"。按，"楗"通"楗"，意指門閂）之堅。白非知白守黑（語出《老子》第二十八章："知其白，守其黑，爲天下式。"）之白。所謂堅者易脆也。所謂白者易染也。由于其人之諶杵①（chén chǔ），如石者隨所著見，知而不化，于以内身外世，皆不可費卻多少攻守，而卒於石亦惡有。又進之于神之不見不知，離而非離者，獨而已矣。謂不離于堅，不離于白，不離于石也。公孫四篇（指《公孫龍子》之《白馬論》《指物論》《通變論》《堅白論》）是一義，其中精義大有與老莊合者，但其文又一種堅奧連環，不知莊生當時非公孫龍何故。

王琯云：末言上述離旨，爲天下事物所同，故獨以此爲正。

---

① "諶杵"之"諶"意指真誠，"杵"是舂米、搗衣、築土等用的棒槌，也有搗、捅等義。《管子·任法》："然故諶杵習士，聞識博學之人，不可亂也。"唐代尹知章（？—718）注曰："杵所以毀碎於物者也，謂姦詐之人，僞托於諶，以毀君法。"

其"離也者天下"句法與《指物論》"非指者天下"相同。

譚戒甫云:"離也者天下",謝注:"推此以尋天下,則何物而非離乎?"蓋所謂離者,不特堅白如是,即天下物指,皆可等量而齊觀矣。"故獨而正","獨"即《墨子·經說下》"必獨指吾所舉"之獨。意謂吾所舉者白石,則必獨指其白;吾所舉者堅石,亦必獨指其堅也。"正"即《名實論》"出其所位非位而位其所位焉正也"之正。蓋形名家謂石形、白色、堅性三者,均屬物指,同由感覺而得。對於物名,初無所謂實;對於知見,初無所謂神。堅白相離而獨指,所謂"名正而言順"者矣。

右第五節。

伍非百云:此承上"力與知,果不若"之義,而申言之也。知之得白,以見故;力之得堅,以捶故。今就見與捶之義,而探究之,毫無共通之點,仍各有自性。是在根內之見與捶獨立,在境外之白與堅亦獨立。兩兩俱存,各有自性。故言"離也者天下固①獨而正"。言天下本有此各個獨立之一境,其義真實而正確,特常識不了,好以籠統之念說之耳。

案見有自性,捶亦有自性。白有自性,堅亦有自性。堅白之境,見捫之根,各各獨立,離而自有,故曰"離也者天下固獨而正"。

又按此節"神"字,作心神解。通常多以爲在內有統一之心神,故在外有連絡之物體,因推言公孫離形主神,頗類唯心見解。如舊注解"藏三耳""雞三足"之例是。實則公孫並不如此主張。

---

① "固",《道藏》本《公孫龍子》作"故",而陳柱所引伍非百説作"固",伍非百《中國古名家言·公孫龍子發微》(南充:西山書院,1949年,第55—56頁;北京:中國社會科學出版社,1983年,第578—579頁)亦作"固",但未見校改依據。

三耳三足之説，亦非如解者所云。三耳説，世失其傳，注家多肊（yì，同"肊"，猜測的）辭。至三足説，詳見《通變篇》："謂雞足一，數足二，二而一，故三。謂牛羊足一，數足四，四而一，故五。牛羊足五，雞足三。"三足之説，明言謂足與數足相加，何嘗有神一形二之加減哉？是知公孫各論，始終未嘗有神之見存。

此章尤極端反神知神見之説。所謂"神不見而見離"，"神不知神"，言目不能見，光不能見，神亦不能見，而見另有自性。手不能知，捶①不能知，神亦不能知，而知亦另有自性。知與見皆離根境緣而有，故曰"神不見而見離"，"神不知神"。夫堅白之離，由於知見之離。知見之離，由於神之離。今神與神且相離，天下更有何物之不離哉？

---

① "捶"原作"挫"，此處解釋"堅以手，而手以捶，是捶與手知而不知，而神與不知"，伍非百《中國古名家言·公孫龍子發微》（南充：西山書院，1949年，第56頁；北京：中國社會科學出版社，1983年，第580頁）亦作"捶"。據改。

· 卷　六 ·

名實論第六

辛從益云：此作書之旨。

王琯云：《墨子·經說上》："所以謂，名也。所謂，實也。"釋"名實"之義最當。"名"爲名詞，所以代表事實，故曰"所以謂"。"實"爲事實，所以承當此名之本體，故曰"所謂"。通篇大旨，即在正名正實，二者使求相符。明定界説，科律最嚴。《經説》（《墨子·經説上》）曰："名實耦（ðu，符合），合也。"公孫造論，殆同此恉。蓋不特全書關鍵，正名家精神之所寄也。

伍非百云：《名實論》者，論正名實之方法也。方法如何？曰："夫正者，正其所實也；正其所實者，正其名也。其名正，則唯乎其彼此焉。"謂正之目的，在正其實。如何正實？在正其名。如何正名？在唯乎其謂。如何唯乎其謂？在唯乎其彼此。何謂唯乎其彼此？曰：

　　謂彼而彼則唯乎彼，其謂行彼；謂此而此則唯乎此，其謂行此。

所謂"彼彼止於彼，此此止於此，可"者也。何謂不唯乎彼此？曰：

> 謂彼而彼不唯乎彼，則彼謂不行；謂此而此不唯乎此，則此謂不行。

所謂"彼此而此且彼，此彼而彼且此，不可"者也。

名謂之分，古代名家極重視。《墨經上》："名：達、類、私"，"謂：移、舉、加。"① 名謂各有三種，分析極精。名者所同，謂者所獨。名之用在於靜，謂之用在於動。凡辨者所用之名，皆動而非靜者也，故聽之若名，審之實謂。譬如"馬"之一名，泛言一切之馬也。今曰"白馬非馬"，上"馬"字單指馬之有白色者，下"馬"字則指馬之類名也，皆"謂"也。名與謂之分，一爲言之所陳，一爲意之所指。言陳，人人所同；意指，隨時隨地而異。又如"南"之一名，指我所謂北之對方也，此名也。假有人在中州，以燕爲北，越爲南。異時再過越之南，則以越南爲南，越爲北。浸假（逐漸）而異時轉至燕之北，則又以燕爲南矣。豈非"南"之一名，所指無定實哉？非也。

蓋南之可得定者，對北之"名"也；其不可得定者，過越之"謂"也。凡辨辭所舉，不特名與謂分，謂與謂亦有分，倘非精而審之，鮮有不牴牾②者，故曰："夫名，實謂也。"又曰：

---

① 語出《墨子·經上》。《墨子·經說上》云："物，達也"，"馬，類也"，"臧，私也"，其中"臧"爲某一奴役的專有名稱。又云："狗犬，命也。狗犬，舉也。叱狗，加也。"伍非百《墨辯校勘記》疑"狗犬，命也"爲"命狗犬，移也"，以與《經》文對應，"言以犬之命名狗，是謂之移"（伍非百：《中國古名家言》，北京：中國社會科學出版社，1983年，第277頁），其《墨辯解故》解釋整句道："以此命彼，曰移。稱名舉實，曰舉。音有高下，意存輕重，曰加。"（同上，第77頁）

② "牴牯"，當作"牴牾"或"抵牾"，伍非百《中國古名家言·公孫龍子發微》（北京：中國社會科學出版社，1983年，第511頁）作"抵牾"，意指矛盾。

"知此之非此也，知此之不在此也，則不謂也；知彼之非彼也，知彼之不在彼也，則不謂也。"兩言非則不謂、不在則不謂，名隨謂轉，昭然不惑，謂之時義也。世知正名而不知正謂者，其於實無當焉，故結論又鄭重申之曰："至矣哉，古之明王！審其名實，慎其所謂。至矣哉，古之明王！"其重視"謂"之意深矣。

栓按：公孫龍之意，蓋謂名與實必適相符合，方爲得位，得位方可以謂之正。於是以正者爲標準，而使天下之不正者正焉。此全篇之大恉也。由是則世俗以白馬爲馬非正矣，以堅白石三非正矣。進一步言之，則馬亦非馬，石亦非石，而天下竟不能有名矣。公孫龍之學，蓋欲據名實以打倒名實者也。

天地與其所產者，① **物也。**

舊注：天地之形，及天地之所生者，皆謂之物也。

陳澧云：天地與所產物，皆物也。

王琯云：《荀子·正名篇》："萬物雖衆，有時而欲徧舉之，故謂之物。物也者，大共名也。"言凡有物質之實，皆得共此名而謂之爲物。此以天地之形，及其所產者，均名爲物，亦即此意。

譚戒甫云：謝注："天地之形，及天地之所生者，皆謂之物也。"按謝說極是。《列子·湯問篇》："天地亦物也。"《莊子·則陽篇》："天地者，形之大者也。"蓋天地之爲物，以其形也，則凡天地之所生者亦皆以其形爲物。譬如馬，物也，以其賦有此形也。

栓按：此物之界說。

---

① "者"，《道藏》本《公孫龍子》作"焉"。

物以物其所物而不過焉，實也。實以實①**其所實不曠焉，位也。出其所位非位，位其所位焉，正也。**

舊注：取材以修廊廟，② 朝以車服器械，求賢以實，侍御僕從，中外職分，《道藏》本"分"作"國"。嚴可均云："'職國'當爲'職司'。"柱按：《守山閣》本作"職分"，今從之。皆無過差，各③當其物，故謂之實也。實者充實器用之小大，衆萬（萬物）之卑④高。器得其材，人堪其職，庶政（各種政務）無闕，尊卑有序，故曰位也。離位使官，器用過制，或僭於上，或濫於下，皆非其位。取材之與制器，莅事（處理事務）之與賞刑，"賞刑"，《守山閣》本作"制賞"。位有尊卑，神亦異數，"有尊卑"上原當挽一"位"字。靖共（恭謹地奉守）其位，《道藏》本此四字作"合靜其信"，今據《守山閣》本正。而不僭濫，故謂正也。

辛從益云：物各有其物體，不可過也。故必有體之爲物者，以物其所物，而不過，所謂實也。上"物"字作體物之物，蓋按切情狀，區別名號之意。物各有實用，不可曠也。故必有副乎其實者，以實其所實，而不曠，則位爲之也。上"實"字作實效之實，蓋選賢與能，因材器使之意。實當其位，則爲位。出其所位，實不當也，故曰非位。實當，故爲正。

陳澧云：如大木取其勝棟梁之任，細木取其勝榱桷（cuī jué，屋椽）之任，而不過焉，謂之實也。勝棟梁之任者取以爲棟梁，勝榱桷之任者取以爲榱桷，而不曠廢，謂之位也。棟梁爲榱桷，

---

① "實"字原闕，據《道藏》本《公孫龍子》補。
② "廊廟"原作"廊廟"，據《道藏》本《公孫龍子》改。廊廟，殿下屋和太廟，即朝廷。
③ "各"原作"名"，據《道藏》本《公孫龍子》改。
④ "卑"原作"界"，據《道藏》本《公孫龍子》改。

榱桷爲棟梁，非位也。

王琯云：所謂物者名也。凡名某物，與其所名某物之自性相，適相符合，而不過分；其某物之自性相，即謂之實。實必有其界限標準，謂具有某種格程，方爲某物；其格程所在，即所謂"位"者是也。如炭一養二爲水，柱按：當輕二養一（今作氫二氧一）。此炭一養二之標準，即水所以別於他物而取得之位；合其格程，方符水實。故曰："實以實其所實，不曠焉，位也。""曠"訓空缺。即言實必有其所以成實者，審而不曠，用別他物，即實之位焉。得其所位，乃爲正舉。按"不曠焉"之上，證諸前文"而不過焉"，疑"不"上有"而"字。

譚戒甫云：所物者，物各以其形著也。物其所物者，謂以形物而命之名，猶以馬所著之形而畀以馬之號也。而不過焉者，馬名既立，取別他名，而名乃不濫。謝注所謂"皆無過差，各當其物，故謂之實也"。《尹文子》云："形而不名，未必失其方圓白黑之實。名而不形，不可不尋名，原作"名而不可不尋名"，今意改。以檢其差。"（語出《尹文子·大道上》）蓋形名家之於馬也石也，皆與方圓白黑同仞爲實耳。尋名檢差，亦此不過之義。

"實以實其所實而不曠焉位也"，"而"字原缺，茲據上文補。

馬者所以名形也。取別諸馬，因命其色以白，所謂所實也。白其色而馬其形，"合白與馬，復名白馬"，所謂實其所實也。白馬離白，曠之謂也。白馬不離白，不曠之謂也。故謂白馬即曰白馬，而不空曠，所謂位也。

"出其所位非位而位其所位焉正也"，此"而"字原亦缺，據上補之。

色形不曠，謂之白馬。名定俗成，不曰馬白，即所位也。如曰馬白，則所位非位矣。今若出其所位非位之馬白，而位其所位之白馬，即所謂正也。又如堅白之石，可曰堅石之堅、白石之白，而不可曰堅白石之堅、堅白石之白，蓋堅白相離者也。故或曰堅石，或曰白石，亦皆所謂正也。

前《白馬論》第三節云："白馬者，馬與白也，白與馬也。"彼就理言，可曰馬白。此就位言，意在利俗，故祇曰白馬耳。

右第一節。

伍非百云：此正"物、實、位、正"四字之義。物爲實之所依，實爲名之所起，位與正皆名之所有事，故先正之。何謂物？物者，名所欲指之個體也。《指物論》曰："物莫非指，而指非指。天下無指，物不可以謂物。非指者，天下無物，可謂指乎？"此言物雖是指現象，而指不可謂之物也。又曰："物也者，天下之所有也；指也者，天下之所無也。以天下之所有爲天下之所無，未可。"此言物本是有，依指而顯，不得以指之無而不存在，是以凡有者皆物也。

《堅白論》曰："堅未與石爲堅而物兼。未與石爲堅，而堅必堅其不堅。石物而堅。天下未有若堅而堅藏。白固不能自白，烏能白石物乎？若白者必白，則不白物而白焉。黃黑與之然。石其無有，烏取堅白乎？"此言石本是有，依堅白而顯，接於吾人之手眼。若堅白無存，石仍不妨其有。此以石爲物，而堅白爲石物之所有之指也。本論曰："天地與其所產者，物也。""天地""所產者"合之，似言凡天地間一切諸有可以名實指者，皆得謂之爲物也。

按諸子中辨論實體之有無，及名實之關係者，皆對於"物"字有確切之界說，茲具列之：

墨子	物，達也，有實必得之名也。①	此言物爲達名，凡有實者皆得謂之爲物。是物爲名，兼一切有實者而言。
荀子	萬物雖衆，有時而欲徧舉之，故謂之物。物也者，大共名也。（語出《荀子·正名》）	此言物爲大共名，乃徧舉萬物之辭，與《墨經》定義略同。
莊子	凡有聲色象貌者，皆物也。物與物其何以相適？是色而已。② 又曰：可以言論者，物之粗也；可以意致者，物之精也；言之所不能論、意之所不能致者，不期精粗焉。（語出《莊子·秋水》）	此以凡有聲色象貌可言可意者皆物也。惟超言意之表，爲諸聲色象貌者之根，而又不得以聲色象貌求者，始不得謂之物焉。其前半節定義與荀、墨、公孫龍子略同，其後半節定義則與③《公孫龍子·指物篇》物之觀念大異。蓋荀、墨、公孫皆以凡諸有者爲物，而公孫之意尤以凡諸有者皆物。但離物求指，而物不可得；即指求物，而指即是物。所謂聲色象貌者，皆物之指，而非物也。然不得聲色象貌，則物不可得而謂，則即以聲色象貌爲物，可也。惟所當知者，離指之外，尚有一物之實體存。此則公孫龍之意也。

---

①　語出《墨子·經説上》，故下文解釋《荀子》時，稱"與《墨經》定義略同"。"有實必得之名也"，《道藏》本《墨子》作"有實必待文多也"，伍非百《墨辯校勘記》據孫詒讓《墨子閒詁》説改"文多"爲"之名"，又據梁啓超《墨經校釋》説改"待"爲"得"。[伍非百：《中國古名家言·墨辯解故·（附）墨辯校勘記》，北京：中國社會科學出版社，1983年，第277頁]

②　語出《莊子·達生》，其原文爲："凡有貌象聲色者，皆物也，物與物何以相遠？夫奚足以至乎先？是色而已。"原文與陳柱所引伍非百文有出入。另"相適"，伍非百《中國古名家言·公孫龍子發微》（南充：西山書院，1949年，第9頁；北京：中國社會科學出版社，1983年，第513頁）作"相遠"。

③　"與"字原闕，據伍非百《中國古名家言·公孫龍子發微》（南充：西山書院，1949年，第9頁；北京：中國社會科學出版社，1983年，第513頁）補。

既知何者謂物，則實與位二者可得言矣。實者，物之本體。位者，實之界域。譬如馬，馬之形，即馬之實。若言"白馬"，則爲"白馬"之實，而非"馬"之實。今言"馬"而兼含"白"，是過。又如石，石之狀，即石之實。若言"堅白石"，則爲"堅白石"之實，而非"石"之實。今言"石"而兼及"堅白"，是過。故曰"物以物其所物而不過焉，實也"。

反之，若言"白馬"，則兼及馬形與白色。若言"堅石"，則兼及石質與堅性。今言"白馬，馬也"，"堅石，石也"，是曠。故曰"實以實其所實而不曠焉，位也"。言馬而兼及白，是謂過。言白馬而單指馬，是謂曠。曠與過，一過一不及。乃互文見義之詞。過則非實，曠則失位。不過不曠，恰與位符，然後謂之正。故曰"出其所位非位，位其所位焉，正也"。正即不曠不過之意。

柱按："物以物其所物而不過焉，實也"，此實之界說。"實以實其所實不曠焉，位也"，"位其所位焉，正也"，此正之界說。如云"馬，馬也"，"白馬，白馬也"，是位也，正也。今曰"白馬，馬也"，則白之義曠而無位矣，是不正也。

以其所正，正其所不正，疑其所正。

舊注：以正正於不正，則不正者皆正；以不正亂於正，則眾皆疑之。

辛從益云：位當其實則爲正。正者，不可易也。若以此位之正施之於彼所不正，則名實混淆，是非無定，豈特以不正者爲正哉？而且本正者皆疑爲不正矣。

陳澧云：因有不正者，慮其所謂正者亦有不正。言當審察之也。

俞樾云："疑"當讀如《詩》"靡所止疑"（語出《詩經·大雅·桑柔》。靡，意指無。句意謂無處可以安定）之疑。《毛傳》①曰："疑，定也。"

胡適校作"以其所正正其所不正，不以其所不正疑其所正。"注云：舊挩"不以其所不正"六字。馬驌《繹史》本有"以其所不正"五字。今按《經說下》（《墨子·經說下》）云："夫名以所知正所不知，不以所不知疑所明。"據此，似當作"不以其所不正"。②

譚戒甫云："正其所不正"下，舊本缺"以其所不正"五字，兹據《子彙》本、《繹史》本增。

其所不正者，自當以其所正而正之。然其所正者究已正否，尚未可知。於是又須以其所不正者而疑其所正者，以反證其所正者之正否也。

按此乃形名家持論之方術，前《白馬》《堅白》二論皆用此制勝也。

伍非百云："正其所不正"下舊挩"以其所不正"五字，據馬驌《繹史》補。按舊注："以正正於不正，則不正者皆正；以不正亂於正，則衆皆疑之。"是舊本正文，原有此五字，而今本脫也。幸賴注文尚存，可供參證。但原文"以"字上，似脫一"不"字，今以意補。《墨經說下》曰："夫名以所明正所不知，不以所不知疑所明。"是其義。

此申言正之義。正之爲術，在以已定之前提，決未定之斷案

---

① 《毛傳》，全稱《毛詩故訓傳》，爲西漢初毛公對《詩經》的注解。毛公，一説毛亨，一説毛萇。《十三經注疏》通行本采用《毛傳》。

② 語出胡適《惠施公孫龍之哲學》（續）（《東方雜誌》第十五卷第六號，1918年）。

（結論）；不能以未定之斷案，疑已定之前提。故曰："以其所正，正其所不正；不以其所不正，疑其所正。"《墨經說下》曰："夫名以所明正所不知，不以所不知疑所明，若以尺度所不知長。"是其義也。

其正者，正其所實也；正其所實者，正其名也。

舊注：仲尼曰："必也正名乎！"故正其實正矣。其實正，則衆正皆正矣。

辛從益云：有實乃有名，名正則實無不正，故正名爲要。

陳澧云：如能勝棟梁榱桷者，實也；謂之棟梁榱桷者，名也。

王琯云：正之標準，由實而定，其實既正，名亦隨之。故曰："正其所實者，正其名也。"

譚戒甫云：此"其正"之正，即上文"正其所不正"之第一"正"字，亦即與"疑"字相對之"正"字。蓋此祇就正言，不就疑言，故專承"正"字，特爲標出也。其正維何？厥義有二：（一）正其所實；（二）正其名。如白以命色，馬以命形，色形雙具，白馬成物者，正其所實也。所實既正，於是人見白之色、馬之形，即呼之曰白馬者，正其名也。

伍非百云：所謂正者，在正其實。如何正實？在正其名。蓋實不可正，方圓大小屬諸形，輕重長短屬諸量，多寡豐嗇屬諸度，分合同異屬諸劑。黃馬黑馬，堅石白石，望形可知，察色可覩，雖有巧辨，莫之易也。方圓既陳，豈因言辭而異狀？黑白並列，不以辨説而殊色。服人之口，淯人之意，端在語言文字之間，其於實也無與。故實不可正，不能正，亦不必正，而正實者惟在正其名而已矣。

柱按：此正名之界説。

其名正則唯乎其彼此焉。謂彼而彼不唯乎彼，則彼謂不行；謂此而行不唯乎此，則此謂不行。

舊注：唯，應辭也。正其名者，謂施名當於彼此之實，故即名求實，而後彼此皆應其名。謂者，教命也。發號施命，而召於彼，而彼不應者，分不當於彼，故教令不得行也。施命不當於此，故此命不得行。

辛從益云：因實定名，則名正矣。然是正也者，當名辨物一定而不可假易。故正名者，必使之一彼一此，有獨擅，毋渾同。及其名之既定，則又勿稍游移於其間。謂，名謂也。唯，獨也。以彼名彼而彼應，則唯彼可以當彼。若不唯乎彼，是彼名無一定也，而彼名疑矣，疑則不可行。

陳澧云：謂者，呼其名也。呼彼而彼不應乎彼，則彼之呼不行；呼此而此不應乎此，則此之呼不行。

王琯云："唯"，《廣雅·釋詁一》："䧹也。"謝釋："應辭"。《經説下》："惟[1]是，當牛馬。""惟"通"唯"，與此均取相應之意。"行"，《墨經》："爲也。"（語出《墨子·經上》）"彼不唯乎彼"，上一"彼"字，證下文"行不唯乎此"，疑爲"行"字之誤。本節意言，其名既正，皆能如其實之彼此而相應之。若名定爲彼，而行不應彼，則所謂彼者，仍爲未行。名定爲此，而行不應此，則所謂此者，亦爲未行。

錢基博云："謂此而行不唯乎此，則此謂不行"，馬驌《繹史》第一"行"字作"此"，依上文"謂彼而彼不唯乎彼，則彼謂不行"，此對文，第一"行"字，自當作"此"。

譚戒甫云：謝注："唯，應辭也。"蓋名正而後彼此乃不混。

---

[1] "惟"原作"唯"，而下文云"'惟'通'唯'"，《墨子·經説下》亦作"惟"，據改。

設吾謂之，人皆應之矣。故曰"唯乎其彼此"也。

柱按："謂此而行不唯乎此"，《道藏》本如此，《守山閣》本、辛從益本、陳澧本"行"均作"此"，當從之。譚、伍亦皆作"此"。此言名不正則不可行也。"其名正則唯乎其彼此焉"，此合而言之也。分而言之，則當云："彼唯乎彼，此唯乎此。"例如：馬，馬也，謂馬而馬應；白馬，白馬也，謂白馬而白馬應，則名正矣。若馬，馬也；白馬，亦馬也，則謂馬而白馬可應，謂白馬而馬亦可應。是謂彼而彼不應乎彼，而可以此應之；謂此而此不應乎此，而可彼應之。如是則名不正，名不正則不定，不定則不能成爲名矣。

其以當不當也，不當而亂也。

舊注：教命不當，而自以爲當者，彌不當也。故曰"故"下《道藏》本有"當"字，今據《守山閣》本刪。其以當不當也。以其命之不當，故群物不應，逆其命矣。《道藏》本作"勢其命矣"，今據《守山閣》本正。以不當也，忿物之不應命，《守山閣》本作"以不當應物之不當命"，今從《道藏》本。而勢位以威之，則天下皆以不當爲當，所以又亂之矣。

辛從益云：名必當其實，必先審其實足稱爲當者，而後名之。稍或不當，始雖名之，後必亂。

陳澧云：由其所以當之者不當也，不當而妄以當之，則亂也。

俞樾云：此本作"不當而當亂也"，傳寫脫"當"字，下文云："以當而當，正也。"兩文相對。

王琯云：俞說非也。下文"以當而當，正"，後一"當"字乃爲衍文。此仍作"不當而亂"。言上述論旨，皆以當與不當之故，定其標準，如有不當，則亂矣。若俞說加一"當"字，適成疊牀（重複），殊無是處。

　　錢基博云："其以當不當也，不當而亂也"，馬驌《繹史》"不當而"下有"當"字，依注文"天下皆以不當爲當"云云，則正文自脱"當"字。

　　譚戒甫云：謂彼而彼，僅有彼名，彼固未定也。未定之彼，勢將不當。彼若不當，人將不唯乎彼，則彼謂不行矣。謂此各句，義同。蓋彼此二謂，原尚不行，今乃謂彼而彼，謂此而此，殆其以不當爲當也。不當而以爲當，斯爲亂矣。

　　柱按："其以當不當也"，辛從益本作"其以當爲當也"。"不當而亂也"句，譚本據《子彙》本、《繹史》本增"當"字，伍本"不當而"三字，據下文改作"當而不當"，均非是。疑此文當作"其以不當而當也，不當而當，亂也"，與下文"其以當而當也，以當而當，正也"對文，諸"而"字作"爲"字解。

故彼彼當乎彼，則唯乎彼，其謂行彼；此此當乎此，則唯乎此，其謂行此。

　　舊注：施命於彼此而當彼此之名實，故皆應而命行。"命行"，《守山閣》本作"令行"。

　　王琯云：此節仍接上意。言若名定爲彼，而所定之彼與其實際相當，適當乎彼，方可謂行彼；名定爲此，而所定之此與此之實際相當，適應乎此，方可謂行此。凡是皆以名實相當，而成正舉。歸納公孫之意，即凡百事物，不能徒托空言，必求與實際相當能行，乃有其價值，由此可窺名實合一之精神焉。

其以當而當也，以當而當，正也。

　　舊注：若夫以當，則天下自正。

辛從益云：審之以當，決之以獨，所謂正也。

王琯云："以當而當正也"應爲"以當而正也"，衍一"當"字。

譚戒甫云：彼彼者，彼之已定者也。彼因已定，其彼必當。彼既曰當，則人必唯乎彼矣。若是，則我之謂亦必行於彼也。此此各句，義同。本段與上段相對，以當而當，故謂之正。

《墨子·經下》云"彼彼此此與彼此同"，猶云彼彼與彼同，此此與此同也。然形名家反①之，以爲彼不當乎彼，此不當乎此，必彼彼乃當乎彼，此此乃當乎此也。蓋彼不當而彼彼當，此不當而此此當，故彼彼不與彼同，此此不與此同矣。

伍非百云：以下言正名之"所謂"。唯，應也。如何正名？在唯乎其彼此。如何唯乎其彼此？在唯乎其彼此之謂。"彼彼當乎彼，則唯乎彼，其謂行彼；此此當乎此，則唯乎此，其謂行此。"如是者謂之正。否則"謂彼而彼不唯乎彼，則彼謂不行；謂此而此不唯乎此，則此謂不行。"如是者謂之亂。

故彼故彼止於彼，此此止於此，可。彼此而彼且此，此彼而此且彼，不可。

舊注：彼名止於彼實，而此名止於此實，彼此名實不相濫，故曰可。或以彼名濫於此實，而謂彼且與此相類；或以此名濫於彼實，而謂此且與彼相同，故皆不可。

辛從益云：名實不溢又不假，此其正也。若彼名不止於彼，而以彼名名此實，則豈特此之實淆乎？而彼之實亦且淆而爲此矣。此名不止於此，而以此名名彼實，則豈特彼之實淆乎？而此

---

① "反"原作"及"，據譚戒甫《形名發微》（國立武漢大學講義，1932年，第23頁）改。

之實且皆淆而爲彼矣。一疑則皆疑，一亂則皆亂，無一可忽者也。

陳澧云：止於彼不呼以此，止於此不呼以彼，則可。呼此爲彼則彼且轉爲此，呼彼爲此則此且轉爲彼，不可也。

嚴可均云："故彼故彼"，衍下"故"字。

王琯云：《經下》："彼彼此此，與彼此同。說在異。"《說》（《墨子·經說下》）云："彼。正名者彼此。彼此可：彼彼止於彼，此此止於此。彼此不可：彼且此也，此亦可彼。若是而彼此也，則彼亦且此此也。"依梁任公校本。此與意旨相近。

錢基博云："故彼故彼止於彼"，馬驌《繹史》無第二"故"字，嚴可均校"衍下'故'字"，《百子全書》本依改。

譚戒甫云："故彼彼止於彼，此此止於此，可"者，彼彼既當乎彼，故止於彼；此此既當乎此，故止於此，因曰可也。"彼此而彼且此，此彼而此且彼，不可"者，彼也而乃此之，則彼將爲此矣；此也而乃彼之，則此將爲彼矣，故曰不可。

右第二節。

柱按："故彼故彼"，陳澧本、辛從益本、《守山閣》本均作"故彼彼"。馬之名止於馬，白馬之名止於白馬，則馬與白馬之名實不亂，故曰可。反是，以白馬爲馬，則馬且爲白馬；以馬爲白馬，則白馬且亦爲馬，則馬與白馬之名俱亂，而不可分矣，故曰不可。

夫名實謂也。知此之非也，知此之不在此也，明不謂也；知彼之非彼也，知彼之不在彼也，則不謂也。

舊注：夫名，所以命實也。故粲政之與實，賞刑名當其實，乃善也。假令知此之大功，非此人之功也；知此之小功，不足在此之可賞也，則皆不命賞矣。假令知彼之大罪，非彼人之罪也；

知彼之小罪，不足在彼之可罰也，則皆不命罰矣。

辛從益云：不獨彼與此、此與彼，不可淆；即彼與彼、此與此，亦自有別。有知者出焉，知此之非此謂也，知真此謂之別有在也，則必不復以謂此矣；知彼之非彼謂也，知真彼謂之別有在也，則彼不復以謂彼矣。

俞樾云："知此之非也，知此之不在此也，明不謂也"當作"知此之非此也，知此之不在此也，則不謂也"。下文云："知彼之非彼也，知彼之不在彼也，則不謂也。"兩文相對，可據以訂正。

王琯云：俞説是也。"謂"訓稱謂，《廣雅·釋言》："指也。"凡百事物，本原無名，經人指稱，乃爲某名。其由人而得之實，非實真體，亦經人指稱，乃爲某實。凡是名實，舉由謂生。而謂之於心，經長期之訓習，於名於實，舉有準則。若明知此之非此，或此之不在此，則不能謂之爲此；明知彼之非彼，或彼之不在彼，亦不能謂之爲彼也。

金受申云：此乃釋名爲實之代表，即物指也。此不應此，彼不應彼，則不相謂。質言之，即物指不應物，名實則不相稱。

譚戒甫云："知此之非此也"句，各本皆無第二"此"字。又第四句"則不謂也"，各本皆誤"則"爲"明"。茲據《子彙》本、《繹史》本增改。

名以命實，名實符乃得謂之，故曰"名實，謂也"。若知此名之非此實，又知此名之不在此實，則名實不合，而不謂矣。知彼各句，義同。

伍非百云：此申言"唯謂"之義。夫名以謂實，實變則名與之俱變。《通變篇》詳此義。非此實而有此名，無此實而猶仍此名，則皆與實不合。昧者執其名以求其實，是猶鷦鷯（jiāo liáo，鳥名）已翔於寥廓，而羅者（獵人）猶視乎藪澤（水草茂密的沼澤湖泊地帶），其爲勞而無獲也必矣。故言名之所不謂者有二：一"非"，如白馬之名，不得以謂黑馬，以白馬非黑馬也；黑馬之名，不得以謂黃馬，以黑馬非黃馬也。二"不在"，如南之爲名，過越不存；二之爲名，損一不在，是也。故曰："知此之非此也，知此之不在此也，則不謂也。"又曰："知彼之非彼也，知彼之不在彼也，則不謂也。"

柱按："知此之非也，知此之不在此也，明不謂也"，《道藏》本如此，辛從益本、陳澧本、《守山閣》本、譚本、伍本均作"知此之非此也，知此之不在此也，則不謂也"，與俞校同。又陳澧本"知彼之非彼也"句下挩"知彼之不在彼也"句。"知此之非此也，知此之不在此也，則不謂也"，此再進一步論之，不持白馬非馬，即馬亦非馬之説也。

至矣哉，古之明王！審其名實，慎其所謂。至矣哉，古之明王！

舊注：公孫龍之作論也，假物爲辯，以敷王道之至大者也。夫王道之所謂大者，莫大於正名實也。仲尼曰："唯名與器，不可以假人。"① 然則名號器實，聖人之所重慎之者也。名者，名於事物以施教者也；實者，實於事物以成教者也。夫名，"夫名"，《道藏》本作"失名"，今據《守山閣》本作"夫名"。非物也，而物無名，則無以自通矣。物非名也，而名無物，則無以自明矣。是以名因

---

① 《左傳·成公二年》："仲尼聞之曰：'惜也，不如多與之邑。唯器與名，不可以假人，君之所司也。名以出信，信以守器，器以藏禮，禮以行義，義以生利，利以平民，政之大節也。若以假人，與人政也。政亡，則國家從之，弗可止也已。'"

實而立，實由名以通。故名當於實則名教大行，實功大舉，王道所以配天而大者也。是以古之明王，審其名實，而慎其施行者也。

辛從益云：三代而下，至於戰國，不惟無辨名實之人，且與之談名實，辨而不解，安得不思古明王也。

王琯云：名之與實，審而求符。謂名謂實，必慎其初。絲毫不假，勿使舛午（違背），執之以正天下。古有明王，其道在是。連稱"至矣"，推挹已極。公孫造論微旨，於本篇結穴（總結要點）瞻之矣。

金受申云：此乃公孫龍自謂作論之由，而以正名實、辨同異爲至慎絕大之事，非可以草草者，所以冠冕其詞也。

右第三節。①

伍非百云：兩贊明王，而言"審其名實，慎其所謂"，其重視"唯謂"之義，至深切矣。

按《名實論》大旨，因正實而正名，因正名而唯謂，可謂精審之至。然爲之太過，持之太甚，則其流弊所極，可以使之至於有謂而無名。有名無實。使天下之實不可確指，名不可共喻，而名實之道廢矣。正名之過，反致亂名；正實之過，反致無實。所謂"苛察繳繞，使人檢而善失真"，② 其此之謂乎！故《墨經》破之曰：

---

① 語出譚戒甫《形名發微》1932年國立武漢大學講義。其1934年改訂本則將《名實論》分爲四節，此處作第四節。

② 語出司馬遷《史記・太史公自序》所引司馬談《論六家要指》，其原文爲："名家苛察繳繞，使人不得反其意，專決於名而失人情，故曰'使人檢而善失真'。"其中，"檢"意指約束。

唯吾謂，非名也同"他"，則不可，說在彼。①

《說》曰：謂是霍可，而猶同"由"之非夫同"彼"霍也，不可。謂"彼是"是也。謂者毋唯乎其謂。彼猶同"若"唯乎其謂，則吾謂不行；彼若不唯乎其謂，則不行也。②

此正破"唯謂非名"之說。言凡辯之道，名與謂並重。名與謂之分，中國古代名家守之最嚴，今人往往不省。名者所同，謂者所獨。如云"人"，此"人"字，名也，一切理性動物之人類屬之。彼立說曰："人皆有死。"我立說曰："人可不死。"此兩"人"字，謂也。彼所謂之人，謂一切之人也；我所謂③之人，謂現在之某某等人也。此人之有死無死，當以名之所共有者爲斷，不以謂之所獨有者爲斷。蓋名者，主敵共許者也；謂者，主敵相違者也。無相違之謂，則辯論之是非不生；無共許之名，則辯論之勝負不決。此名與謂之作用，所以不可偏廢者也。

"唯吾謂"者，言我所用之名，唯指我所謂者而言，非如名之可通用於其類也。譬如我言"人可不死"，乃指現在未死之人而言，非謂過去之人也。彼過去人之有死無死，非我所欲證明；即

---

① 語出《墨子·經下》。"說在彼"之"彼"，《道藏》本《墨子》作"仮"（同"反"），伍非百《墨辯校勘記》疑"仮"爲"彼"，與《墨子·經說下》中"彼是"之"彼"字相應。［伍非百《中國古名家言·墨辯解故·（附）墨辯校勘記》，北京：中國社會科學出版社，1983年，第326頁］

② 語出《墨子·經說下》。《道藏》本《墨子》原文爲："謂是霍可，而猶之非夫彼霍也。謂彼是是也，不可。謂者毋惟乎其謂。彼猶惟乎其謂，則吾謂不行；彼若不惟其謂，則不行也。"伍非百《墨辯校勘記》對此句多有校改，另"霍"字存多解，伍非百疑此處"霍"字當作"馬"。［參見伍非百《中國古名家言·墨辯解故·（附）墨辯校勘記》，北京：中國社會科學出版社，1983年，第326-327頁］

③ "謂"字原闕，據上文"彼所謂之人"補。

能證明，亦與我所謂之人無關。蓋我所謂之人，非過去者而現在者也。過去之人，名也；現在之人，謂也。"名"非是"謂"，故過去不能證成現在，此"唯吾謂，非名他"之説也。凡辯之道，其所用名詞界説，當適用於彼此兩方。今曰"唯吾謂，非名他"，則只適用於此方，而不能適用於彼方，而談説共喻之道廢矣。故曰："唯吾謂，非名也，則不可，説在彼。"彼者，辯之對方也。何以明之？

謂者非只一謂，既可謂甲，亦可謂乙。譬如霍之一名，包甲乙丙丁而言。我謂甲爲霍，彼謂乙爲霍，而人又謂丙丁爲霍，皆可。若曰我所謂霍，唯指此霍，非指彼霍，則人亦可轉語曰我所謂霍，唯指彼霍，非指此霍。斯謂若當，則兩俱可；若其不當，則兩俱非。故曰："謂此霍可，而由之非夫<small>夫，彼也</small>。霍也，則不可。謂'彼是'是也。""彼是"亦古名家言，義見《莊子·齊物》，言互爲是非也。①

"謂"與"名"之分別，一有固實，一無固實。有固實者，一成不易；無固實者，所指非一。故曰："謂者無唯乎其謂。"既知謂非一謂，則"唯吾謂"之説不當。以彼若唯乎其謂，則違主敵共許之名，而辯論之關係不生；彼若不唯乎其謂，則是自論相違，而其説不能成立。故又曰："彼若唯乎其謂，則吾謂不行；彼若不唯乎其謂，則不行也。"

原"唯謂非名説"之興，其在名學既盛之後乎！主唯名者，鶩名而遠實，甚至以爲名即是實，因而以名亂實。故辯者進而主

---

① 伍非百《墨辯解故》曰："'彼是'之説，前乎莊子有之，而莊子言之最詳。《齊物論》曰：'彼亦一是非，此亦一是非，彼是莫得其偶，謂道樞。樞始得其環中以應無窮，是亦一無窮，非亦一無窮也。'又曰：'彼出於是，是亦因彼。'蓋以是非生於彼此，彼此互易若樞，故是非循環無端也。"（伍非百：《中國古名家言·墨辯解故》，北京：中國社會科學出版社，1983年，第179頁）

張唯謂，以爲"名"之舉者廣，而"謂"所行者獨。凡辯者所爭，皆在"謂"之是非；而其勝負，不當取決於"名"。以廣泛之"名"，而決專一之"謂"，廣狹不當，故"唯謂"之說似較"唯名"者爲精進。然持之太過，流爲詭辯，以爲"唯吾謂非名他"，則又不可。"唯謂非名"失共通之義，而言語道絶，物謂之而然，其末流爲"彼是"之論。故墨辯特起而矯正之，既定名謂之界，更申彼是之說，而在古代名學史上，可謂放一異彩也。

以上係引《墨經》破"唯謂非名"之說，而詳釋之，以見公孫"唯行乎此，唯行於彼"之說之偏陂（bì，偏頗）也。

至於《墨經》，對"彼彼止乎彼，此此止乎此，可。彼此而彼且此，此①彼而此且彼，不可"，亦有相當之補充。蓋公孫知其二而遺其三也。"彼此可""彼此不可"之外，尚有"彼此亦可"之一義，爲公孫所未舉，兹特舉之。

　　彼此、彼此與彼此同，説在異。②

　　《説》曰：正名者彼此。彼此可：彼彼止於彼，此此止於此。彼此不可：彼且此也，此且彼也。彼此亦可：彼此止於彼此，若是而此彼彼也，則彼亦且此此也。③

---

①　"此"字後原衍一"此"字，據《道藏》本《公孫龍子》原文和伍非百《中國古名家言·公孫龍子發微》（南充：西山書院，1949年，第10頁；北京：中國社會科學出版社，1983年，第515頁）删。

②　語出《墨子·經下》。《道藏》本《墨子》原文爲"循此循此與彼此同，説在異"，伍非百《墨辯校勘記》將"循此"改爲"彼此"。[伍非百：《中國古名家言·墨辯解故·（附）墨辯校勘記》，北京：中國社會科學出版社，1983年，第324頁]

③　語出《墨子·經說下》。《道藏》本《墨子》"彼且此也"下無"此且彼也"，"若是而此彼彼也"作"若是而此彼此也"，伍非百《墨辯校勘記》皆作校改。[伍非百：《中國古名家言·墨辯解故·（附）墨辯校勘記》，北京：中國社會科學出版社，1983年，第324頁]

彼此二字，所代之實，約分三位，而各不同。一者本位，彼者彼也，此者此也，所謂"彼此可"。二者相對位，彼非此也，此非彼也，所謂"彼此不可"。三者互換位，彼亦此也，此亦彼也，所謂"彼此亦可"。三者所指之實不同，而皆謂之彼此，故曰："彼此與彼此同，説在異。"

謂彼而彼不唯乎彼，則彼謂不行；謂此而此不唯乎此，則此謂不行。故彼彼當乎彼，則唯乎彼，其謂行彼；此此當乎此，則唯乎此，其謂行此。言彼止於彼，此止於此，可。彼此而彼且此，此彼而此且彼，不可。故曰："彼此可：彼彼止於彼，此此止於此。彼此不可：彼且此也，此且彼也。"

雖然，彼出於此，此亦因彼；彼亦此也，此亦彼也。此謂彼爲彼，彼自以爲此，而以此爲彼，是彼謂行乎此，亦行乎彼；彼謂此爲此，此相與爲彼，而彼自以爲此，是此謂行乎此，亦行乎彼。故彼止於彼，此止於此，可；彼止於此，此止於彼，亦可。《説》曰："彼此亦可：彼此止於彼此，若是而此彼彼也，則彼亦且此此也。"蓋言彼此相因，此以彼爲彼，彼將自以得此也。

按彼是之義，循環無端，亦由三位之互換。若循其本，第一位之彼此，不許轉爲第二位之彼此；第二位之彼此，不許轉爲第三位之彼此。如是，則彼此定位，是非不移。故正是非者，第一當正彼此。彼此定，而是非定矣。《經説》曰"正名者彼此"，誠扼要之論也。

以上所引墨辯彼此三位之説，公孫得其二，莊子得其一。公孫言太苛察，失其共喻之道；莊子義近滑疑（惑亂），無止言之境。二者皆求之太過，至於兩極者也。唯墨辯爲得中，既不固執彼此不移之"謂"，亦不活用彼是無偶之"名"。"名"與"謂"並用，因其所彼此而彼此之，雖有詭辯者，亦無所用其苛察與滑疑矣。

至公孫本篇："名，實謂也。知此之非此也，知此之不在此也，則不謂也；知彼之非彼也，知彼不在彼也，則不謂也。"其義甚正，然亦有未盡。《墨經》於此，亦曾假區域之名以説之，蓋"謂變名變"不能概括一切也。今也此實之非此也，此實之不在此也，則不謂也可。然昔也此實之爲此也，此實之曾在此也，則由今溯昔而謂之，可也。今也，名與謂變；昔也，名與位住。不能以今之變，否昔之住也。故名隨謂變，可；而實隨名變，則不可。《墨經》説之曰：

或同"域"，過名也，説在實。（語出《墨子·經下》）

《説》曰：知是之非此也，又知是之不在此也，然而謂此南北，過而以己爲然。始也謂此南方，故今也謂此南方。（語出《墨子·經説下》）

或，方域，謂東西南北上中下也。過名，謂過去而後名之也。夫名之所以淆亂者，莫如代名之彼此，其次則爲方域之名。何則？名所以謂實也。實有定名，名有定實，故正名者正其實而名定。如馬名名馬，牛名名牛，是也。有是實者必有是名，無是實者不得有是名，此制名之定律也。若彼此之名則不然，既可命此，亦可命彼，名猶是名也，而所謂之實累易。方域之名亦然，如人在室中，以牖（yǒu，窗户）爲南，以户爲北；及出而在户外，則以户爲南，而以户外爲北。如是更進，北亦無窮，而北之南亦無窮。南之名未嘗變也，而南之實則累變。惠施有言："我知天下之中央，燕之北、越之南是也。"①

以定理言之，中央當在南北之間。燕居北，越居南，則中央

---

① 語出《莊子·天下篇》，本書卷首《學平上》有引。

當在燕與越之間，即燕之南、越之北是也。而今言在燕之北、越之南者，何哉？蓋南北無定所，中央亦無定所。燕對越爲北，過燕以北則更有北之北，而燕反爲南，是燕之北有中矣。越對燕爲南，過越以南，則更有南之南，而越反爲北，是越之南有中矣。何也？南、北、中，皆方域之名也。方域之名無定實。欲正其名，須審其實。實定，則名雖變，而實不妨仍存也，故曰："或，過名也，説在實。"

是，謂此名也。此，謂此實也。"知是之非此也，又知是之不在此也"，言知此名之非此實也，又知此名之不在此實也。公孫龍曰："夫名，實謂也。知此之非此也，又知此之不在此也，則不謂也。"與此義同。蓋言命名之道，非此實則不與以此名；縱爲此實，若實已變易者，亦不與以此名。如犬之名不可以謂羊，牛之名不可以呼馬，所謂此名之非此實者也。彼之名可以命甲，又可命乙。方其謂甲，所指在甲；及其命乙，所指在乙，而不在甲矣，所謂此名之不在此實者也。凡名與實之關係，有固定者，有非固定者。前者僅爲名與實之關係，後者則兼有時與地之關係。

故正名之道，第一當問此名之是否此實，第二當問此名之是否尚指此實。譬如南之一名，初非指越；北之一名，初非指燕，所謂此名之非此實者也。越之實，可以名南，有時亦可以名北；燕之實，可以名北，有時亦可名南，所謂此名不在此實者也。是故以"非實無謂"之定律論之，南北無可指之實，其名本無所有，然而世仍有南也北也者，則由昔之人以燕爲北，以越爲南，今就其固有之名，以謂其固有之實，而南之北之可也。故曰："知是之非此也，知是之不在此也，然而謂此南北，過而以已爲然。始也謂此南方，故今也謂此南方。"

按"唯謂非名"之例，尚有"孤犢未嘗有母"① 一條，亦犯上述之過。言孤犢者，昔嘗有母而今亡矣。就犢言之，則爲有母；就孤犢言之，則爲無母。然不因其今日之爲孤犢，而遂害其昔日之爲犢也，故云"孤犢今無母"，則可；言"孤犢昔未嘗有母"，則不可。以其爲孤之名，而遂害有母之實，此亦不知"域，過名也"之誤。大率公孫各論，離形名而辨白馬，別堅白而主二石，其弊皆原於《名實論》之"唯謂非名"。通此一論，則公孫全書皆可迎刃而解。不特現存之五篇而已，使八篇尚在者，② 亦作如是觀可也。然則雖謂公孫龍爲"唯謂論"之巨子也可。

柱按：觀此公孫龍之學，亦托之於古。然《莊子・天下篇》論列當時道術，皆溯原於古，謂"古之道術有在於是者"，獨於公孫龍、惠施則不然。何邪？豈非以其欲正名以亂名，亂名以去名，爲昔人之所無邪？

---

① 語出《列子・仲尼》，本書卷首《事略》有引。
② 《漢書・藝文志》載錄《公孫龍子》十四篇，今存六篇，因爲伍非百認爲其中的《跡府》篇並非原作，而是"後人雜集之文"（伍非百：《中國古名家言・公孫龍子發微》，南充：西山書院，1949年，第5頁；北京：中國社會科學出版社，1983年，第507頁），故只有五篇，所以此處言"不特現存之五篇而已，使八篇尚在者"。